2024年高等教育领域人才与人事工作研究论文集

徐　松　主编

对外经济贸易大学出版社
中国·北京

图书在版编目（CIP）数据

2024年高等教育领域人才与人事工作研究论文集 / 徐松主编. -- 北京 : 对外经济贸易大学出版社, 2024. 12. -- ISBN 978-7-5663-2664-5

Ⅰ. G649.2-53

中国国家版本馆CIP数据核字第2024XJ6206号

2024年高等教育领域人才与人事工作研究论文集

徐　松　**主编**

责任编辑：陈培风

出版发行：对外经济贸易大学出版社
社　　址：北京市朝阳区惠新东街10号
网　　址：www.uibep.com
资源网址：www.uibepresources.com
邮政编码：100029
邮购电话：010－64492338
发行部电话：010－64492342
E-mail：uibep@126.com

成品尺寸：170mm×240mm
印　　张：15.5
字　　数：287千字
ISBN 978-7-5663-2664-5
印　　刷：北京九州迅驰传媒文化有限公司
版　　次：2024年12月北京第1版
印　　次：2024年12月第1次印刷
定　　价：79.00元

序

2018 年 9 月，在新时代第一次全国教育大会上习近平总书记强调“要加快推进教育现代化、建设教育强国、办好人民满意的教育”。党的二十大报告明确提出到 2035 年建成教育强国目标，从“建设”到“建成”，一字之变彰显务期必成的笃定信心。2024 年 8 月，党中央、国务院印发《关于弘扬教育家精神 加强新时代高素质专业化教师队伍建设的意见》，对新时代教师队伍建设提出新指向、新要求和新举措。2024 年 9 月 10 日，在第 40 个教师节期间召开的新时代第二次全国教育大会上，习近平总书记指出“要统筹实施科教兴国战略、人才强国战略、创新驱动发展战略，一体推进教育发展、科技创新、人才培养”“要实施教育家精神铸魂强师行动，加强师德师风建设，提高教师培养培训质量，培养造就新时代高水平教师队伍”等重要指示精神，为新时代以教育家精神引领高素质专业化教师队伍建设，全面推进教育强国建设指明了前进方向、提供了根本遵循。

近年来，为坚定走好建设特色鲜明世界一流大学的贸大新路，对外经济贸易大学锚定“十四五”规划、第十三次党代会、《对外经济贸易大学高质量发展三年行动计划（2023—2025）》确定的高素质教师队伍建设目标，充分发挥“外”字特色，坚持以服务国家贸易强国建设、服务国家经济主战场、服务国家对外开放事业为己任，不断强化教师队伍建设的战略地位和系统性布局。持续推动师资队伍高质量发展，把教育家精神融入教师生涯发展全过程、纳入教师成长激励各环节，以教师思政和师德师风建设为着力点，以教师评价改革为突破，坚持高位引领与底线要求相结合，遵循综合评价、分类评价、多元评价、精准评价原则，充分激发教师队伍创新能力和活力，着力培养具有国际影响力的一流学科领军人才和创新团队，为加快建设世界重要人才中心和创新高地作出新的更大贡献。

为深入学习贯彻党的二十届三中全会和全国教育大会精神，全面响应党和国家对高等教育人才人事工作的新要求，进一步加强高教领域专家学者和一线管理人员的交流研讨，我校人力资源处/党委教师工作部在 2024 年度“双一流”引导专项资金的支持下，面向全校教职工及兄弟院校人事工作者征集高等教育领域人才与人事工作研究论文。各位同仁紧密结合工作实际，围绕人才发展、引育策略、教师评价、绩效分配、职业发展等诸多方面进行了精准分析和积极探索，总结分享调研、案例、模型中的经验和心得并提出具有建设性和可操作性的方案和设想，为高校人事人才工作提供有益借鉴和参考。通过专家评审采纳 29 篇高质量研究论文汇编成《2024 年高等教育领域人才与人事工作研究论文集》，在多方通力协作下顺利完成出版工作，欢迎学者和同行批评指正，共同推进高校人事人才工作理论研究和改革实践的发展进步。再次衷心感谢各位作者、评委和编辑为论文集出版工作的投入、付出和努力！

徐　松

2024 年 12 月

目　录

高校非事业编用工：现状、问题与对策
——以对外经济贸易大学为例

黄春佑　尤永红　李春鹤

摘　要：随着我国高等教育由大众化向普及化发展，以及近年来高校“双一流”建设的加快推进，对高校人力资源供给提出了更高的要求。囿于高校编制管理限制，非事业编用工成为高校发展过程中的普遍做法。非事业编教职工队伍成为支撑高校办学的重要力量。本文以对外经济贸易大学为例，通过分析高校非事业编用工现状、问题，就进一步优化非事业编管理、提升非事业编教职工队伍整体质量提出对策建议。

关键词：高校；非事业编用工；现状问题；对策建议

党的二十届三中全会从统筹推进教育科技人才体制机制一体改革角度，就深化教育综合改革作出全面部署。高校人事制度改革是进一步深化教育综合改革的重要方面，其中，立足高校多元化用工现状，进一步建立健全非事业编用工制度体系，是推进高校人事制度改革向纵深发展，更好激励高校各支队伍的重要举措。高校事业编用工有完善的制度体系，非事业编用工因其岗位设置多元、人员流动性强等特征，在管理中存在着管理制度不健全、发展体系不完善、薪酬保障不明晰等问题。在推进教育综合改革的背景下，高校进一步加强对非事业编用工管理，加快建立健全非事业编分类发展体系，对激发队伍活力、提升管理质量具有重要的现实意义，对加快推进高校综合人事制度改革具有深远意义。

一、高校非事业编用工现状

高校非事业编用工是高校人力资源队伍体系中重要一环，涉及人员招聘、职业发展、薪酬福利、合法合规管理等多个方面。随着我国高等教育从大众化向普及化发展，原有编制管理体系已远不能满足高校事业发展需要，非事业编用工成为高校人力资源供给的重要保障形式。叶丹（2023）梳理了高校编制外用工形成的原因，提出高校编制外用工与高等院校的办学规模、招生人数等密切相关，非事业编用工是打破招录限制，盘活高校人才队伍的必然举措[①]。徐博伦等（2022）梳理了高校非事业编人员的权益状况，发现目前高校非事业编人员存在岗位类型多样、工资福利待遇相对较低、发展空间有限、流动性大等特点，提出充分保障高校非事业编人员权益既是促进学校教学、科研、管理、服务等各项工作协调发展的重要手段，也是高校构建和谐劳动关系的重要内容[②]。吴运卿（2018）指出非事业编人员管理的意义主要体现在三个方面：非事业编制应该体现为用工的多样性，并不是身份等阶的体现；解决用工岗位需求的复杂性；非事业编制管理应该去“编”管理，以《劳动合同法》等为依据，体现制度的严谨性和科学性[③]。

对外经济贸易大学非事业编用工起始于20世纪90年代。进入21世纪以来，随着学校事业发展和工勤用工社会化的需要，非事业编用工规模逐步扩大。学校先后出台多项制度，持续推进非事业编用工制度建设和规范有序发展。先后印发了一系列管理办法：2006年出台《关于临时工住宿的暂行规定》；2007年出台《外聘人员及临时用工管理暂行规定》；2015年印发《外聘人员管理办法》；2023年印发《劳务派遣制员工管理办法》《校聘人员管理办法》等。截至目前，学校非事业编人员598人，占全校教职工比例26%，其中，全职人员493人，兼职人员105人，成为学校事业发展的重要力量。

二、高校非事业编管理存在的问题

（一）人员无序增长，调控机制需进一步完善

随着我国高等教育高质量发展，各高校原核定的事业编制数已远不能满足事业发展需要。非事业编用工成为高校普遍做法。各个高校根据岗位工作需要，在用工机制上进行了创新，积极探索外包、劳务派遣、校聘、兼职用工等多种编制外用工形式。通过灵活的用工机制保障学校教学、科研和管理需求。与事业编用工相比，非事业编用工的成本相对较低。高校在制定非事业编人员薪酬时，可以不受国家岗位工资、薪级工资等薪酬体系限制，可以根据学校的实际

① 叶丹. 高等院校编制外用工管理探索［J］. 就业与保障，2023（10）：157－159.

② 徐博伦，耿婕，李萌昕. 高校工会保障非事业编制人员权益研究［J］. 山东开放大学学报，2023（02）：79－82.

③ 吴运卿. 高校教职工管理视角下非事业编制人员管理问题分析研究［J］. 知识经济，2018（17）：52－53.

情况和预算来制定薪酬待遇，从而在一定程度上降低用工成本。此外，通过非事业编用工，聘用合同通常具有一定期限，这使得高校一定程度上掌握了用工的解聘权，可以根据非事业编教职工的工作表现和学校的事业发展需要，决定是否续签合同，从而提升学校人力资源配置效率。

非事业编用工一方面提高了高校人力资源配置效率，但在另一方面由于缺乏科学的岗位论证标准和约束限制性条件，极易导致用工规模的无序增长。一些高校将非事业编用工的权限下放到学院和二级部门层面，岗位设置的自由度较大。对外经济贸易大学从 2022 年开始，暂停事业编党政人员招聘，二级部门因人员退休或其他实际业务需求，聘用非事业编教职工成为主要渠道，近年来，学校非事业编党政教辅人员和工勤人员用工规模逐年增加，用工总量从 2018 年的 407 人增加到当前的 493 人，增幅达 21%。

必须指出的是，非事业编用工中工资性成本只是用工成本的一个方面，办公空间、食堂就餐、停车位等都是要考虑的隐性成本。对外经济贸易大学 2023 年印发了《高质量发展三年行动计划（2023－2025）》，要求通过校聘（非事业编）用工形式补充管理岗用工需要。根据初步测算，若按当前用工模式，未来 3 年，非事业编党政教辅人员和工勤人员规模增量将超过 200 人，总规模将达到 700 人左右。用工规模的不合理增加将导致用工成本增加、人员工作量不饱和、挤占本就有限的学校办公空间等校园资源。

（二）管理制度不健全，用工质量需进一步提高

尽管非事业编用工形式在高校普遍存在，但由于国家政策与法规、高校自身管理机制、社会认知与观念等多方面因素影响，高校非事业编用工制度并不完善，用工体系尚需进一步健全，人员质量有待进一步提高。长期以来除了《劳动法》《劳动合同法》等法律规定外，国家层面并无其他政策性文件对高校非事业编用工进行指导。当前高校人事管理的重心仍然聚焦在事业编用工，人事制度改革的主要方面仍然是建立健全事业编人员管理机制。尽管用工形式多样化，非事业编用工已成为高校事业发展的重要力量，但管理者拘囿于传统管理理念，对非事业编管理制度建设重视不够。以上几个方面是导致非事业编管理制度建设滞后的重要原因。

近年来，对外经济贸易大学持续推进综合人事制度改革，将完善非事业编用工管理作为改革的重要方面，通过修订文件制度，从招聘、岗位、薪酬等各方面对非事业编人员加强管理，初步建立了校院两级权责清晰的管理体系，但面对新时代高校高质量发展和“双一流”建设的内在要求，仍然存在不足之处：

缺少非事业编教学科研人员聘用机制。部分教学科研单位因实际工作需要，已经存在少量非事业编教学科研人员，因制度缺位，一直以来参照事业编人员管理。由于用工方式存在差异，导致管理上存在很多制度漏洞，用工风险无法有效控制；考核机制不完善。非事业编人员年度考核内容不明确，缺乏考核标准，考核结果运用不充分，未真正发挥“鼓励先进，鞭策后者”的作用；合同期管理不规范。目前，77%的非事业编人员已进入无固定期限劳动合同期间（自第三个合同期开始），但因劳务派遣用工性质并未签订无固定期限合同；人员退出机制尚未建立。聘期内解聘、聘期末续聘或解聘适用情形不明确，解聘执行难度大，日常管理不完善。

（三）晋升通道不畅，工作积极性需进一步激发

近年来，随着我国高等教育普及化发展，越来越多的高学历、高素质的毕业生进入了高校非事业编岗位序列，成为高校教职工队伍的重要组成部分。但非事业编人员的职业发展通道不畅，岗位体系不完善，激励机制不健全等，限制了高校非事业编教职工队伍的高质量发展。主要表现为非事业编人员无法按事业编人员岗位体系晋升，发展通道受限。对外经济贸易大学曾开通非事编人员转事业编的发展通道，对非事业编人员起到了很好的激励作用。2018 年后，学校规定事业编人员一般情况下只招聘应届毕业生。此外，不同类型非事业编岗位转聘通道不畅，如劳务派遣转校聘、校聘与事业编同工同酬等机制不完善。这些问题和现状束缚了非事业编教职工队伍的发展活力。

（四）薪酬体系不健全，激励效应需进一步优化

总体而言，相比事业编人员，当前高校非事业编人员的薪酬现状表现出薪酬待遇相对较低、薪酬体系不健全、增长机制不完善、福利保障有差距等特点。这些问题的存在不仅影响了非事业编教职工的工作积极性和队伍的稳定性，也对高校用工机制和整体发展带来了一定的挑战。因此，高校要进一步关注非事业编人员的薪酬问题，建立健全薪酬体系，进一步提高非事业编人员的薪酬待遇和福利保障水平，做到各支队伍均衡发展，最终实现趋同化管理。2015 年以来，对外经济贸易大学非事业编人员薪酬体系经过了 3 次改革，薪酬体系总体上契合学校非事业编队伍发展需要。然而，在学校综合人事制度改革的背景下，还存在着岗位设置单一、薪酬体系不完善，不同类型非事业编岗位体系差异不明显，年功激励因素未体现，监管审批不健全等问题，成为下一步改革中聚焦的重点和难点。

三、进一步推动高校非事业编队伍高质量发展的对策建议

为加快建强支撑“双一流”高校建设的高素质专业化师资队伍，对外经济贸易大学以习近平新时代中国特色社会主义思想为指导，深入贯彻落实党的二十大精神及习近平总书记关于教育的重要论述，加快推进综合人事制度改革，从岗位体系、发展体系、评价体系、激励体系四个方面着手，不断完善体制机制建设。特别是学校2023年出台《高质量发展三年行动计划》后，综合人事制度改革加快推进，将非事业编队伍作为学校人力资本的重要部分，加快推动出台新形势下非事业编教职工队伍管理的体系性文件。具体思路和举措包括以下五个方面。

（一）充分认识非事业编教职工队伍对学校事业发展的重要性

非事业编教职工队伍建设关乎学校师资队伍建设，关乎学校改革发展大局，是学校治理能力和治理体系现代化提升行动的重要方面。要牢固树立非事业编教职工是学校人力资源重要组成部分的思想观念，充分肯定和重视非事业编教职工在学校事业发展中的地位和作用；充分认识非事业编教职工队伍合法规范管理、畅通发展通道、提升用工质量的重要性；充分认识到加大非事业编用工规模是学校未来事业发展的必然趋势，也是高校人事改革中各支队伍趋同管理的方向所在。高校要充分利用非事业编用工的优势，统筹解决好学校事业发展中出现的编制困境。

（二）建立健全科学系统的编制管理体制机制

在非事业编用工管理中，高校要进一步统筹全校编制管理工作，树立“数字思维”“系统思维”“动态思维”管理理念，统筹事业编和非事业编教职工规模，优先保障一线教学科研单位编制资源，着力均衡编制资源配置，建立不同类型用工编制调剂机制。坚持“数字思维”，精准掌握校内各单位用工实际。坚持用数据管理、用数据决策，建立组织、人事、财务、教务等部门工作联动机制，全面摸清各二级部门实际公共情况，为分析编制资源使用现状、合理配备编制资源提供第一手资料；坚持“系统思维”，科学保障实际用工需求。在全面落实国家批复事业编制的基础上，统筹考虑各二级部门急难险重工作因素，适当进行编制资源倾斜，保障学校各项事业发展需要；坚持“动态思维”，合理优化编制配置。按照“总量控制、结构调整、有增有减”的原则，统筹调剂全校编制资源，确保全校机构编制科学合理，保障学校事业均衡发展。以现有规模为基

础，建立非事业编用工数量动态池，各单位可在学校核定的编制数内自行设置岗位。优化岗位结构，事业编制岗位可调整为非事业编制岗位使用，不同类型非事业编岗位可按一定比例原则调整使用。

（三）多措并举提升非事业编队伍整体质量

从非事业编教职工队伍管理的全环节全流程入手，持续完善各项制度。拨付招聘专项经费，加强招聘宣传，拓宽人才来源渠道，严格选拔标准，稳步提升质量。招聘应遵照“公开、公平、公正”的原则，择优录取，严格事前、事中和事后监管。严格师德师风管理，对拟录用人员开展准入查询。健全非事业编教职工聘用机制，加强非事业编岗位分类管理，明确分类标准和原则。建立科学合理的非事业编教职工考核机制，明确考核不合格的适用情形，发挥考核“指挥棒”作用，确保考核实效。建立岗位调整和人员退出机制，形成岗位能升能降、人员能进能出的用人机制。

（四）进一步拓宽非事业编教职工职业发展通道

聚焦非事业编教职工职业发展路径不畅等问题，进一步畅通职业发展通道，促进多样化发展，激发非事业编人员工作积极性与创新活力。统筹全校用工岗位结构分布及二级部门业务量情况，优化岗位结构。加强非事业编教职工岗位管理体系建设，打破事业编与非事业编、不同类型非事业编教职工之间的壁垒，科学设置晋升通道，系统构建科学合理的各类非事业编教职工聘用、管理及职业发展体系，建立非事业编人员转事业编及干部竞聘机制，发挥好非事业编人员作为党政管理干部蓄水池的作用。建立不同类型非事业编岗位转聘通道，统筹考虑工作经验、工作能力、专业、年龄等关系，科学设置转聘条件。

（五）进一步健全非事业编教职工队伍激励机制

通过强化用工主体责任，加大经费投入力度，建立健全非事业编人员薪酬体系，完善激励保障机制。根据非事业编人员不同岗位类型，分类激励，分类保障。重点考虑非事业编教职工的岗位贡献和个人能力，综合学历学位、来校年限、岗位职责等情况，构建科学合理、持续保障的岗位薪酬体系。聘用在重要岗位的非事业编专业技术人员或参照市场化人力成本聘用人员可实行协议工资制。依法保障非事业编员工合法权益，严格按照国家法律法规和政策规定，为非事业编人员缴纳社会保险；提供符合要求的劳动保护措施，保障员工的安全和健康；建立完善的培训制度，提高员工的工作技能和素质；为员工提供合理的休假和休息时间，保证员工的身心健康；保障非事业编教职工食堂就餐、员工体检、工会入会等方面与事业编教职工享受同等待遇。

参考文献

[1] 叶丹. 高等院校编制外用工管理探索［J］. 就业与保障，2023（10）：157－159.
[2] 徐博伦，耿婕，李萌昕. 高校工会保障非事业编制人员权益研究［J］. 山东开放大学学报，2023（02）：79－82.
[3] 吴运卿. 高校教职工管理视角下非事业编制人员管理问题分析研究［J］. 知识经济，2018（17）：52－53.
[4] 黄美婷. 高校非事业编制人员职业生涯管理现状探析［J］. 重庆电力高等专科学校学报，2013，18（01）：29－32.

作者简介

黄春佑，对外经济贸易大学人力资源处/党委教师工作部主任科员，助理研究员；研究方向：高等教育管理；电子邮箱：huangchunyou@ uibe.edu.cn。

尤永红，对外经济贸易大学人力资源处副处长，副研究员；研究方向：高等教育管理；电子邮箱：02359@uibe.edu.cn。

李春鹤，对外经济贸易大学人力资源处/党委教师工作部科员，助理研究员；研究方向：高等教育管理；电子邮箱：lichunhe@uibe.edu.cn。

高校教师职业流动意愿影响因素研究
——以北京市某高校为例

连 洁 陈 珏

摘　要： 本研究以高校教师职业流动意愿为研究对象，以高校教师职业流动的“四力”模型为理论基础，面向北京市某高校教师发布调查问卷进行调研。研究发现，教师的流动意愿受教师对组织制度、组织文化、经济要素和个人要素满意度的影响，其中组织文化满意度对教师流动意愿的影响最大；同时教师的流动意愿还受教师个人基本特征和职业特征的影响。基于此，针对高校人才工作我们提出加强思想政治教育以规范师德师风建设，开展有组织科研以丰富校园文化建设进而搭建教师成长与交流平台、加强组织制度建设以健全人才评价机制、关心教师生活以提高教师情感认同四项政策建议。

关键词： 高校教师；职业流动；实证研究

引言

高校教师是高级知识分子队伍的重要组成，是提升新质生产力与赋能高质量发展的坚实力量。经过百年的苦难辉煌，中华民族迎来了从“站起来，富起来到强起来的伟大飞跃”。中国特色社会主义进入新时代，我国社会主要矛盾已经转化为人民日益增长的美好生活需要和不平衡不充分的发展之间的矛盾。高校教师对美好生活的需要日益广泛，不仅对物质文化生活提出了更高要求，在民主、法治、公平、正义、安全、环境等方面的要求也在日益增长。

现今时代正处于科技全球化日益加深、创新驱动发展战略进一步实施以及全球人才竞争激烈的背景下，对优秀人才的竞争程度受以大学和学科排名为基础的资源分配方式和竞争模式的影响，对高校教师的区域流动也起到了一定程度的促进作用。高校组织实现卓越、获得竞争优势以及竞争有限公共资源的“便捷”策略和重要工具便是“引得进”且“留得住”人才。人才的流动，不仅受到经济因素的影响，更随着社会主要矛盾的变化，越来越多受到精神层面因素的影响。

我国经济正处于转型期，各地区持续竞争集聚高端创新资源，各高校持续争夺卓越人才以便得到更高的排名和声望，在此基础上出现了一个新的人口学现象——高校教师的流动。目前，对高校教师的流动问题的研究还比较有限。获得高校教师流动的真实图景是科学、理性思考和讨论吸引留住教师问题的基础。本研究旨在通过调查问卷，调研影响高校教师流动的因素，并根据调查结论，为高校建立合理的人才使用与留用机制提供切实可行的建议。

一、理论基础

推拉理论是早期研究人口流动的主要分析框架，由美国学者 Lee 在 20 世纪 60 年代提出并构建模型。该理论认为，不论在人才来源国还是目的国，都同时存在推力和拉力两种因素，此外还包括中间障碍因素。李志峰、魏迪（2018）在探寻高校教师作为知识型高层次人才所具有的特殊的职业属性和群体特征的基础上，指出了推拉理论的局限性，并将高校教师的流动的影响作用分为推力和拉力、斥力和粘力四种不同的力量[1]。本研究基于高校教师流动的“四力模型”，开展影响教师流动意愿的问卷设计。

（一）组织制度

组织制度是组织中全体成员共同遵守的行为准则。对于高校教师来说，他们作为典型的知识型群体，对自我实现要求较高，高校教师在精神方面的需要占有非常重要的地位，在追求真理、探索未知、培养高质量人才的价值追求中，他们对组织制度也提供了较高的要求。Stephan（2006）认为，科学家的流动主要是获得能够高效工作的科研环境和设施以及与顶尖研究团队合作的机会，从而提升自身的学术竞争力[2]。Ackers（2005）认为，相对于纯粹的经济原因，研究者更看重迁移与职业发展的机会[3]。基于此，在调查问卷中设置“考核、晋升、绩效考评与分配、资助、奖励和职业培训对外交流与合作”6 个与组织制度相关的问题。

（二）组织文化

组织文化是组织内一种具有共享性质的价值和理论模式。Yonghong Jade Xu（2008）认为，组织文化包括对工作环境的感知度、组织对各项活动的支持力度、大学管理对学术自由的影响、工作的自主性程度[4]。美国心理学家勒温认为，影响个人工作绩效的因素主要有三个，即个人自身的能力、个人的条件、所处的环境，它们三者之间存在一种类似物理学中的场的函数关系，一个人所能创造的绩效的高低不仅与个人能力素质密切相关，还与所处环境相关[5]。基于此，在调查问卷中设置“学校未来发展前景、学科平台和科研环境、文化建设、后勤服务工作、学校领导综合能力”5 个与组织文化相关问题。

（三）经济要素

在人口流动的研究中，经济要素是重要组成部分。陈玉芬（2013）通过梳理美国学术职业流动行为和影响因素，发现多数研究认为现任薪酬的不足会促使高校教师流动，薪酬除了让大学“留任”教师外，亦是吸引高校教师流动的因素；薪酬对留任高校教师的影响较弱，但却是吸引高校教师流动的最强诱因[6]。黄海刚（2018）等人的研究认为，以“钱”为主要工具的人才吸引策略，尽管可能会让高校在短时间获得人才，但人才发挥作用需要良好的机制和创新环境，如果不从根本上培育一个有利于人才释放潜能的学术环境和治理机制，当更高的“竞价”出现时，人才再次流失的概率会增加[7]。需要指出的是，高校教师对薪酬的考量，不仅包括与历史薪酬相对比的绝对薪酬，也包括与同类高校相对比的相对薪酬。基于此，在调查问卷中设置“与我所承担的工作相比，我的薪酬待遇水平合理”“学校的薪酬待遇与同类院校相比处于较高水平”两项关于薪酬的问题。高校不仅为教师提供薪酬，而且对教师的住房及子女就学产生影响，这种住房及对子女入学的配套政策在不同学校之间存在显著差异，可能会对教师的流动意愿产生影响，基于此，在调查问卷中设置“学校为我在房屋居住方面提供帮助”“学校为我在子女就学方面提供帮助”两项与经济要素密切相关的问题。

（四）个人要素

教师个体要素可以分为两个方面：一是教师对当下境况的满意程度。通常来说，当教师对个人境况很满意的时候，几乎没有人会选择流动，而当教师对当下境况的满意度偏低时，会产生流动意愿。基于此，在调查问卷中设置 5 项教师对当下境况的描述，包括个人职业发展前景感知、被尊重与认可感知、拥有表达建议的途径、拥有志同道合的伙伴、与同事相处融洽等，了解教师对当下境况的满意程度。二是教师对学校的感情。这是一种内发性粘力，教师因对学校的工作付出了心血，和学生、同事有了情感，教师受制于这份感情的牵挂，会对其流动意愿产生影响。基于此，在调查问卷中设置“学校见证了我的成长历程”“我对学校有着深厚的情感”两项与感情要素相关的问题。

二、调查实施

本研究数据来自 2022 年 10 月面向北京市某高校教师的调查，调查采用在线发放回收调查问卷的形式开展，调查问卷设置了与职业流动行为相关的组织制度、组织文化、经济要素、个人要素 4 个方面共计 25 项指标，同时关注了高校教师 6 个方面的个人特征，并收集了教师流动意愿的相关信息。在剔除缺失值以及无效样本后，本次研究得到有效样本 49 个。

（一）调查对象特征

本次研究充分考虑调查对象的不同特征对教师流动意愿的不同影响，设置了性别、年龄、学历、工作年限、职称、职位、进入学校方式及所获荣誉等 6 个方面的个人指标，以期开展具有针对性的研究。具体样本信息见表 1。

表 1　调查对象样本数

指标名称	指标类别	样本数	百分比	累计百分比
性别	男	21	42.86	42.86
	女	28	57.14	100
年龄	30 岁以下	1	2.04	2.04
	31 岁—45 岁	36	73.47	75.51
	46 岁—55 岁	12	24.49	100
工作年限	3 年—5 年	4	8.16	8.16
	5 年—10 年	9	18.37	26.53
	10 年—20 年	36	73.47	100
职称	中级	17	34.69	34.69
	副高级	23	46.94	81.63
	正高级	9	18.37	100

续表

指标名称	指标类别	样本数	百分比	累计百分比
职位类型	行政人员	16	32.65	32.65
	教学科研人员	31	63.27	95.92
	双肩挑人员	2	4.08	100
入职方式	毕业应聘	44	89.8	89.8
	调入	5	10.2	100

（二）影响因素选择

本研究基于影响教师流动意愿的因素包括 4 个，分别是组织制度、组织文化、经济要素和个人要素。在组织制度部分，本研究考察了调查对象对学校的考核、晋升、绩效考评与分配、资助、奖励、职业培训与对外交流与合作等制度的满意程度；在组织文化部分，考察了调查对象对学校的发展前景、学科平台与科研环境、文化建设、后勤服务、领导综合能力、同事竞争压力等的满意程序；在经济要素部分，考察了调查对象对学校提供的薪酬待遇、房屋居住、子女就学方面的满意程度；在个人要素部分，考察了调查对象对个人发展前景、获得尊重与认可、政策建议权、同事科研合作、同事日常相处、对学校的感情等方面的满意程度。

影响教师流动意愿的因素采用李克特量表，每一陈述都有“非常同意”“同意”“中等”“不同意”“非常不同意”五种回答，分别赋值为 5、4、3、2、1，每个调查者的态度总分是他对各道题回答分数的加总，加总分数可以表明他的整体满意程度。

（三）调查对象流动意愿

问卷调查对象的流动意愿设置 1 个问题，如果从不考虑离开所在高校，赋值为 3，偶尔考虑赋值为 2，经常考虑赋值为 1。

三、数据分析

（一）描述性分析

本研究首先采用描述性分析，探寻不同个人的基本特征与流动意愿之间的关系。从性别上来看，经常考虑流动的男性人数（3 人）多于女性（1 人），从不考虑流动的男性人数（5 人）少于女性（14 人），偶尔考虑流动的男性和女性人数相等，可见与女性相比，男性具有更高的流动愿意。从年龄上来看，经常考虑流动的 31 岁—45 岁教师的人数(3 人)高于 46 岁—55 岁教师的人数(1 人)，偶尔考虑流动的 31 岁—45 岁教师的人数（21 人）高于 46 岁—55 岁教师的人数（5 人），具有流动意愿的 31 岁—45 岁教师的人数占 31 岁—45 岁教师总人数的 66.67%，这一百分比在 46 岁—55 岁教师中为 50%，可见，与 46 岁—55 岁教师相比，31 岁—45 岁教师具有更多的流动意愿。从工作年限上看，经常考虑流动的工作年限在 10 年—20 年间教师的人数为 4 人，偶尔考虑流动的工作年限在 10 年—20 年间教师的人数为 16 人，具有流动意愿的工作年限在 10 年 20 年间教师的人数占工作年限在 10 年—20 年间教师总人数的 55.56%，这一百分比在工作年限在 5 年—10 年间、3 年—5 年间教师中分别为 77.78%、75%，可见，不同工作年限的教师之间具有流动意愿的比例相差不大，但是工作年限在 10 年—20 年间教师的流动意愿最为强烈。这一研究结果在龙梦琴（2024）的研究中也有类似的发现，性别为男性、年龄在 30 岁—50 岁之间的高校科研人员具有较强的流动意愿[8]。

继续从不同个人的职业特征与流动意愿之间的关系方面着手探究。从职称上来看，经常考虑流动的正高级、副高级和中级职称教师人数分别是 2 人、1 人和 1 人，偶尔考虑流动的分别是 3 人、15 人和 8 人，考虑到样本中各职称教师

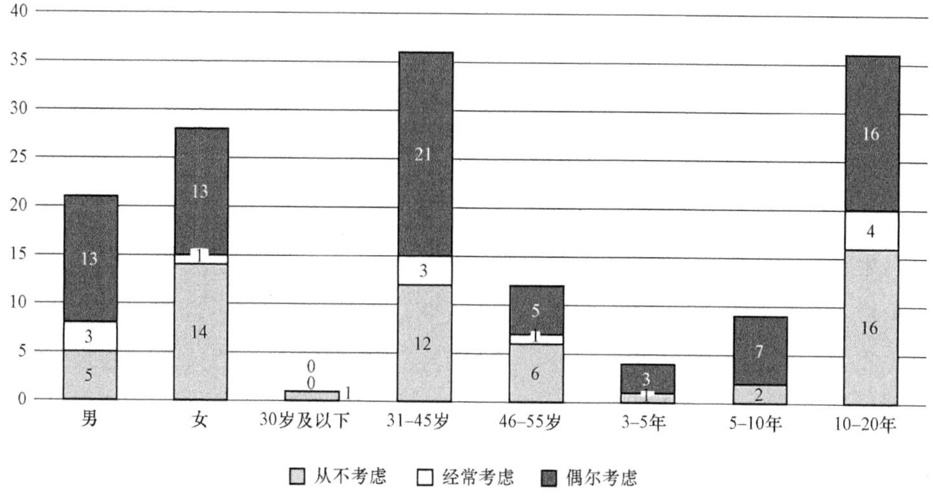

图 1　高校教师个人基本特征与流动意愿之间的关系

的人数比例，正高级职称的教师具有更强的流动意愿，副高级职称的教师具有更多的流动意愿。从教师的类型来看，经常考虑流动的教学科研人员有 4 人，行政人员和双肩挑人员中没有经常考虑流动的教师，偶尔考虑流动的教学科研人员为 17 人，行政人员为 8 人，双肩挑人员为 1 人，可见，教学科研人员具有更强和更多的流动意愿。从教师的入职方式来看，经常考虑流动的毕业后应聘进入学校的教师为 3 人，占毕业后应聘进入学校教师总人数的 6.8%，这一比例在调入教师中为 20%；具有流动意愿的毕业后应聘进入学校的教师为 27 人，占毕业后应聘进入学校的教师总人数的 61.4%，这一比例在调入教师中为 60%，可见，调入教师具有更强的流动意愿，调入教师和毕业后应聘进入学校的教师流动意愿占比基本持平。

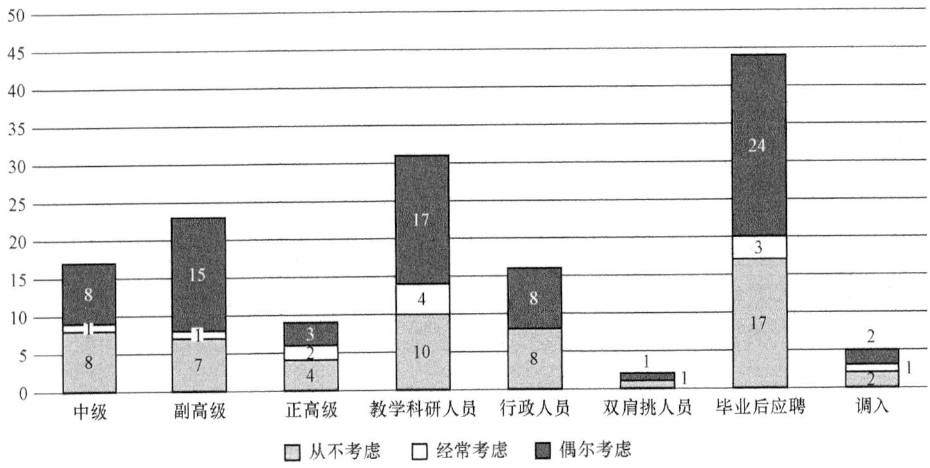

图 2　高校教师个人职业特征与流动意愿之间的关系

（二）相关性分析

本部分采用相关性分析，探寻组织制度、组织文化、经济要素和个人因素与高校教师流动意愿之间的关系。研究表明，以上 4 种因素均与教师的流动意愿具有一定的正相关性，且通过了 95%的显著性检验。从相关性数值来判断，高校教师流动意愿与组织文化的相关性最强，相关系数为 0.62，其次为组织制度，相关系数为 0.53，再次为个人因素，相关系数为 0.51，与经济要素的相关性最弱，为 0.32。

表 2　　教师流动意愿相关性分析

	组织制度	组织文化	经济要素	个人因素	流动意愿
组织制度	1.00				
组织文化	0.84***	1.00			
经济要素	0.73***	0.73***	1.00		
个人因素	0.71***	0.76***	0.79***	1.00	
流动意愿	0.53***	0.62***	0.32**	0.51**	1.00

说明：*表示 p＜0.1；**表示 p＜0.05；***表示 p＜0.001。

进一步分别对组织制度、组织文化、经济因素和个人因素的分项指标进行相关性分析，可以看出，在组织制度中，高校教师对各项制度的满意度与流动意愿之间的相关性相差不大，相关系数均在 0.5 左右，且通过了 99%的显著性检验；在组织文化中，高校教师对各类文化的满意度与流动意愿之间的相关性有一定的差别，其中与教师流动意愿相关系数最高的是学科平台和科研环境，其次为文化建设和后勤服务，教师对内卷压力的感知与流动意愿之间的相关系数较小。在经济要素中，教师对薪酬待遇横向对比的满意度与教师流动意愿之间的相关系数最大，其次为薪酬待遇水平，再次为子女就学，教师对房屋居住方面的满意度与流动意愿之间的相关性系数未通过显著性检验。在个人要素中，教师对学校的情感与流动意愿之间的相关系数最大，其次是教师感受到的学校的尊重与认可、个人发展前景等。

表 3　　分项指标与教师流动意愿相关性分析（1）

组织制度			组织文化		
序号	指标	系数	序号	指标	系数
1	考核制度	0.50***	1	学校发展前景	0.44***
2	晋升制度	0.46***	2	学科平台和科研环境	0.58***
3	绩效考评与分配制度	0.49***	3	文化建设	0.56***
4	资助制度	0.47***	4	后勤服务	0.55***
5	奖励制度	0.54***	5	领导综合能力	0.51***
6	培训、交流与合作制度	0.47***	6	内卷压力	0.30*

表 4　　分项指标与教师流动意愿相关性分析（2）

经济要素			个人要素		
序号	指标	系数	序号	指标	系数
1	薪酬待遇水平	0.32*	1	个人发展前景	0.43***
2	薪酬待遇对比	0.37***	2	尊重与认可	0.49***
3	房屋居住	0.14	3	学术建议权	0.40***
4	子女就学	0.27*	4	科研合作网络	0.29**
			5	同事相处	0.39***
			6	学校见证成长	0.45***
			7	对学校的情感	0.65***

（三）实证分析

评估高校教师流动意愿的影响因素需要一个适应离散性质的统计框架。因为我们的兴趣在于分析教师流动意愿的影响因素，教师流动意愿这一离散数据的自变量有着天然的排序，这种数据被称为“排序数据”，如果使用多元 Logit 模型进行估计，将无视数据内在的排序，而 OLS 估计又把排序视为基数来处理，因此本研究使用有序 Probit 模型进行研究。

在我们的研究中，被解释变量教师的流动意愿 Tendency 为教师是否考虑离开所在高校，存在 1、2、3 三个取值，1 表示经常考虑，2 表示偶尔考虑，3 表示从不考虑。

研究首先对高校教师流动意愿的 4 个影响因素分别进行有序 Probit 模型回归（表 5），从模型 1–4 可以看出，教师对组织制度、组织文化、经济要素和个人因素的满意度与教师的流动意愿呈显著的正相关关系，这与前方相关性分析的结果一致。其次，将 4 个影响因素同时纳入模型（模型 5）进行有序 Probit 模型回归，表 5 回归结果显示，组织文化和个人因素仍然与教师的流动意愿呈显著的正相关关系，但是组织制度与教师流动愿意的正相关性未通过显著性检验，经济要素和教师流动意愿呈显著的负相关关系。这表明，将多种因素综合来考虑的话，组织制度不是影响高校教师流动意愿的主要因素；从经济因素的负相关关系方面看，这部分与调查问卷的设计中提到的房屋居住和子女就学的问题有关，多数教师对目前学校在房屋居住和子女就学方面提供的支持满意度偏低，但是这两项因素与教师的流动愿意之间联系性不强。

表 5　　高校教师流动意愿影响因素的有序 Probit 模型分析（1）

	(1)	(2)	(3)	(4)	(5)
	tendency	tendency	tendency	tendency	tendency
institution	0.715***				0.161
	(3.66)				(0.45)
culture		1.139***			1.428***
		(4.16)			(2.64)
economic			0.385**		−0.996**
			(2.24)		(−2.52)
individual				0.826***	0.824*
				(3.57)	(1.92)
/					
cut1	0.668	1.667**	−0.293	1.219	2.669***
	(1.11)	(2.27)	(−0.54)	(1.59)	(2.68)
cut2	2.835***	4.169***	1.524***	3.335***	5.491***
	(3.84)	(4.25)	(2.60)	(3.76)	(4.22)
N	49	49	49	49	49

最后，在表 6 中分别控制高校教师的个人特征性别、年龄、工作年限、职称、职位类型和入职方式（模型 6－11），进行有序 Probit 模型分析。研究发现，教师对组织制度、组织文化、经济要素和个人因素的满意度与教师的流动意愿的关系与未控制教师个人特征时的相关关系基本一致。由此可知，本研究的结论具有稳健性。

表 6　　　　高校教师流动意愿影响因素的有序 Probit 模型分析（2）

	(6)	(7)	(8)	(9)	(10)	(11)
	tendency	tendency	tendency	tendency	tendency	tendency
tendency						
institution	0.284	0.145	0.182	0.207	0.172	0.179
	(0.76)	(0.41)	(0.51)	(0.57)	(0.48)	(0.50)
culture	1.265**	1.433***	1.437***	1.307**	1.393**	1.407***
	(2.23)	(2.61)	(2.61)	(2.33)	(2.52)	(2.61)
economic	−0.908**	−0.835**	−1.027**	−1.004**	−1.023**	−1.031**
	(−2.21)	(−2.08)	(−2.52)	(−2.48)	(−2.44)	(−2.55)
individual	0.806*	0.722*	0.831*	0.870*	0.862*	0.867*
	(1.79)	(1.69)	(1.93)	(1.92)	(1.90)	(1.94)
控制变量	性别	年龄	工作年限	职称	职位类型	入职方式
/						
cut1	3.050***	−1.516	2.920**	2.365**	2.575**	2.672***
	(2.84)	(−0.00)	(2.29)	(2.17)	(2.35)	(2.65)
cut2	6.071***	1.356	5.750***	5.215***	5.399***	5.486***
	(4.20)	(0.00)	(3.72)	(3.84)	(3.90)	(4.22)
N	49	49	49	49	49	49

四、研究结论与政策建议

本研究通过对高校 49 名教师流动意愿的问卷调查，研究教师流动意愿的影响因素。研究发现：

第一，教师的流动意愿受到教师个人基本特征和职业特征的影响。从个人基本特征来看，男性教师比女性教师具有更多的流动意愿，青年教师比成熟学者具有更强的流动意愿，工作年限在10年—20年间的教师具有更强的流动意愿。从职业特征来看，正高职称的教师具有更强的流动意愿，高校中教学科研人员的流动意愿高于行政人员，调入教师与毕业后入职教师相比具有更强的流动意愿。

第二，教师的流动意愿受到教师对组织制度、组织文化、经济要素和个人要素满意度的影响，其中组织文化满意度对教师流动意愿的影响最大。相关性分析表明，四种作用力的影响强度排序是组织文化、组织制度、个人因素和经济要素。通过回归分析在同时对四种作用力进行分析并控制教师个人基本特征和职业特征影响的情况下，研究发现四种作用力的影响排序是组织文化、个人因素、组织制度和经济要素。

高校的综合核心竞争力主要来自优秀人才资源。基于本文研究的结论，高校应当以下几方面开展建立教师使用与留用相关工作：

第一，加强思想政治教育，强化师德师风建设。高校人才工作应坚持马克思主义为指导，把社会主义核心价值体系教育贯穿于教师的教学、科研和管理的全过程。围绕立德树人根本任务，不断加强教师理想信念和职业道德教育，用崇高的理想信念引导教师的价值取向、规范教师的行为选择。良好的师德师风能哺育一代新人成长。网络、新媒体等平台方式已成为高校立德树人的前沿阵地，通过把握师德师风建设这一契机，不断探索新的教育渠道，培育人才心怀“国之大者”，砥砺“家国情怀”。教育人才在自己的岗位上通过实际行动坚持追求职业道德信念，不能把金钱作为衡量人生价值大小的标准，树牢以校为家的思想。教育部等多部门强调“师德师风是评价教师队伍素质的第一标准。”高校应将“师德表现作为教师招聘引进、职称评聘、评优奖励、聘期考核、项目申报等首要要求，严格师德考核，强化思想政治素质考察，推动师德师风建设常态化、长效化。”在各类评选、评优时，同等条件下优先考虑师德表现突出者，思想政治上不合格者坚决实行“一票否决”。通过师德师风先进事迹、优秀教师标兵等荣誉称号评选表彰宣传，树立典型示范和榜样引领，进一步营造学校良好的育人氛围。

第二，开展有组织科研，丰富校园文化建设，搭建教师成长与交流平台。全方位培养引进用好人才，充分发挥人才的引领发展作用，学校应该在对教师的培养和支持方面多下功夫。高校应当通过有组织科研推进协同创新，深化有组织科研评价制度改革，从传统量化指标、绩效考核向质量贡献转向，为人才松绑，释放创新活力；同时健全科研治理机制，项目管理从行政逻辑转向学术逻辑，赋予科研人员更大自主权，充分释放科研团队的创造力，营造公开透明、开放共享、互惠共赢的科研文化氛围；通过发放调查问卷、召开座谈会、走访调研等多种方式，了解不同学科、不同层次、不同年龄的教师的实际需求和面临的问题，适时给予指导和帮扶。通过建设和利用多元化的线上、线下学术交流平台，提供答疑解惑、资源共享、学习交流的空间，帮助教师实时、系统化地学习与更新教育教学理论知识，还可以邀请教授同类课程、教学水平高的资深教师进行单独或组队指导。定期开展教育教学讨论活动，深入探究涉及领域的前沿热点发展情况，实现了优质教学资源的高效共建共享与创新实践，促进了多学科的交叉融合，创造出良好科研氛围。

第三，加强组织制度建设，健全人才评价机制。高校各职能部门应当凝聚共识、共谋发展，在相关人事、科技、财经等配套制度改革的顶层设计和细则制定方面代表教师群体发声，助力高校围绕立德树人根本任务，以质量、贡献和影响力为导向，构建科学合理的人才评价机制。通过对不同类型人才实施分类化、差异化评价，客观、真实、准确地反映出不同类型人才的学术水平、社会贡献、发展潜力。合理设置和使用论文、专著、影响因子等评价指标，推行代表作制度，丰富代表作形式，同时将人才在学科领域活跃度和影响力、重要学术组织或期刊任职、研发成果原创性、成果转化效益、科技服务满意度等作为人才评价指标。注重评价考核周期设置的科学性，突出中长期目标导向，适当延长基础研究、青年人才等评价考核周期，鼓励持续研究和长期积累。

第四，关心教师生活，提高教师情感认同。随着社会主要矛盾的变化，校园文化也需不断满足师生日益增长的精神文化需求。通过加强文化建设，可以进一步加深教师对大学精神的理解，重塑求真务实的科学精神，营造优良的文化氛围。文化认同是德育的重要目标，连接着高校教师的道德精魂。深厚的文化底蕴、源远流长的校园历史能让教师沉浸在人文情境中，激发出强烈的信念感和认同感。高校应当关注教师的身心健康，广泛开展形式多样、寓教于乐的文化活动，如读书分享会、插花雅集会、绘画摄影展等，陶冶情操、愉悦身心，减轻职业压力，唤醒教师的主体意识，有助于教师全身心投入教学和科研工作中。针对婚育、子女入学入托、医疗以及购房等问题提供帮助。广泛开展女性知识讲座、主题沙龙等活动，积极维护女性教师权益。尊重和保障教职工的民主监督、民主参与的权利，为其拓宽合适的利益诉求渠道，为教师参加学校建设、建言献策和维护个人权益提供便利，让更多教师能更真实、有效地表达意愿，感受到组织的温暖，积极投身于学校的建设发展进程中。同时，加大对青年人才的关心支持力度，在体制机制、学术环境、职称晋升、科技奖励与资助等多方面为青年人才发展提供良好的外部环境，全方位扶持青年科技人才成长成才，另一方面解决青年人才在住房、子女入托入学等生活方面的后顾之忧，保障青年科研人员将主要精力用于科研工作，让青年人才的创新潜能与活力得到充分激发。

参考文献

［1］李志峰，魏迪. 高校教师流动的微观决策机制——基于“四力模型”的解释［J］. 高等教育研究，2018，39（07）：39-45.

［2］Mobility of foreign researchers in Norway［J］. Nerdrum Lars，Sarpebakken Bo. Science and Public Policy. 2006（3）

［3］Moving People and Knowledge：Scientific Mobility in the European Union ¹［J］. Louise Ackers. International Migration. 2005（5）

［4］Yonghong Jade Xu. Faculty Turnover：Discipline-Specific Attention is Warranted［J］. Research in Higher Education，2008，49（1）.

［5］库尔特·勒温. 拓扑心理学原理［M］. 竺培梁，译. 杭州：浙江教育出版社，1997：4-5.

［6］陈玉芬. 美国学术职业流动行为和影响因素研究述评［J］. 比较教育研究，2013，35（01）：68-71.

［7］黄海刚，连洁，曲越. 高校“人才争夺”：谁是受益者？——基于“长江学者”获得者的实证分析［J］. 北京师范大学学报（社会科学版），2018（05）：39-52.

［8］龙梦晴，岳妹蓉，邹慧娟. 高校科研人员个体特征影响流动意愿的实证研究［J/OL］. 科学学研究：1－20［2024－07－12］. https://doi.org/10.16192/j.cnki.1003-2053.20240517.001.

作者简介

连洁，对外经济贸易大学继续教育与远程教育学院，助理研究员；研究方向：人才流动；电子邮箱：lianjie21@126.com。

陈珏，对外经济贸易大学继续教育与远程教育学院，实习研究员；研究方向：教育管理；电子邮箱：chenjue@euibe.com。

强化人才评价的开放与包容性
——提升高校育才引才能力的问题及对策建议

高一琼　张　男　于海莹

摘　要：建设高水平人才高地是以习近平同志为核心的党中央对人才工作提出的重大战略要求，是我国建设世界重要人才中心和创新高地的重要组成部分。高校要承担起人才培养主力军的重任，进一步加强对国家急需的高层次人才的引进、培育和储备工作，必须秉承开放、包容的人才观，构建与国际人才评价体系相适应的体制机制，形成人才国际竞争的比较优势，从而全面提高人才自主培养质量、强化现代化建设人才支撑，为经济社会高质量发展塑造新动能新优势。

关键词：人才评价；人才引育；包容性评价体系

习近平总书记在中央人才工作会议上指出："要积极为人才松绑，完善人才管理制度，做到人才为本、信任人才、尊重人才、善待人才、包容人才。[①]"并向全党全国发出了深入实施新时代人才强国战略、加快建设世界重要人才中心和创新高地的动员令。党的二十届三中全会则进一步强调，要加快建设高质量教育体系，有效利用世界一流教育资源和创新要素，推进高水平教育开放。

高校，特别是"双一流"大学要发挥引进人才和培养人才的主力军作用，坚持以国家战略需求为导向，以深化改革激发创新活力，在健全人才评价制度体系、打破创新要素流动壁垒、完善薪酬管理体制、优化资源配置方式等方面持续发力，综合运用多种方式加强人才资源高效配置，构建起基于信任、开放、包容的人才评价机制，创建有益于释放人才潜能的"软环境"，打造吸引人才的"强磁场"，充分激发人才创新创造活力，构筑人才快速成长平台。

---

① 深入实施新时代人才强国战略加快建设世界重要人才中心和创新高地［N］．人民日报，2021－09－29（1）．

一、高校人才工作现状

党的十八大以来，习近平总书记围绕人才工作作出一系列重要论述，深刻回答了新时代人才事业发展的重大理论和实践问题，为做好新时代人才工作指明了前进方向、提供了根本遵循。2015 年，《统筹推进世界一流大学和一流学科建设总体方案》发布，坚持“以一流为目标、以学科为基础、以绩效为杠杆、以改革为动力”的基本原则，引导各大高校深入实施人才强校战略；2016 年，《关于深化人才发展体制机制改革的意见》发布，着眼于破除束缚人才发展的思想观念和体制机制障碍，进一步解放和增强人才活力；2020 年，《深化新时代教育评价改革总体方案》发布，分类推进人才评价机制改革，更好发挥人才评价“指挥棒”作用。一系列宏观层面的改革综合性文件保障了人才工作的系统性、整体性和协同性，体现了人才工作发展的战略重要性与时代紧迫性。对于高校来说，能否抓住当前机遇乘势而上，将人才工作落实落细到“引育用服”全过程中，既是机遇也是挑战。

当前，全国高校在人才工作上形成了百花齐放、百舸争流的新局面，各校结合自身发展情况和办学特点，形成了独具特色的工作机制和改革亮点。例如，中国人民大学编制了《中国人民大学面向 2037 建校百年人才自主培养创新行动计划》，坚持党对人才培养工作的全面领导，坚持探索拔尖创新人才自主培养“新路”；中国农业大学树立开放、包容、多元的“大人才观”，以学科建设为牵引，以制度创新为关键，构建“3343”人才工作体系；上海财经大学摒弃“帽子”导向，完善开放型人才体系，深化“常任轨”制度改革，坚持国际同行评价机制；对外经济贸易大学统筹做好教育“引进来”和“走出去”两篇大文章，牵头成立“一带一路”财经类大学联盟、中俄经济类大学联盟等国际化学术共同体，努力扩大高等教育国际交流合作“朋友圈”。多所高校频出实招，不断加强学校、学部/学院与教师的上下联动、同频共振、推动落实。特别是“双一流”高校已基本形成体现中国特色、力争世界一流的共识，人才工作在立足办学定位、凝练特色优势的基础上，既要扎根中国大地、解决中国问题，也要把握国际共性、增强国际可比性。

二、高校人才引育的现实困境

（一）与吸引国际人才相适应的开放性人才评价体系尚不健全

与国内教师相比，海外高层次人才在成长经历、教育背景和思想认识等方面有所差异，人员类别和组织群体也更加多样和分散。对国际人才而言，高薪具有一定的诱惑力，但并不是吸引他们的唯一因素，他们更加看重学校提供的工作平台是否足够宽广、构建的发展环境是否符合国际规范、制定的人事人才政策是否公平公正、营造的学术氛围是否可规避其原生文化冲突等其他因素。然而，受新管理主义及绩效主义的影响，当前高校人才评价依然具有评价主体单一、评价周期设置不合理、结果使用功利化等特点，不利于营造吸引国际人才的创新氛围和竞争文化。一般而言，高校的人才评价工作主要由学校成立专门考察小组、教师本人回避的方式进行，评价主体集中在校内的教学科研职能部门和学术共同体，缺乏脱离利益相关者而独立存在的第三方评价机构；评价周期通常以聘期为约，相对固化，忽视了人才培育的长期性和成果产出的沉默期；评价结果直接与对评价对象的职称晋升、学术权力、资源分配等利益诉求挂钩，更多聚焦于评价的“鉴定—选拔”或“导向—激励”功能的体现，对于评价结果的分析与反馈不足，未能将通过评价促进人才成长发展的效果充分发挥出来。

（二）与产学研深度融合相衔接的高校人才评价体系尚不完善

党的二十大报告首次把教育、科技、人才统筹谋划，“三位一体”整体部署。但在实际工作过程中，企业侧重评价人才解决实际问题的能力，而高校侧重对人才创新能力、学术价值等的评价，二者的人才评价机制缺乏统筹兼顾和紧密衔接，不利于教育链、创新链、产业链与人才链的深度融合。一方面是由于高校内部学术导向评价机制惯性的存在，从源头上影响了高校科技成果供给的数量和质量，部分高校的职称评定和人才评价指标并未纳入课题成果的应用情况以及由此产生的经济效益，不少学术研究与市场需求脱节，教师自主研发的科技成果往往停留在校内实验阶段，没有投入足够的人力、物力、财力资源用于进一步的研发与实验中。另一方面是由于企业自身因素对科技成果转化的制约，作为营利性的社会组织，企业在与高校合作过程中往往想用最小的成本代价去换取最大的经济收益，没有充分发挥主体作用，对产学研融合方式缺乏深层次的认知思考和实践研究方向的探索，对产教融合、创新创业、产业学院等新概念的认识不足，难以同高校院所建立起长期、稳定、深入的合作关系。

（三）与较强创新生态相适应的包容性人才评价体系尚未建立

随着绩效、竞争、市场等经济学概念被运用于高校管理中，功利化和市场化不可避免地渗透进高等教育的发展过程中。高校人才评价体系仍然存在重工具主义、形式主义、重数量轻质量以及容错纠错机制缺失等问题，创新生态与包容性学术氛围不足。不少高校的人才评价主要以结果为导向，对教师的学术创新能力、服务于国家重大战略及地区经济社会发展的潜力和贡献度等的评价彰显不足；对各岗位类型、各发展阶段的教师缺乏实质的分类评估和特色化考核指标，在一定程度上削弱了评价制度自身的调节功能；薪酬激励制度普遍以既定的时间节点定量衡量成果产出，过于强调当期实绩当期分配，忽略了高校人才创新研究的时间性和累积性特点，导致了教师急于求成的浮躁心态，为了达到目标要求而追求数量忽视质量，不能潜心投入长期的、复杂的科学研究和教育教学创新上，既不利于教师和学校的长远健康发展，也阻碍了高水平创新性成果的产出。

三、提升高校育才引才能力的对策建议

（一）构建开放性人才评价体系，汇聚一流人才在高校

汲取世界一流大学能长期吸引国际顶尖人才的经验和做法，充分把握人才的自身特质、学术生命周期及成才规律等，形成与人才多样性、个性化相匹配的开放性人才评价机制，吸引优秀人才到国内高校工作。一是树立包容性评价理念，坚持以人为中心，关注人才自身的进步与发展，以更多的形成性评价与增值评价来体现教育活动特性。二是设置合理的评价主体，进一步完善同行评价制度，充分发挥小同行专家及学术共同体在学术评价中的主体作用。三是选择合适的测量、评价尺子，合理设置考核评价周期和内容，聘期考核与年度考核、日常考核相互结合，适当延长基础研究人才、青年人才、学术领军人才等的考核周期。四是借助大数据，实现人才评价工作理念和技术手段的系统创新，可借助教师画像系统持续更新对教师教育教学、科学研究及社会服务行为等多维度的数据分析和精准画像，强化动态、实时的监测评价、反馈干预和发展支持。

（二）贯通校企人才产业双链条，吸引人才融入产学研

校企合作既能为地方经济社会发展带来所需的人才，又能为高校科研成果转化提供舞台。一方面，要改革高校人才评价方法，贯通高校与企业人才评价体系，既要注重培养高校人才广博的科学理论知识与精深的专业技能，更要形成以解决实际问题为导向的评判方式，造就复合型、创新型、应用型、技能型

人才，并鼓励其积极为企业与社会提供智力支持与智库服务。另一方面，要实施以人才链为总牵引，优化教育链、激活创新链、服务产业链的“四链”融合发展机制，高校要积极参与以企业为主导的产学研深度融合，根据自身实际寻求更紧密、更具实效的校企合作新模式，如与企业联合设立研发机构和创新团队，加大推行个人与团队考核相结合；推广实施企业冠名（副）教授制度，或选聘专家人才到企业担任科技人才顾问（副总），通过多方筹措基金，激励和培育各学科高层次人才服务经济建设主战场，最终实现产业引领、校企融合、双向赋能。

（三）探索多轨并行的薪酬模式，激发人才融合发展积极性

高校应健全以创新质量和远期绩效为导向的评价机制，进一步强化薪酬激励的协同性，打破简单、线性的量化评价与激励机制的简单挂钩关系。逐步探索实行年薪制、协议工资制、项目工资、团队绩效等灵活多样的分配形式，结合市场反馈和行业水平，在具有合理梯度的交叉框架下进行薪酬体系的整体规划，体现激励的分类施策和灵活多样，从而推动实现各类人才群体的人力资本价值。如对人文社科研究，鼓励长周期、宽口径、厚基础，避免急功近利、学术浮躁现象，从而达到“护学术志趣、育文科优才”的目标；对基础理论研究，应减少甚至取消“量化”，鼓励产出标志性科研成果；对于青年人才，扩大支持规模，优化支持方式的前瞻性与稳定性，开通人才选用“绿色通道”，不拘年龄、不论资历、不设门槛，在政策规定范围内允许学术水平高超、实际贡献突出、发展潜力极大的青年人才破格聘任或提前兑现高一级职称或岗位，建立以信任为基础的人才使用机制；对急需紧缺的特殊人才，实施人才特区制度，不求全责备，让各领域卓有建树的偏才、怪才不受条条框框限制脱颖而出；创新并搭建多元薪酬模式下“并轨运行、同台竞技”的学术竞争与合作平台，推进各发展阶段人才的良性互动和融合发展。

（四）正向激励与反向容错并重，营造包容性创新生态

高校作为传承与创新文化的重要阵地、负责基础研究的主力军、获取重大科技突破的主要策源地，其创新能力与人才培养质量决定着中国创新型国家建设水平，而这需要能够激发潜能、形成创新力的环境氛围予以支撑。同时，科研工作尤其是重大基础领域的研究周期长、投入成本大、转化成功率不稳定，需要科研工作者甘坐“冷板凳”、勇闯“无人区”，以久久为功的韧劲和驰而不

息的精神持续攻关核心环节和“卡脖子”问题。因此，要构建高校包容性人才评价机制，引入容错、纠错机制，坚持正向激励和反向容错相结合，一方面鼓励主动作为和自主创新，另一方面要放眼长远、宽容失败，“堪忍十年不鸣，方能一鸣惊人”。

包容“十年不鸣”，就是要尊重科研工作的规律和特点，认识到失败并不可耻也并非没有意义，承认学术生涯有巅峰和低谷期，允许人才在创新研究过程中出现失误和倒退；改革体制机制、扩大科研自主权，拆除经费管理障碍、打破项目管理藩篱，减轻科研人员特别是青年人才的事务性负担，给予创新团队和领军人才更大的技术路线决定权、经费支配权和资源调度权；给予科研人员再多一些的耐心、理解，再多一点的时间、信心，让人才放下“只许成功、不许失败”的包袱，大胆迈步，敢闯敢干。静待“一鸣惊人”，就是要引导高校人才围绕国家新发展格局和新战略要求，集中力量攻坚现实性、突出性和紧迫性难题，心无旁骛开展基础性、前端性、引领性研究；高校要创建支持性人际关系，重视民主对话与交流批判，促进人才之间开展平等对话，促使人才与管理者之间互相尊重、寻求共识；要营造鼓励创新、潜心治学、宽松自由的学术环境，在人才不需要的时候隐身幕后，在人才有需要的时候挺身而出，构建高校人才“引育用服”协同体系，聚力打造人才发展新高地。

参考文献

［1］邵丽华. 人才强国视域下首都教育系统人才队伍建设路径探析［J］. 北京教育（高教），2024，（04）：44－47.

［2］朱旭东，黄蓝紫. 一流大学建设高校的教师教育体系构建：困境与路径［J］. 清华大学教育研究，2023，44（02）：43－52.

［3］王靖宇，刘长翠，张宏亮. 产学研合作与企业创新质量——内部吸收能力与外部行业特征的调节作用［J］. 管理评论，2023，35（02）：147－155.

［4］何秀超. 深入学习贯彻中央人才工作会议精神 奋力开创新时代高校人才工作新局面［J］. 中国高等教育，2022（Z3）：10－11＋17.

［5］石中英. 回归教育本体——当前我国教育评价体系改革刍议［J］. 教育研究，2020，41（09）：4－15.

［6］车如山. 高层次应用型人才培养与地方院校转型发展研究［M］. 北京：中国社会科学出版社，2020.

作者简介

高一琼，对外经济贸易大学人力资源处副处长，副研究员；研究方向：高等教育管理、人力资源管理；电子邮箱：02021@uibe.edu.cn。

张男，对外经济贸易大学人力资源处人员交流办公室主任科员，经济师；研究方向：人力资源管理；电子邮箱：02697@uibe.edu.cn。

于海莹，对外经济贸易大学人力资源处师资办公室主任科员，助理研究员；人力资源管理、高等教育管理；电子邮箱：02621@uibe.edu.cn。

财经类高校教职工 AI 素养现状、问题及对策

——基于对外经济贸易大学调查问卷

孙　娜　张敏丽　常力铭

摘　要：党的二十大报告强调教育数字化和人工智能在教育现代化中的关键作用。《新一代人工智能发展规划》和《高等学校人工智能创新行动计划》等政策文件旨在通过智能技术改革教育和培养教师队伍。本文通过对外经济贸易大学教职工的问卷调查，深入分析了高校教职工在人工智能（AI）素养方面的现状和面临的问题，并提出了相应的对策建议。调查显示，教职工 AI 认知需提升，学习积极性不足，技能应用有短板，学科间差异显著，学校 AI 资源支持不足。建议优化资源配置、强化培训、促进跨学科合作，以提升 AI 素养。AI 素养提升对教育现代化和人才培养至关重要，学校需探索 AI 教育新模式，支持学习型社会建设。

关键词：人工智能；问卷调查；高校；教师素养

一、引言

党的二十大报告强调推进教育数字化，构建学习型社会，提升全民终身学习能力。同时，报告提出加快建设教育、科技、人才强国，以人工智能等信息技术推动教育现代化和产业智能化发展。为推动教育现代化进程，《新一代人工智能发展规划》强调利用智能技术推动人才培养模式和教学方法的改革。教育部出台《高等学校人工智能创新行动计划》启动人工智能助推教师队伍建设的试点工作。科技部等六部门联合印发通知，将智能教育纳入首批人工智能示范应用场景，探索形成可复制、可推广的经验。联合国教科文组织发布的《教育中的人工智能：可持续发展的机遇和挑战》报告指出，教师必须具备人工智能素养，并在教师职前学习和在职培训中形成。

高校教职工具备人工智能素养对于推动教育现代化、提升人才培养质量具有重要意义。人工智能技术的快速发展为教育教学提供了新工具和方法，教职工掌握这些技术能够更有效地进行教学设计、课程开发和学生指导。同时，这有

助于培养学生的创新思维和实践能力，适应未来社会对高技能人才的需求。此外，教职工的人工智能素养也是高校科研创新和学科交叉融合的关键，有助于推动学术研究和技术创新。

为全面了解高校教职工 AI 素养情况，本研究依托对外经济贸易大学，采用问卷调查的方式，向学校教职员工调查 AI 素养现状，并结合政策要求，分析存在的问题，提出推动高校教职工 AI 素养提升的对策建议。

二、问卷设计与数据

问卷包括四个部分：教职工基本信息、AI 基本认知、AI 技能与应用、未来发展与需求。其中：教职工基本信息包括教职工的性别、年龄、工作年限、最高学历、职称、部门、岗位和学科，学科属性只有岗位为专职教师/科研人员需要填写；AI 基本认知主要调查教职工对 AI 应用领域、教育领域的 AI 应用、校内 AI 相关平台和项目等的认知程度，以及学习 AI 知识的主动程度；AI 技能与应用主要了解教职工在教学、科研以及行政工作中对 AI 工具和平台的应用情况，AI 技术对教学、科研以及行政工作的影响情况；未来发展与需求主要了解的教职工对学校现有 AI 支持的满意度，教职工对 AI 应用、AI 培训等的期待程度，以及对学校 AI 主推教师队伍建设工作的期待和建议。问卷题型包括封闭式问题（包括单选、多选和矩阵量表）与开放式问题。

本次调查共回收有效问卷 328 份，部门分布如图 1 所示。问卷作答人员中，高级职称人员 77 人、副高职称人员 89 人、中级职称人员 118 人、初级职称及以下人员 44 人。从图 2 的调查对象基本属性可见，样本类型多样、来源多元、覆盖范围广，作答人员结构合理，具有一定代表性。

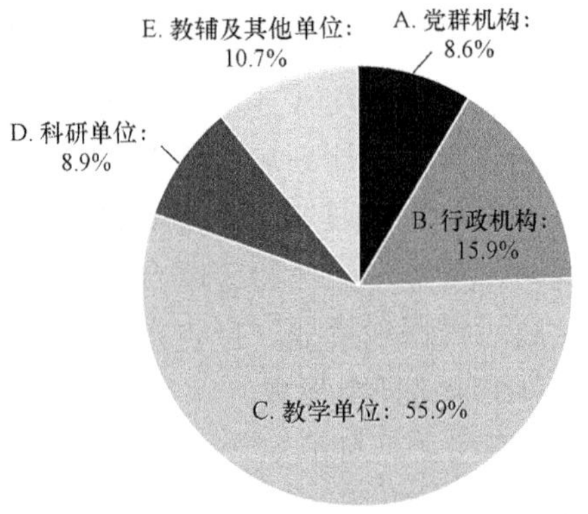

图 1　问卷调查样本部门分布情况（N=328）

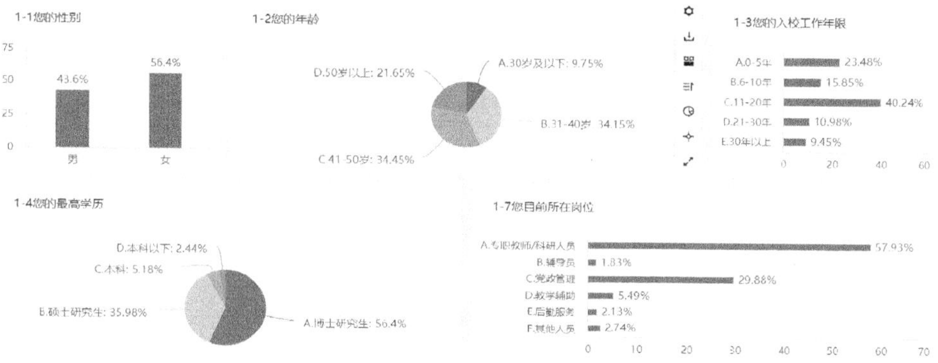

图 2　调查对象基本属性

三、教职工 AI 素养现状及问题

（一）教职工对 AI 的认知有待提升

全部 328 位受访者中有 66.97%的调查对象能列举出三个或以上的 AI 应用领域，但 69.11%的调查对象每周用于学习 AI 相关知识的时间不足 1 小时。在被调查的 190 名专职教师/科研人员中（如图 3 所示），40%左右对教育领域的 AI 应用不了解。可见教职工对 AI 的学习不够主动，对 AI 认知还停留在被动了解的阶段。

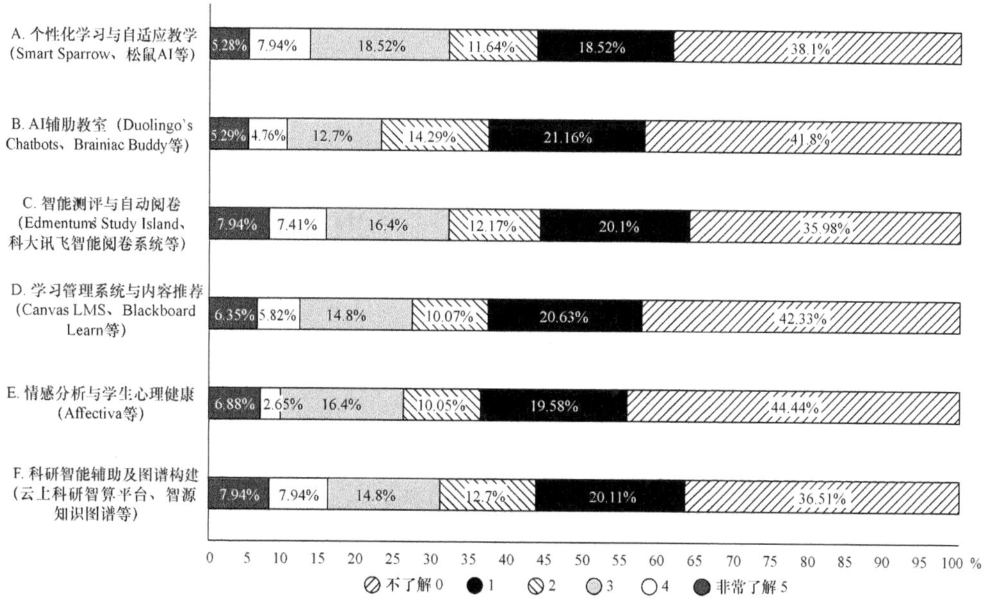

图 3　专职教师/科研人员对教育领域 AI 应用的了解程度

不同学科门类的**专职教师/科研人员**在对AI的认知上存在显著差异。其中，学科门类为工学的调查对象每周均花费5小时以上学习AI知识（如图4所示），明显高于其他学科。以教育领域的个性化学习与自适应教学类应用为例（如下页图5所示），学科门类为工学的调查对象有62.5%的了解程度在4分及以上，其次是理学学科，占比21.43%，而了解程度最低的是文学学科，仅有4.26%的比例达到4分及以上。由此可见，高校教师学习AI知识的主要动力是专业需求，对于没有专业需求的教师而言，对AI的认知水平还有很大的提升空间，因此亟须有效提高非理工科教师的AI认知水平。

另外，对于学校现有的AI相关平台、人才培养项目，问卷调查还显示47.37%的调查对象完全不了解，39.47%知道但不了解具体业务，仅有3.16%有较深入了解，参与过相关活动、项目或研究。这进一步说明，学校在利用现有AI资源提升教职工AI认知方面有所欠缺。

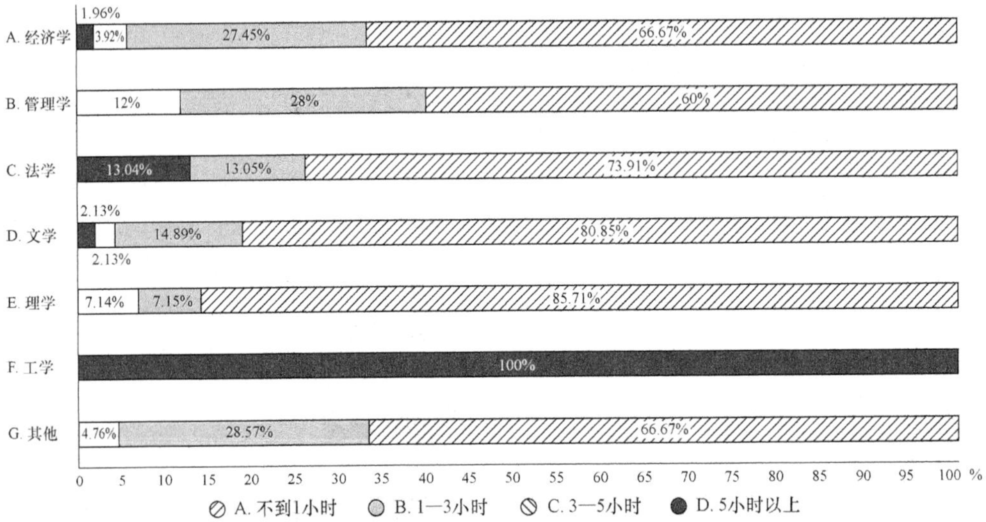

图4　不同学科门类的专职教师/科研人员每周学习AI知识的时长

（二）教职工的AI技能与应用有待加强

问卷针对专职教师/科研人员在教学和科研工作中使用的AI工具或平台进行了调查，要求他们从A～G七个选项中选择自己曾使用过的AI工具或平台类别（多选题）。如下页图6调查的**专职教师/科研人员**中有76.84%使用过自然语言处理类的AI工具或平台，有44.21%使用过机器翻译与语言学习类的，有33.16%使用过学术研究辅助类的，有27.89%使用过AI辅助写作与编辑类的，但是数据挖掘和可视化类、图像与视频分析类分别只有 8.95%和 6.32%使用过。另外，还有调查对象在其他 AI 工具中提到 kimi、智谱清言、语料库相关工具、whisper、stable difussion 和运用 python 机器学习方法进行数据分析。

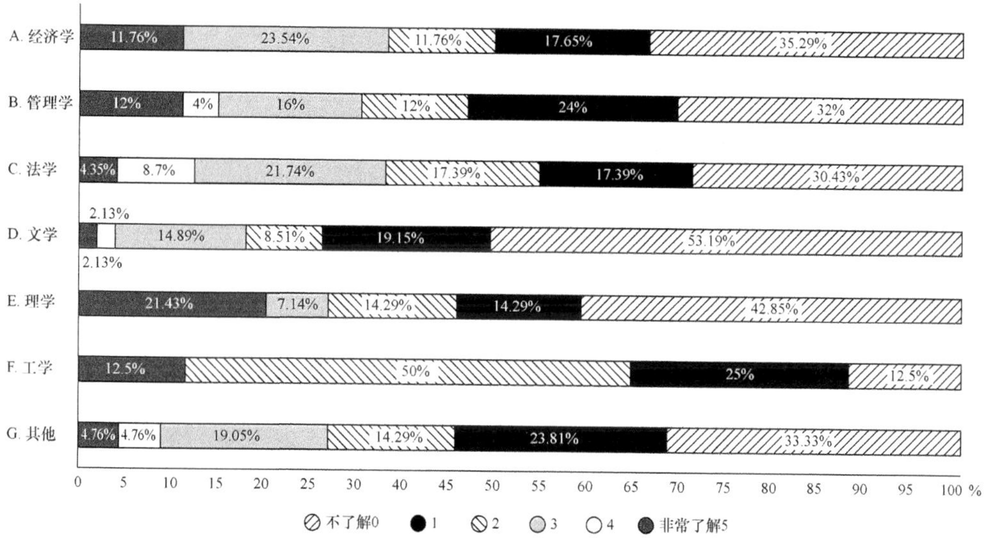

图 5　不同学科门类的专职教师/科研人员对个性化学习与自适应教学类应用的了解程度

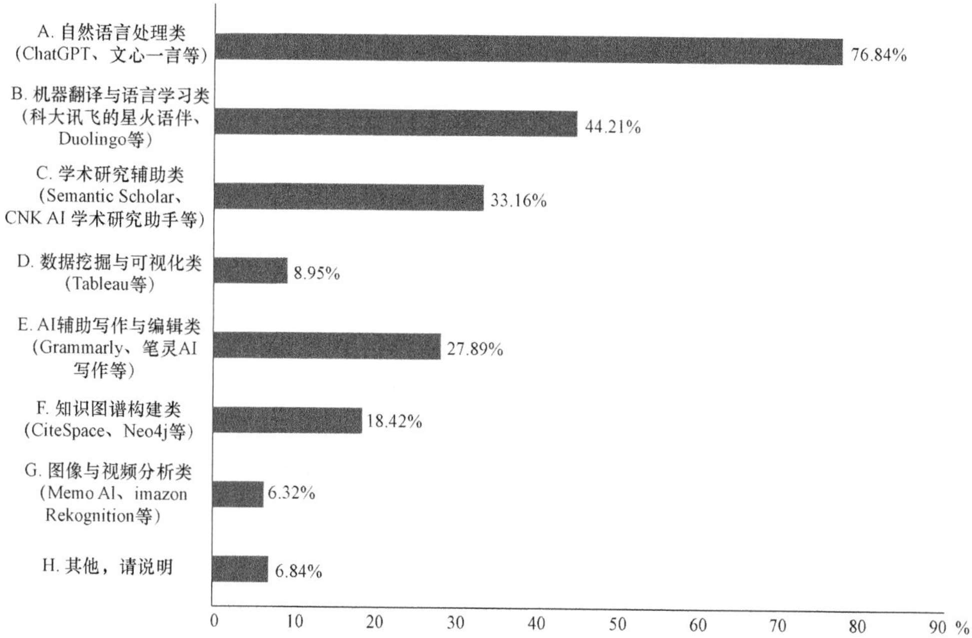

图 6　专职教师/科研人员使用 AI 工具或平台进行教学或科研情况

在教学工作中，如图 7 所示，使用 AI 工具或平台的最大困难是缺乏培训与支持，其次是缺乏适合的教学资源。调查对象认为，在教学中影响力最大的 AI 技术是数据分析支持技术，其次是自动化评估作业的技术，再次是自适应学习系统、智能辅导系统，而影响力最小的是情感识别系统。

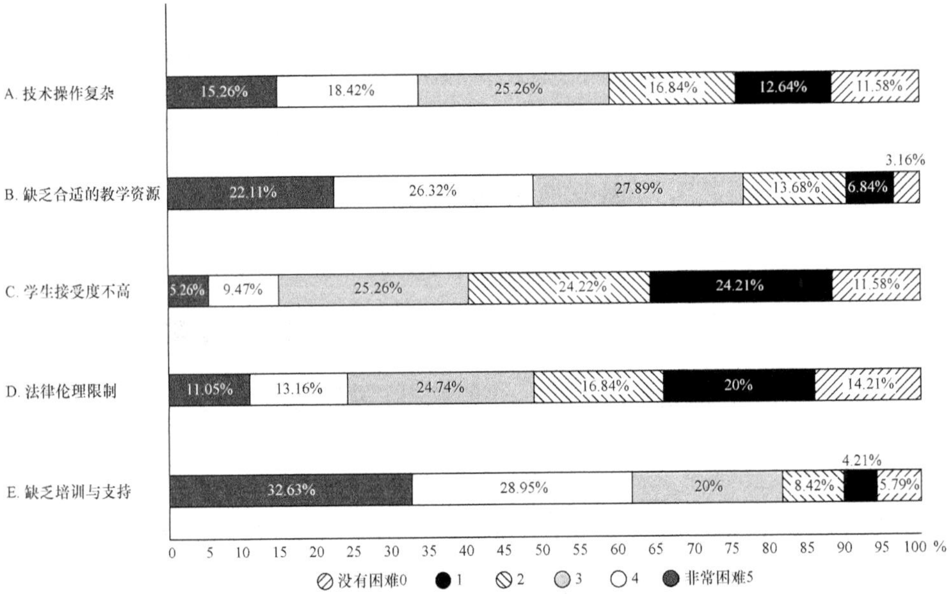

图 7　专职教师/科研人员在教学工作中使用 AI 工具或平台的困难

在科研工作中，如下页图 8 所示，使用 AI 工具或平台的最大困难同样是缺乏专业培训，其次是隐私和学术道德担忧。并且，调查对象认为机器学习和深度学习平台、科研数据管理与分析、科研成果分析工具这三类 AI 技术在科研中影响力都很大，而诸如 RPA（机器人流程自动化）、LIMS（实验室信息管理系统）等科研自动化和智能化技术的影响力则稍显逊色。

问卷结果充分说明，学校需要加大对教师 AI 技能的培训力度，并在 AI 教学资源方面给予教师更多支持。同时，学校还需在学术道德方面帮助教师建立正确的观念。同时，也表明目前教师的 AI 素养还处于发展的初始阶段，以应用 AI 工具完成现有的教学和科研任务为主要目的。距离培养人工智能与人才培养深度融合的阶段还有很长的路要走。

在学校的行政管理工作方面，如下页图 9 所示，在收集到的 138 位**非专职教师/科研人员中**，有 42.75%认为智能化的校园安全监控是对学校管理工作优化程度最大的 AI 应用，其次是自动化办公流程的 AI 应用，有 41.3%的调查对象支持。对于所在部门目前面临 AI 技术实施的困难，26.09%的调查对象认为是缺乏了解，不知道哪些 AI 工具可以运用到工作中，23.91%的调查对象认为是需要付费，会增加工作开支。关于阻碍 AI 在学校管理工作中广泛应用的因素，39.13%的调查对象认为是交流不足，缺少应用智能助手的系统性培训，其次是资金不足，缺少应用场景，也有调查对象提到大数据安全问题、网速、处理器等硬件设备匹配度等。这些结果再次充分说明，学校需要加强对教职工的 AI 素养培训，提供交流平台和 AI 资源支持。

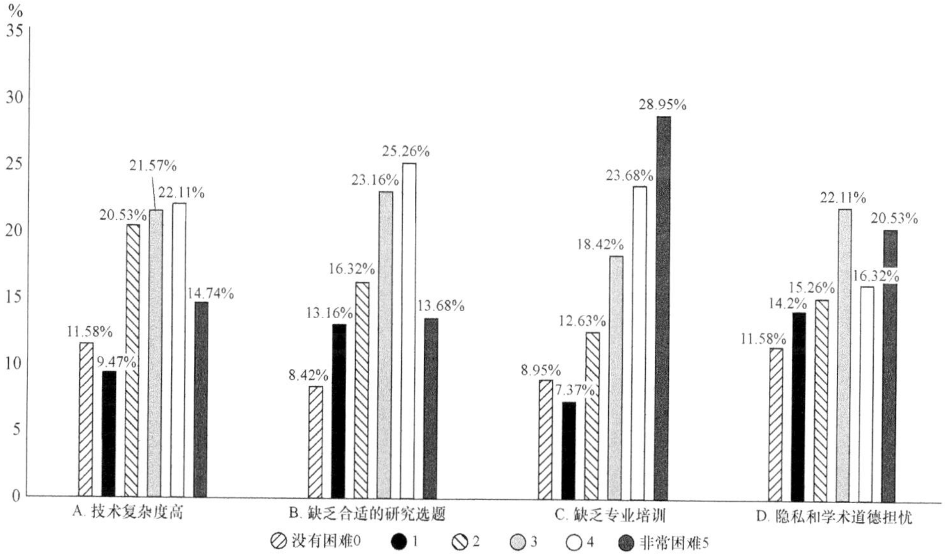

图 8　专职教师/科研人员在科研工作中使用 AI 工具或平台的困难

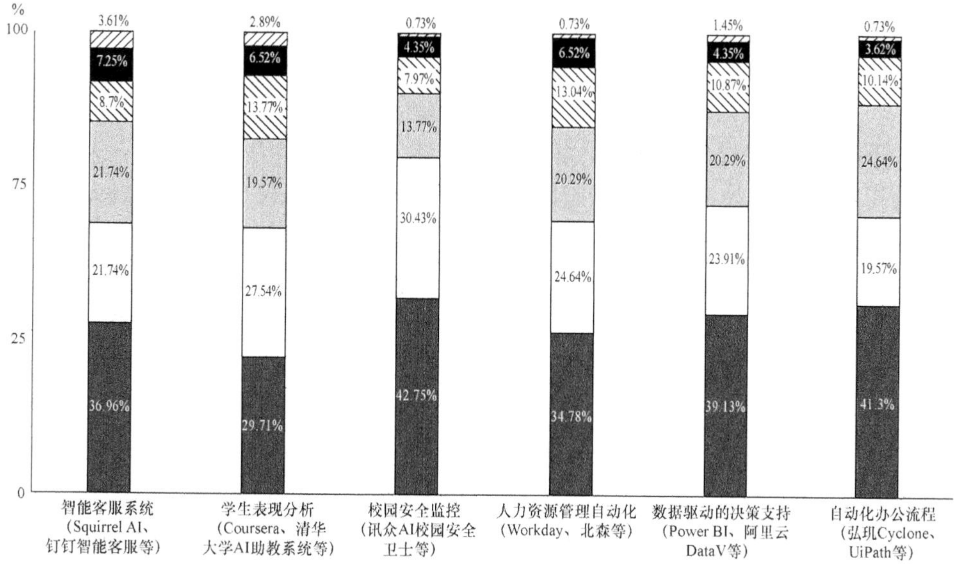

图 9　不同类型 AI 应用对工作的优化程度

（三）教职工对学校 AI 未来发展的认识与需求

在被调查的 190 位专职教师/科研人员中，针对 AI 技术可能替代某些传统教学任务的看法如图 10 所示，调查对象中有 43.16%的人持积极态度，认为可以释放教师更多时间关注学生个性化需求；41.58%的人持中立态度，认为取决于技术成熟度和应用效果；11.58%的人担忧可能减少人际互动，影响教学质量；仅有 3.68%的人反对，认为教育的本质在于人与人的互动，不应被技术取代。整体来看，大多数人对于 AI 技术替代传统教学任务持开放、中立的态度，认为取决于具体情况和效果。

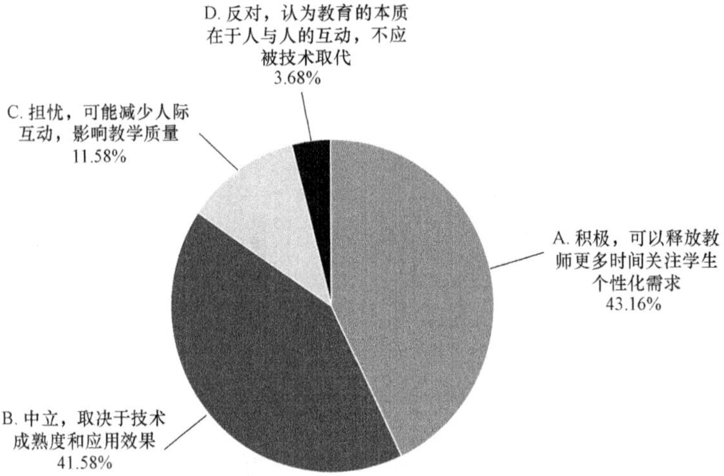

图 10　专职教师/科研人员对 AI 技术可能替代某些传统教学任务的看法

在对将 AI 教育作为教师继续教育的一部分进行的调查结果显示，支持的比例最高，占 56.32%，其次中立的比例为 17.89%，较为支持的比例为 16.84%，不支持和较不支持的比例分别为 6.32%和 2.63%。因此，大多数受访者支持将 AI 教育作为教师继续教育的一部分。

针对提升教师队伍的 AI 素养，如图 11 所示，参与者最希望的是推进教师应用智能助手，促进教学方式改革，为教师减负（选项 D），有 90 人选择非常希望这种形式。其次是开展智能教育教学能力培训活动（选项 A）和提升教师作业设计和点评能力，减轻学生作业负担（选项 E），分别有 89 人和 82 人选择非常希望。建设智能教室，支持教师教育教学创新活动（选项 B）和加大教师队伍 AI 素养国内外研修支持力度（选项 H）也得到了较高比例的支持。整体来看，教师们对于通过培训、技术支持和教学方式改革来提升 AI 素养持有较高的期待。

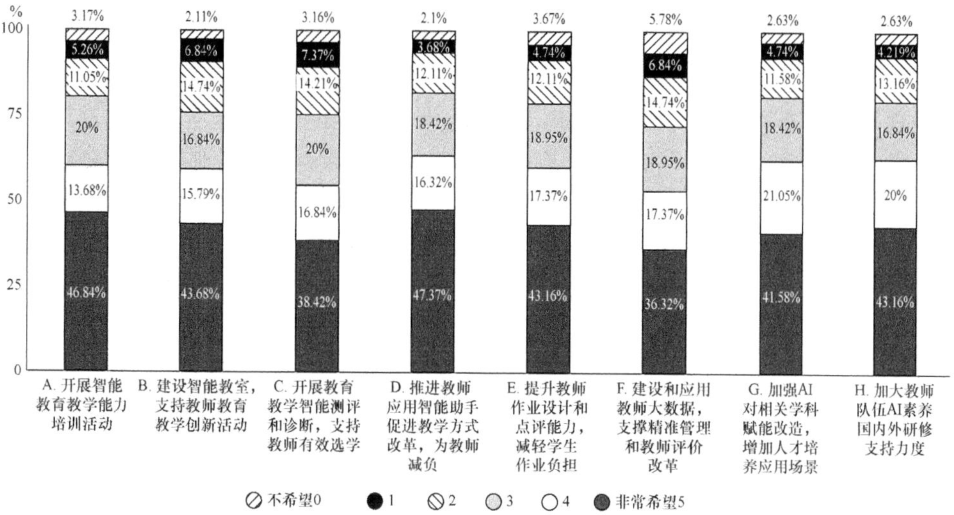

图 11　提升教师队伍的 AI 素养的不同形式的支持程度

对目前学校提供的 AI 支持的满意度分布如下：满意占 5.26%，较为满意占 11.05%，中立占 45.26%，较不满意占 19.47%，不满意占 18.95%。可以看出，中立的比例最高，其次是较不满意和不满意，而满意和较为满意的比例相对较低。这表明大部分人对学校提供的 AI 支持持中立或者较不满意的态度，学校应进一步改进 AI 支持的质量和服务，以提升教师满意度。

在被调查的 138 位非专职教师/科研人员中，针对未来工作智能化的期待程度，如图 12 所示，大部分受访者对数据共享、集成化更高的信息系统（选项 A）、完善的智能教育素养与技能发展培训体系（选项 B）、以学习者为中心的智能教

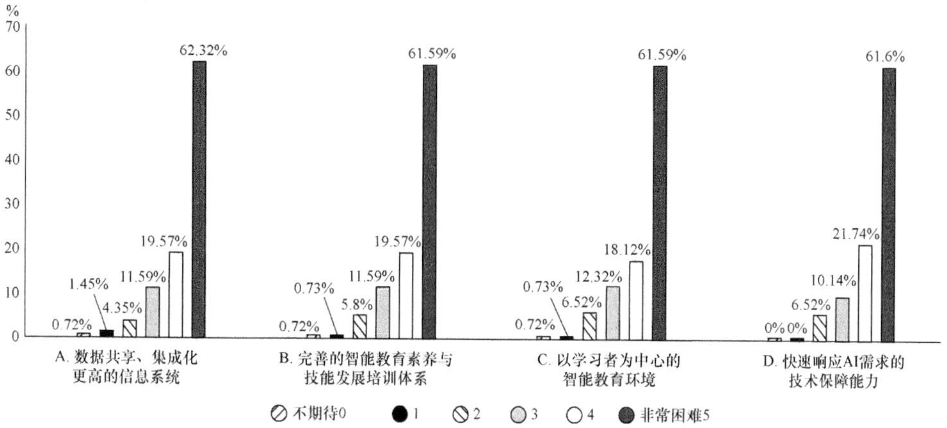

图 12　非专职教师/科研人员对未来工作智能化的期待程度

育环境（选项C）以及快速响应AI需求的技术保障能力（选项D）都表现出较高的期待程度。其中，对于选项A，非常期待得分最高，占比62.32%；对于选项B和C，非常期待得分也最高，占比均为61.59%；对于选项D，非常期待得分同样最高，占比为61.6%。整体而言，受访者对未来工作智能化抱有积极的期待态度。

针对AI知识或技能培训的迫切程度，如图13所示，对于基础概念与应用案例，有44.93%的受访者表示很迫切需要培训，占比最高。数据分析与管理方面，52.17%的受访者认为很迫切需要培训，紧随基础概念与应用案例之后。AI工具选择与使用的培训需求也较高，有57.25%的受访者表示很迫切需要培训。在人工智能伦理与法律方面，38.41%的受访者认为很迫切需要培训，略低于其他领域。综合来看，受访者对AI知识或技能培训的迫切程度整体较高，其中对于AI工具选择与使用的培训需求最为迫切。

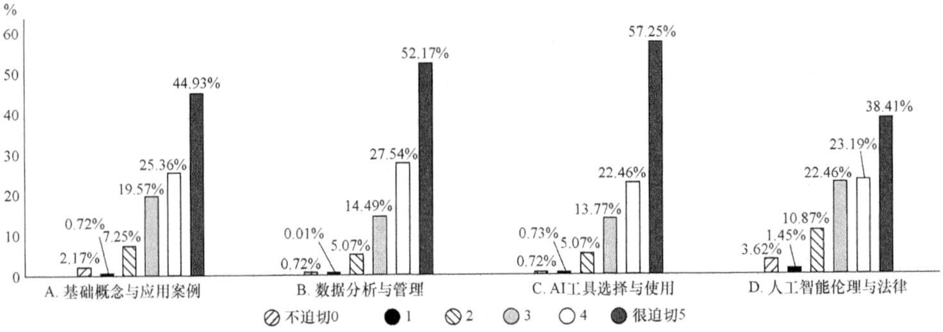

图13　希望获得AI知识或技能培训的迫切程度

针对学校应如何准备迎接人工智能时代的工作管理变革，如图14所示，大多数受访者对建设智能化教育环境、增加专项培训以及提供AI工具应用场景持

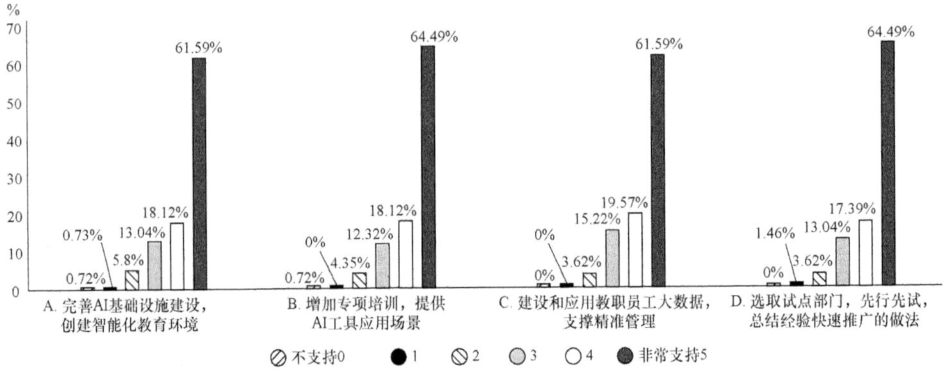

图14　如何准备迎接人工智能时代的工作管理变革

支持态度。具体来说，61.59%的受访者非常支持完善 AI 基础设施建设，创建智能化教育环境；64.49%的受访者非常支持增加专项培训，提供 AI 工具应用场景。同时，61.59%的受访者也非常支持建设和应用教职员工大数据，以支撑精准管理。对于选取试点部门，先行先试，总结经验快速推广的做法，64.49%的受访者表示非常支持。因此，学校在迎接人工智能时代的工作管理变革时，应重点关注智能化教育环境建设、专项培训和 AI 工具应用、教职员工大数据的建设和应用，以及试点部门先行先试的经验总结和推广。

将**全部 328 位受访者**对 AI 助推教师队伍建设工作的期待和建议用词云图可视化（词频分析），如图 15 所示，“培训”出现了 81 次，是出现频次最高的词，可以提炼出受访者的总体建议：学校应加强 AI 知识培训和提升 AI 技术支持。

图 15　AI 助推教师队伍建设工作的期待和建议

四、推动高校加强教职工 AI 素养的对策建议

人工智能技术迅猛发展，对教育领域的影响日益显著。高校是人才培养和科技创新的重要基地，提升其教职工的 AI 素养尤为重要。本研究通过深入剖析教职工在 AI 使用运用方面的现状与需求，提出了一系列针对性的策略建议，旨在为强化教职工 AI 素养提供科学依据与实践导向。

（一）优化 AI 教育资源配置

建议将 AI 教育纳入学校战略发展规划的核心议程，成为驱动学校发展创新长期蓝图的关键组成部分。增设专项财政预算，以推动 AI 教育体系的革新与素养能力的飞跃，加速教育技术设施的现代化进程。具体措施包括：

1. 战略规划融入与资金保障：明确将 AI 教育列为学校发展规划的重点，配套增加专项经费，用于开发 AI 课程、购买 AI 软件、组织 AI 培训、建设智慧校园等，为 AI 教育提供坚实资源。

2. 智能赋能师资队伍建设：利用 AI 教学辅助系统、AI 科研平台等智能化工具，为教师发展构建高端支持系统，通过技术辅助提升教学与研究能力，促进教师队伍向更高层次转型。

3. 加速智慧教育环境构建：推动智慧校园基础设施建设，包括部署智慧教室与智能化教学实训平台，形成集教学实践、学术探究及应用研发为一体的综合教育生态等。

（二）加强 AI 教育培训

建议构建一个多元化、层次分明的教育培训框架，框架涵盖从基础到高级的 AI 知识与技能，以满足教职工的个性化学习需求。构建线上学习平台作为核心载体，汇聚高质量教育资源，为教职工提供灵活便捷的自主学习通道。定期召集研讨会和工作坊，搭建互动交流平台，鼓励教职工参与项目导向的学习和创新实践活动，亲身体验 AI 工具的构思与开发流程，促进实践经验与最新研究成果的共享，营造浓厚的学习氛围。针对 AI 时代的工作要求，实施一系列专题培训和案例分析教学，着重提升教职工在教学科研、智能管理、数据分析等不同方面的专业能力，助力优化工作过程，提高工作效率，激励教职工不断追求专业成长，紧跟 AI 技术的前沿发展，在教育领域内推动 AI 技术的深度融合与创新应用。

（三）建立 AI 跨学科合作机制

根据教育部《高等学校人工智能创新行动计划》，为了促进 AI 跨学科融合与创新发展，建议成立跨学科研究中心，汇聚来自不同知识领域的教师与研究专家，共同探索 AI 技术在教育领域的应用潜力，通过深度交流与合作，打破学科壁垒，催生创新成果；加强校企合作，积极与业界 AI 企业建立合作伙伴关系，携手开发符合教育实际需求的 AI 工具和应用案例，为学校教职工提供宝贵的实践平台与经验交流机会，加速技术成果转化；倡议构建跨校际的 AI 教育联盟，实现资源共享与经验互通，联合多所高等教育机构的力量，协同推动 AI 教育研究与实践的广度和深度。

以上策略旨在构筑一个资源优化、信息充沛的 AI 教育生态系统，为教职工 AI 素养赋能，促进其能力建设和专业性的持续提升。为人工智能教育的全面发展奠定坚实基础，加速学校教育体系向智能化、高效化迈进的步伐。

五、结论

人工智能技术正在深刻地改变着教育领域，高校教职工作为教育教学的中坚力量，其 AI 素养的提升对于推动教育现代化、提升人才培养质量具有重要意义。本研究通过对对外经济贸易大学教职工 AI 素养的调查研究，揭示了当前学校教职工 AI 素养的现状和存在的问题，提出了相应的对策建议，为推动高校教职工 AI 素养提升提供了有益的参考。

现状与问题并存，挑战与机遇同在。调查结果显示，高校教职工对 AI 的认知和应用水平参差不齐，总体上处于发展的初始阶段。部分教职工对 AI 技术了解不足，缺乏主动学习的意识，对 AI 工具和平台的应用也相对局限。这既与教职工的专业背景、学习动机有关，也与学校 AI 教育资源的配置、培训机制的完善程度有关。

展望未来，AI 教育将迎来更加广阔的发展空间。随着人工智能技术的不断进步和应用场景的不断拓展，AI 教育将成为推动教育现代化的重要力量。高校教职工应积极拥抱 AI 技术，不断提升自身 AI 素养，将 AI 工具和平台融入教学、科研和管理工作中，为培养适应未来社会发展的高素质人才贡献力量。同时，学校也应积极探索 AI 教育的新模式和新方法，推动 AI 教育的创新发展，为构建学习型社会、提升全民终身学习能力提供有力支撑。

参考文献

[1] 王丹. 人工智能视域下教师智能教育素养研究：内涵、挑战与培养策略 [J]. 中国教育学刊，2022（03）：91-96.
[2] 梅兵. 高校教师数字素养提升：现实问题与体系构建 [J]. 中国高等教育，2024（12）：50-54.
[3] 刘宝存，易学瑾. 高校教师数字素养框架：全球图景与本土建议 [J].国家教育行政学院学报，2024（01）：79-88.

作者简介

孙娜，对外经济贸易大学发展规划处（学科建设办公室）副处长，副研究员；研究方向：高等教育；电子邮箱：sunna@uibe.edu.cn。

张敏丽，对外经济贸易大学发展规划处（学科建设办公室）科员，助理工程师；研究方向：高等教育、信息技术、人工智能；电子邮箱：03110@uibe.edu.cn。

常力铭，对外经济贸易大学发展规划处（学科建设办公室）科员，科研助理；研究方向：高等教育、教育学；电子邮箱：10118@uibe.edu.cn。

对新时代高校博士后工作高质量发展的思考

李春鹤　李孟一　黄春佑

摘　要： 博士后制度是全球通行的培养、吸引、使用创新型青年科技人才的重要制度，博士后是国家战略人才的后备军。目前，博士后工作还面临实践中的困境，存在管理中的问题和难题，需要通过工作体制机制创新来推动解决。通过对博士后管理面临的实践困境进行分析，在加强博士后工作平台建设，改革博士后分类评价机制、畅通博士后职业发展等多个方面，为新时代高校博士后工作高质量发展提出改革建议。

关键词： 博士后管理；高质量发展；人才评价改革

一、博士后工作现状

博士后制度是全球通行的培养、吸引、使用创新型青年科技人才的重要制度。截至目前，我国共设立3352个博士后科研流动站、4338个博士后科研工作站，累计招收博士后人员34万余人，2021、2022年连续两年招收人数超过3万人。绝大部分出站博士后成为单位的领军人才和科研骨干。博士后制度初步形成了一套具有中国特色、符合高层次创新型青年人才成长规律的制度体系，有力地推动了产学研结合、科技创新和经济社会发展①。

党的十八大以来，我国博士后工作深入贯彻落实习近平总书记关于人才工作的重要指示批示精神，围绕培养机制、创新创业、经费投入、服务保障等方面持续改革创新，博士后人才成长启动加速度，博士后制度成为具有中国特色的培养高层次创新型青年人才的重要制度，博士后群体成为服务高质量发展和高水平科技自立自强的生力军②。

近年来国家陆续出台有关博士后制度相关政策文件，博士后工作改革一直在稳步推进，博士后队伍以其独特的制度优势在高校师资队伍培养和建设中发挥着越来越重要的作用。《中共中央 国务院关于弘扬教育家精神加强新时代高

---

① 彭必得. 对新时代博士后工作的思考和浅析［J］. 中国人才，2023（08）：40－43.

② 任社宣. 党的十八大以来博士后事业发展综述［J］. 中国人力资源社会保障，2023（12）：16－18.

素质专业化教师队伍建设的意见》中提到，推动高校将博士后作为教师重要来源。博士后队伍既是高校重要“青年人才蓄水池”，同时也是国家科研力量的“排头兵”。

二、博士后工作的重要意义

党的二十大强调教育、科技、人才是全面建设社会主义现代化国家的基础性、战略性支撑，将实施人才强国战略与科教兴国战略、创新驱动发展战略系统安排部署。习近平总书记在中央人才工作会议上强调，要造就规模宏大的青年科技人才队伍，把培育国家战略人才力量的政策重心放在青年科技人才上，支持青年人才挑大梁、当主角。博士后制度是全球通行的培养、吸引、使用创新型青年科技人才的重要制度，博士后是国家战略人才的后备军。

博士后队伍是学校师资的重要补充和来源，是高水平教师队伍的“预备军”。近年来教育部、人社部等有关部委连续出台相关文件，要求充分利用博士后制度服务高校教学科研工作，鼓励高校扩大博士后招收培养规模，将博士后作为师资的重要来源。博士后工作体系建设，关乎学校改革发展大局，关乎学校师资队伍建设，是学校治理能力和治理体系现代化提升行动的重要内容，要牢固树立博士后研究人员是学校教学科研力量重要组成部分的思想观念。肯定和重视博士后研究人员在学校事业发展中的地位和作用，全面推进博士后工作高质量发展，稳步扩大增量规模，提高培养质量，充分发挥博士后人才队伍国家战略人才力量的“后备军”、高水平教师队伍“预备队”的作用，对建设高质量师资队伍，助推学校高质量发展具有重要意义。

三、关于博士后管理制度的研究综述

我国自1985年创立博士后制度以来，博士后管理经历了初步创立、快速发展、稳步推进和深化发展四个阶段。在不同发展阶段，国家每年都会针对博士后管理制定出相应政策，管理制度日渐规范和细化，迄今为止，博士后管理制度实施已近40年。由于管理政策存在一定的滞后性，致使其无法完全适应管理实践需要，因此使得博士后管理制度研究显得尤为必要。总体来看，博士后管理实践存在的困境主要表现在：一是高校管理自主权有待进一步提升，自我管理、自我管理机制有待完善；二是从博士后考核评价来看，多数高校对博士后人员的考核标准相对单一，仍存在唯论文的情况，而且考核评价缺乏细化管理；三是从博士后经费资助来看，国家教育财政对博士后经费支持力度普遍不高，而且社会科学领域博士后获得基金资助的比例明显低于理工科博士后。

面对博士后管理的现实困境，国内学者们也纷纷提出优化博士后管理制度的相关建议。一是改革博士后管理体制，将管理权下放，对流动站实行分级分类管理，充分发挥流动站的潜能①；二是优化科研经费资助体系，根据博士后经费来源将博士后全额资助分为教授资助、站点资助和政府资助三种类别，同时国家加大对博士后的资助力度，并兼顾区域平衡发展、学科平衡发展②；三是构建科学合理的考核评价制度，将博士后考核内容设计为包括“成果评价”“素质评价”“能力评价”在内的多维指标，采取定量与定性相结合的考核评价方式③。

四、博士后管理面临的实践困境分析

（一）博士后平台建设不健全，难以长期支持保障博士后事业发展

全国博士后管委会办公室一般每 5 年对全国各博士后流动站、工作站设站单位开展评估工作，最近一次评估工作是在 2020 年。评估周期过长，导致大多数高校不够重视博士后平台建设，对于博士后群体的管理服务工作仅限于流程性、事务性管理，对于平台建设缺乏总体布局和谋划，未能构建起适合博士后工作发展的平台环境。

（二）博士后分类管理、分类评价机制有待进一步完善

加强分类管理，完善分类评价机制是提高博士后培养质量的重要抓手。各高校以《深化新时代教育评价改革总体方案》为引领，在破除过分注重论文和课题的量化考核指标体系，推进分类招收、分类考核、综合评价的改革道路上进行积极的探索和实践。为了实现教育强国的伟大目标，继续平稳推进教育评价改革，严格培养与使用博士后人员，使之成长为堪当时代大任的领军人才和精英人才，对其分类管理和评价改革仍然任重道远，意义重大。

（三）博士后职业发展通道有待进一步拓展

大多数高校对博士后职业发展没有明确的晋升通道，博士后往往被当作是学术临时工，主要表现在在站期间不允许博士后申报副高级职称，对于博士后

① 张斯虹. 我国博士后制度管理模式：问题与展望 [J]. 高教探索，2005（04）：40－42.

② 姚云，曹昭乐. 中国博士后资助体系 30 年及顶层设计重构 [J]. 华东师范大学学报（教育科学版），2017（02）：76－82＋122.

③ 王可俐. 建立科学客观的博士后评价指标体系研究 [J]. 重庆大学学报（社会科学版），2008，14（06）：71－75.

申报国家项目支持力度不够，博士后队伍与专职教学科研人员队伍之间未能实现有效衔接融合。

（四）博士后工作经费支持力度需要继续提升

目前大多数高校博士后工作经费来自中央财政拨款和学校自筹，未能有效争取社会资金的投入，而且对于博士后的资助形式相对单一，仅为其承担基本薪酬待遇，缺乏正向的激励机制。

五、新时代高校博士后工作高质量发展的改革建议

（一）以培养质量与业绩贡献为导向，建立激励与约束并重的博士后科研流动站平台建设机制

一是落实平台建设责任机制。博士后科研流动站平台建设实行牵头责任制，由学院牵头建设相应一级学科流动站。二是强化平台建设评价机制。参照国家博士后科研流动站工作评价机制，强化学校博士后工作考核评估，评估周期为3年，重点考核牵头建设单位博士后招收情况、科研产出、经济社会效益等，以评促建。三是完善平台建设激励机制。对新设立的博士后科研流动站的单位、达到年度博士后招收数量的牵头建设单位、成功申报国家级博士后人才项目、国家资助、博士后基金项目，以及在全国博士后工作综合评估中获得优秀等工作成效显著、工作业绩突出的牵头建设单位，依据贡献给予相应的经费补助。四是优化合作导师资格认定机制。合作导师需具备正高级职称或博士生导师资格，思想品德端正、研究方向符合学校学科建设的校内外教学科研人员，经学院推荐，可认定合作导师资格。具备副高级职称但未取得博导资格的教学科研人员，可与具备合作导师资质的人员组建导师组，共同指导博士后。五是加强合作导师政策激励。建立合作导师职责清单，完善考核机制，考核结果优秀的，学校在专业技术职务晋升和岗位聘用给予适当政策倾斜。将博士后培养纳入合作导师聘期工作任务范畴，博士后科研成果等同合作导师成果。

（二）加强博士后分类体系建设，明确分类标准和原则，完善分类管理体制机制

对博士后科学分类。根据博士后进站条件、培养目标、经费来源等要求的差异，分类引进博士后：青年人才博士后、师资博士后、思政博士后、科研博士后，针对不同类型的博士后制定不同的培养、使用、考核方案，实施分类管

理。青年人才博士后青年教师具有博士后和教师双重身份，学校在薪酬待遇、项目申报、职业发展等方面给予明确支持。师资博士后着重教育教学和科研创新能力培养，根据岗位类型分为教学型、科研型和教学科研型。思政博士后在站期间承担辅导员或学生思想政治教育相关工作。科研博士后着重科研能力培养，以学校科研需求为导向。

（三）坚持“破四唯”与“立新标”相结合，健全符合学校定位与科研活动规律的博士后分类评价体系

一是构建青年人才评价体系。青年人才博士后出站时至少达到学校副高申报条件。二是优化师资博士后评价标准。师资博士后评价标准与职称评审标准脱钩，根据聘任岗位类型分类评价，教学型以教学能力评价为主，科研型以科研能力评价为主，教学科研型要求教学科研能力并重，分类评价承担专业课、外语类专业课和公共基础课的师资博士后。三是建立健全思政博士后评价机制。授权学生思政工作部门对思政博士后考核评价，评价标准坚持思政工作业绩评价为主，科研工作评价为辅。四是优化科研博士后评价机制。探索根据学科特点、科研项目情况分类制定评价标准，综合评价科研贡献，探索代表性成果评价制度。

（四）畅通职业发展通道，促进博士后多样化发展，激发博士后工作积极性与创新活力

一是突破制度壁垒和政策障碍。允许博士后在站期间申报高级职称，达到高校教师资格要求的博士后可按规定申请教师资格证，积极推进博士后队伍与专职教学科研人员队伍有效与衔接融合。二是拓宽高层次人才培育渠道。聚焦国家重大战略需求，鼓励引进海外博士全职到校从事博士后研究工作，积极支持博士后在站期间申报国家和学校人才项目。充分利用国家高层次人才特殊支持计划青年拔尖人才项目在站博士后申报名额单列的制度优势，拓宽学校高层次人才培育渠道。三是完善优秀博士后出站留校工作机制。经学校学术评审，考核优秀的博士后可留校任用。留校后首次聘用岗位不受所在单位专业技术岗位结构比例限制。

（五）强化主体责任，加大经费投入力度，健全博士后资助体系，完善激励保障机制

一是健全资助体系。建立国家资助、企业资助、学校资助和学院资助相结合的资助模式，优化资助结构，允许资助金额叠加发放。二是强化国家资助申

报工作。积极支持在站博士后申请国家资助，定期邀请专家学者来校开展组织国家资助申报培训会，强化组织，完善工作机制。三是探索创新企业资助机制。支持设站单位、合作导师积极对外联络，鼓励企业通过项目研究、人才培养、科研成果转化收益等方式资助学校在站博士后。四是加大学校经费投入。博士后在站期间资助费用由学校承担，支持博士后人员与学校同岗位事业编人员同工同酬。五是鼓励学院资助。支持设站学院优化经费支出结构，加大经费投入力度，鼓励设站学院资助博士后。博士后参与的教学科研任务，设站单位可按讲师标准发放教学、科研奖励绩效或其他绩效。六是完善奖励制度。设立“优秀博士后”奖项，奖励博士后在学术研究和学校事业发展中取得的成绩。七是强化服务保障。按规定做好博士后参加社会保险工作，保障符合条件的博士后申请人才公寓或住房，协助做好博士后及家属户口迁落、子女入学等服务工作。

（六）加强学术交流，促进产学研结合，将科研成果转化为实际生产力

一是举办学术交流活动。定期依托设站学院开展博士后论坛，邀请全国专家学者、博士后、博士到校参会，扩大交流合作，吸引更多优秀博士毕业生加入学校博士后队伍，提升学校博士后学术研究水平和职业发展。二是支持对外学术交流。积极支持博士后到校外参加学术交流活动。三是加强校企合作。鼓励博士后在站期间进入企业事业单位、智库研究中心交流学习，参与企业技术研发、产品创新等项目，促进产学研结合，将科研成果转化为实际生产力，实现校企优势互补、互惠互利，资源共享、共同发展。

（七）加强博士后联合培养，扩大联合培养规模，服务社会经济发展

充分利用博士后制度服务高校教学科研工作，加快推动产学研深度融合，深度推进校企合作，做好联合培养博士后服务保障工作，完善联合培养博士后校内公共资源使用机制。积极支持学校与企事业单位博士后联合培养，拓展招收路径，加大招收力度。鼓励设站单位、合作导师积极拓展外部资源，进一步扩大联合培养博士后规模，提高培养质量。

（八）强化组织保障，关心关爱博士后人才队伍发展成长

学校成立博士后工作领导小组统筹全校博士后招收与管理工作，研究解决博士后工作高质量发展有关问题。在学校人事人才部门设立博士后管理办公室，配强配齐专职管理人员，负责学校博士后具体工作。设站学院要增强意识、加强管理、统筹资源、落实责任，将博士后工作高质量发展纳入本单位未来发展规划，做好博士后人才招收、管理和服务等各项工作，关心关爱博士后科研人

员，提供良好的科研工作条件。

六、结语

目前，博士后工作还面临实践中的困境，存在管理中的问题和难题，需要通过工作体制机制创新来推动解决。一是在工作平台建设方面，以培养质量与业绩贡献为导向，建立激励与约束并重的博士后科研流动站平台建设机制，加强学术交流，促进产学研结合，将科研成果转化为实际生产力；二是在分类管理、分类评价方面，在完善分类管理体制机制的同时，坚持“破四唯”与“立新标”相结合，健全符合学校定位与科研活动规律的博士后分类评价体系；三是在职业发展方面，畅通职业发展通道，促进博士后多样化发展，激发博士后工作积极性与创新活力；四是在提升社会服务能力方面，加强博士后联合培养，扩大联合培养规模，服务社会经济发展。以博士后管理服务工作体制机制创新为抓手，赋能新时代高校博士后工作高质量发展。

参考文献

［1］任社宣. 党的十八大以来博士后事业发展综述［J］. 中国人力资源社会保障，2023（12）：16－18.

［2］任社宣. 党的十八大以来博士后事业发展综述［N］. 中国劳动保障报，2023－10－25（001）.

［3］姚云，曹昭乐，唐艺卿. 中国博士后制度 30 年发展与未来改革［J］. 教育研究，2017（09）：76－82.

［4］姚云，曹昭乐. 中国博士后资助体系 30 年及顶层设计重构［J］. 华东师范大学学报（教育科学版），2017（02）：76－82＋122.

［5］马志云，刘云，闫哲. 中国博士后日常经费资助的问题分析［J］. 科研管理，2017（S1）：107－118.

［6］彭必得. 对新时代博士后工作的思考和浅析［J］. 中国人才，2023（08）：40－43.

［7］马立超. 一流高校博士后管理制度实施成效、困境与优化路径——基于博士后个体视角的混合研究［J］. 大学教育科学，2022（02）：54－63.

［8］张斯虹. 我国博士后制度管理模式：问题与展望［J］. 高教探索，2005（04）：40－42.

［9］王可俐. 建立科学客观的博士后评价指标体系研究［J］. 重庆大学学报（社会科学版），2008，14（06）：71－75.

［10］寇光涛，张宏，刘竹青. 高校博士后队伍建设的战略思考与优化路径研究［J］. 黑龙江高教研究 2020，38（07）：87－90.

作者简介

李春鹤，对外经济贸易大学人力资源处/党委教师工作部科员，助理研究员；研究方向：高等教育管理；电子邮箱：lichunhe@uibe.edu.cn。

李孟一，对外经济贸易大学人力资源处/党委教师工作部副部长兼副处长，副教授；研究方向：高等教育管理；电子邮箱：limengyi@uibe.edu.cn。

黄春佑，对外经济贸易大学人力资源处/党委教师工作部主任科员，助理研究员；研究方向：高等教育管理；电子邮箱：huangchunyou@uibe.edu.cn。

关于高校职称评审工作中的同行评议制度研究

——以对外经济贸易大学为例

张　男　于海莹

摘　要：近年来，国家与政府纷纷出台系列政策文件引导教育评价机制改革，党的二十届三中全会也对深化教育综合改革作出重要部署。与此同时，在高校学术评价政策变迁与实践探索的双重驱动下，不少高校将代表性成果评价作为质量与实绩导向的评价方式，将同行评议制度引入教师职称评审工作中，逐步探索学术评价发展的创新手段。本文以对外经济贸易大学为例，通过分析其近五年职称评审中的同行评议工作现状，总结经验成效，厘清发展思路，并基于同行评议制度的现存问题与制约因素，提出相应改进建议，致力于深入推进学校教师职称评聘改革，建设高素质专业化创新型教师队伍，服务国家新质生产力发展。

关键词：职称评审；同行评议；代表性成果评价；评价体系

党的二十届三中全会指出："要深化教育综合改革，深化科技体制改革，深化人才发展体制机制改革"①。教育部提出要建立以创新能力、质量、实效、贡献为导向的人才评价体系。高校作为教育、科技、人才"三位一体"的交汇点，在教师评价特别是职称评审工作中探索建立代表性成果评价机制、引入同行专家评议制度，有助于坚持质量导向、扭转重数量轻质量的科研评价倾向，有助于打破学术泡沫、遏制学术泛滥，因此围绕代表性成果评价的政策制定与实践探索始终在进行且愈发受重视。

对外经济贸易大学自 2019 年度职称评审工作起引入了第三方评价机构，进行独立的、专业的外部同行专家评审，至今已顺利完成 5 个年度的专业技术职

① 新华社. 中国共产党第二十届中央委员会第三次全体会议公报［EB/OL］.［2024－07－18］. https://www.gov.cn/yaowen/liebiao/202407/content_6963409.htm.

务学术评价工作。代表性成果评价的作用何在？同行评议制度实施的现状如何？实施过程中是否存在制约性因素？又该如何进一步推动同行评议的公正性和科学性？这些现实问题都有待讨论和解决。

一、同行评议工作现状

目前学校的同行评议制度主要运用于教职工高级职务晋升评审工作，实行综合准入制基础上的代表性成果评价制度，具体工作情况及特点如下。

（一）评价导向与制度保障

学校专门出台职称评审组织、评审程序及有关工作制度的校级文件，坚持分类管理、科学评价、公平公正的评审原则，明确提出要“坚持质量导向，强化同行专家在专业评价中的作用”，明确职称申报材料中的代表作提交数量与形式要求，强调申报者成果的原创性、代表性、学术贡献度与影响力，并着力构建多元评价体系。

根据规定，通过资格审核的正高级和副高级职称申报者可自行提交 1—3 份代表性学术成果，成果形式包括但不限于论文、著作、教材、研究报告（非涉密）、课程视频等，由学校职称评聘工作办公室统一组织同行评议送审。除了鼓励代表性成果的多元化与丰富性，学校还会根据教学型/教研型/研究型教师、因各类原因申请破格教师、辅导员、高教管理等不同系列和人员分类，在同行评议委托函中作不同的业务条件说明和个性化的评审要求说明，从而有助于落实分类评价和小同行评价，也便于评审专家更全面地考量申报者的成果和贡献。

（二）委托第三方评审

学校自 2019 年度职称评审工作起委托第三方人才服务平台进行同行评议送审，并对多项评审细节做出明确要求。其中，每位申报者代表性成果需送 5 名校外同行专家鉴定，参评专家由第三方机构在其全国专家数据库中采取随机方式筛选，要求专家应具有正高级职称，任职单位的层次应等同或高于本校，且针对同一被评审人，来源自同一高校的专家不得超过 2 位，专家评价形式为通讯评审，评审周期在 1 个月左右。此外，评审专家反馈的鉴定意见表主要由申报者基本信息、代表作总体评价以及综合鉴定意见 3 个部分构成，涉及理论水平、应用范围、学术价值和研究方法共 4 个维度，并通过更加细化的评价指标增强了可操作性。

相较于学校自行联系专家并组织同行评议的做法，委托第三方机构外审的优势主要在于：一是评审过程更加保密、客观和公平，可以在一定程度上避免校内熟人关系或利益输送等因素导致的不公正评价，降低评审矛盾，减少评审干扰；二是提高评审质量和科学性，在现实中高校单独建立大基数评审专家数据库的难度较大，信息维护和更新成本较高，局限于“学术小圈子”或“专家小群体”的可能性较大，难以获得更加专业可信的评审意见；三是提高评审工作效率，职称评审工作普遍时间紧迫、工作量大、工作人员有限，第三方机构可以帮助学校人事部门更加精准高效地汇总评审材料、匹配评审专家、减少沟通成本、加快评审进度。

（三）匿名评审与投申诉制度

学校职称评审文件规定同行专家评审工作坚持实行双向匿名评审，申报者不得自行指定评审专家、不得直接接触专家及评审意见；严格遵循回避原则，对本校教师、与申报者有亲属关系或利害关系的专家予以回避；要求专家签署保密协议与诚信承诺书，努力确保专家鉴定意见表是根据专家本人的认知水平对被评人出具完全独立的学术评价意见，未受任何外部因素干扰。

同时，学校实行评议结果反馈与申诉相结合制度。成立职称评聘投诉与申诉委员会，负责对职称评聘工作中投诉与申诉的处理；委员会成员包括工会、人事、科研、教务、纪检等职能部门，并根据实际情况进行回避或增补相关学科教授代表或法律顾问；对同行评议过程及结果有异议者，须在相应公示期间以书面形式实名提出，委员会将视投申诉内容委托授权相关部门或组织机构进行受理及调查，并在规定期限内作出答复和最终裁决，体现了对申报者和其他教职工知情权和监督权的尊重。

（四）数据分析

通过汇总统计学校 2019—2023 年度职称评审同行评议工作数据，分析相关指标情况如下。

1. 送审份数及人均评审份数

表 1　　近五年同行评议送审份数统计表

评审年度	送审人数	送审总份数	人均送审份数
2019	93	305	3.3
2020	98	326	3.3

续表

评审年度	送审人数	送审总份数	人均送审份数
2021	93	476	5.1
2022	123	615	5.0
2023	87	445	5.1
平均值	**99**	**433**	**4.4**

分析表 1 数据可得，学校对职称评审同行评议工作的重视程度有所增加，近五年同行评议总体工作量有逐年加大的趋势。从 2021 年度起校外同行专家鉴定工作要求从“正常晋升送 3 名、破格晋升送 5 名”调整为“所有人员均需送 5 名”，使人均送审份数由 3.3 份增加到 5.1 份（极少数二次送审情况不影响总体数据）。送审份数的增加会使专家样本增加，有利于减少偶然因素对评审结果的不良影响，在一定程度上提高评审结果的合理性与代表性。

表 2　　近五年同行评议专家人均评审份数统计表

评审年度	评审专家总人数	送审总份数	平均每位专家评审份数
2019	255	305	1.2
2020	258	326	1.3
2021	300	476	1.6
2022	400	615	1.5
2023	320	445	1.4
平均值	**307**	**433**	**1.4**

分析表 2 数据可得，近五年学校职称评审同行评议工作中平均每位专家的评审份数从 1.2 份/人增加到 1.4 份/人，但总体基本保持在 1.4 份/人。较低的人均评审份数能够在一定程度上体现出第三方机构相对较高的专家储备量，也有助于降低每位专家的评审工作量、减轻评审压力并加快评审周期。

2. 专家匹配度及层次

根据第三方评价机构最新反馈的 2023 年度职称评审同行评议相关数据，在专家匹配度方面，送审的 445 份中评审专家均与申报者的一级学科相匹配，二级学科相同的占比为 97%，研究方向相同或相近的占比为 92%。在专家来源方面，320 名评审专家来自 76 所国内双一流高校，无海外专家；来自原 985 高校的占比为42%，来自原211高校的占比为100%。在专家级别方面，320名评审专家中普通专家占比97%，有国务院特殊津贴/教育部新世纪优秀人才等人才称号的专家占比3%；博士生导师占比77%，硕士生导师占比18%，其他/未知占比5%（大部分为党政教辅系列外审专家）。

二、同行评议制度的局限性与问题分析

（一）代表性成果识别困难

同行评议的评价对象为申报人自行选择的代表性成果，理论上申报人应当最了解自己的成果质量和价值，但由于申报人和评审专家之间存在研究方向差异、评价标准模糊、展示信息不全等因素，容易导致申报人面临“不会选”或“不敢选”个人代表作的困境。在提交数量有限的前提下，是优先选择显性指标漂亮的成果（如期刊影响因子或论文被引次数较高的成果），还是选择隐性价值卓越的成果？如果选择后者，如何保证评审专家能在有限时间内对成果的内在价值作出准确判断？不同岗位类型和晋升赛道的教师如何平衡教学成果和科研成果的选取？虽然提倡成果多元化，但评审专家是否真正认同社会服务成果或人才培养成果的代表性与贡献度？这些都是申报人自同行评议环节尚未启动就需要提前思考的问题。

（二）专家评审公正性问题

当前众多双一流高校正在着手破除刊物级别光环和引用率神话，虽然有助于学术成果质量评价的权力回归到同行专家手中，但同时也带来了同一学科内不同研究方向的成果可比性问题。即使是在相近的研究方向，如果缺乏相对可衡量的客观评价标准，也容易产生较大的评价模糊性和变异性。特别是人文社科类学科大多涉及价值判断、历史判断和性质判断的评价，学术知识的异质性导致学术共同体在很多议题上缺乏共识。此外，评议专家自身的知识结构、研究经验和评审水平也各不相同，旧的研究范式会影响和干扰对新思想、新观点和新理论的客观评价，也并不是所有专家都能够找到研究的关键点、闪光点及薄弱点并恰当充分地表述出来。甚至最终导致不同专家对同一学术作品作出迥然不同的评审意见，无形中增加了学术成果的质量判断难度。

（三）国际化评审资源匮乏

随着我国学者在国际学术平台上的活跃度和影响力的日益提升，国内外学

者之间的学术交流不断增加，海归人才和外籍人才的大量涌入也为海外专家评审的实施提供了现实条件与人力资源。据了解，目前在职称评审中引入海外专家评审的高校并不多，对国际同行评审作出明确规定的主要有南开大学、北京大学与上海交通大学。但受制于国内单位有限的信息量，主要还是依靠校内同行业导师或知名学者的“熟人推荐”，相关海外评审专家库也始终处于“正在进行时”的建设阶段。有志于提升人才队伍国际化水平、推动人才工作高质量发展的高校应当思考如何通过专门的顶层设计与制度安排，真正引入高水平的国际同行评价，打破“学术小圈子”的束缚，促进学术水平与国际一流接轨。

（四）内部及社会监督不完善

科学严密的监督及保障制度是有序开展评价的重要保障。在职称评审中推行代表作制度，必须以成熟、专业且公正的同行评议制度为依托，需要建立包括专家库建设、独立评议、信息保密、回避制度、学术问责、第三方责任监督等的成套体系。尽管高校可以设置专家职称、任职单位、学科层次以及研究领域等遴选标准，但并不意味着符合标准就是学术水平高超的专家，也仍旧难以避免专家在评价过程中因个人属性或个人好恶而作出有失偏颇的评价。除了专家本人的学术与道德因素，学术共同体本身的自治性、内聚性、封闭性和排他性也会影响同行评议的质量与水平。一方面是学术职业化和功利主义思想的过度渗透导致评价目标变异，另一方面是行政权力的过度介入导致学术行政化趋势，如果不能克服“人情化”和“行政化”两个障碍，易使评审人员固化，进而形成学术利益链条。

三、完善同行评议制度的对策建议

（一）科学计量方法与同行评议制度相辅相成

高校教师职称评审工作事关教职工切身利益和学校高质量发展，必须全面统筹、严格把关，应当坚持以“量质并重”的定量评价与定性评价相结合，以综合准入制为主，以代表性成果评价为辅。在定量评价方面，随着网络新技术与新媒体的深度融合，学术交流的互动性与开放性日益增强，除了论文数量、影响因子、期刊等级、基金资助等体现“学术影响力”的传统计量指标，浏览数、评论数、收藏数、转发数等加入了替代计量学的测量指标，在一定程度上体现着代表性成果的“社会影响力”。在定性评价方面，首先要坚持分类原则，针对不同学科专业和不同岗位类型的教职工，允许送审优秀网络文章、重要采访报道、艺术创作作品、指导学生获奖等众多具有学科特色和标志的成果形式；其次，在同行评议送审过程中，可以允许申报者提交辅证材料，详细说明代表性成果的创新之处、学术价值与实际贡献，辅助同行专家进行全面、科学地评审与鉴定。

（二）“大同行”专家与“小同行”专家相得益彰

针对同行评议制度的固有缺陷，可从成员数量、层次构成与学科来源三个方面优化内部结构。第一，在成员数量方面，学校应合理设置同行评审专家人数和送审份数的上限、下限标准，在成本可控的前提下充分利用第三方评价机构丰富的专家库资源。第二，就层次构成而言，既有资历较深的评审专家，也有脱颖而出的青年学者，既包括有荣誉称号的杰出人才，也包括笃行致远的普通专家。第三，在学科来源方面，将从事相同一二级学科的“大同行”专家与从事相同三四级学科的“小同行”专家相结合。常言“同行相轻”，但“小同行相重”，可以通过细化送审学科、精准匹配专业的方式将“大同行化小”，进一步提高代表性成果与评审专家的匹配度。

（三）海外评审专家库与信息共享平台协同推进

为提升我国教育开放水平、加快建设世界重要人才中心和创新高地，学校应充分发挥特色优势，积极服务新时代教育对外开放。以中外高校、教师及学生之间的学术合作与联系为契机，邀请海外知名专家学者作为评审专家，选取国际化程度较高的学科或国际期刊/会议发表成果作为试点，建立健全海外专家评审制度。应充分考虑海外专家特殊的评审方式与学术惯例，单独设计和适当简化鉴定意见表，创新评鉴形式，切忌直接复制和翻译国内专家的鉴定标准。此外，海外评审专家库的建设离不开信息技术和大数据技术的支持，需要整体设计和优化信息共享平台，将教职工、二级学院、行政管理部门、学术共同体、第三方评级机构等多元主体联系起来，提高专家库的信息收集、处理、分析和维护能力。

（四）同行评议运行机制和监督机制同步健全

同行评议制度需要健全的学术申诉和监督机制来规范学术评价过程、促进教育评价的理性回归。首先，应明确界定各评价主体的权责范围与权力边界，形成学术权力与行政权力协调合作的评价格局，从评价起点就确保其有效性和公正性；其次，应完善同行评议运行机制，实行利益冲突披露，明确回避与匿名评审制度，坚持专家随机遴选与轮换原则；最后，应保障申诉制度与监督机制，适度拓宽信息公开范围，设置反向评估制度，听取申报者对同行评议制度的评价和建议，并在现有职称评审纪律规定的基础上加强校内评审监督与社会公众监督，形成对评价参与者的制度威慑，保障学术评价的客观公正。

参考文献

[1] 任友群."双一流"大学何以发展新质生产力[J]. 国家教育行政学院学报，2024（06）：3-9+34.

[2] 马茹，王宏伟. 基于多案例研究的高校教师评价改革实践：进展、困境与路向[J]. 国家教育行政学院学报，2023（02）：52-61.

[3] 李颖，张今柯，王胜."双一流"建设背景下高校科研评价体系改革路径[J]. 高等教育评论，2023，11（02）：222-229.

[4] 宫龙江，张凯丽，张滢瑶. 高校学术评价异化的表现、影响与治理[J]. 教育探索，2023（04）：26-29.

[5] 王辰琛. 高校人文社科代表作评价制度的成本效能研究[D]. 武汉理工大学，2022.

[6] 叶继元. 学术"全评价"体系论[M]. 1. 社会科学文献出版社，2022年.

[7] 汪智佳. 一流大学教师职称评审中的代表作评价研究[D]. 吉林大学，2020.

作者简介

张男，对外经济贸易大学人力资源处人员交流办公室主任科员，经济师；研究方向：人力资源管理；电子邮箱：02697@uibe.edu.cn。

于海莹，对外经济贸易大学人力资源处师资办公室主任科员，助理研究员；研究方向：人力资源管理、高等教育管理；电子邮箱：02621@uibe.edu.cn。

新时代我国高校引进海外高端人才的竞争方略与对策①

张 辉 罗小廷

摘 要：海外高端人才是我国人才队伍的重要组成部分，在全球人才市场中表现出高度的稀缺性和不可替代性，作为整个人才梯队建设的关键所在，也是世界各国争夺的焦点。本文立足新时代以来我国高校引进海外高端人才的工作实践，对当前我国高校引进海外高端人才的趋势和现状进行了分析，在此基础上归纳出海外高端人才引进普遍存在的共性问题，并就未来进一步做好海外高端人才引进工作提出相关对策和建议，为加快建设世界重要人才中心和创新高地提供参考。

关键词：海外高端人才；人才引进；对策

人才是发展最宝贵的资源。党的十八大以来，党中央作出人才是实现民族振兴、赢得国际竞争主动的战略资源的重大判断，作出全方位培养、引进、使用人才的重大部署，推动新时代人才工作取得历史性成就、发生历史性变革。习近平总书记高度重视海外人才引进工作，在不同场合多次作出重要批示指示，形成“聚天下英才而用之”的战略思想。中央人才工作会议（2021 年）提出加快建设世界重要人才中心和创新高地的任务，为全面建成社会主义现代化强国奠定人才基础。党的二十大报告进一步深刻指出“深化人才发展体制机制改革，真心爱才、悉心育才、倾心引才、精心用才，求贤若渴，不拘一格，把各方面优秀人才集聚到党和人民事业中来”。这些重要论述为我们做好海外高端人才引进工作提供了科学指引和根本遵循。

① 本文受中国高等教育学会 2022 年度高等教育科学研究规划课题“正确认识和规范使用高效人才称号的实践探索”专项资金资助，项目批准号为 22RSJS0401。

一、海外高端人才引进的变化趋势

长期以来，发达国家占据着科技制高点，导致全球人才流动总体趋势是从发展中国家流向发达国家，并在发达国家之间频繁流动。发展中国家从发达国家引进人才则困难重重，特别是需要解决好“国内和国际”两个矛盾。就国内而言，需要在现有的人才队伍基础上设置特区，以超常规的薪资待遇和良好的发展机遇吸引人才，并协助人才融入国家整体发展，发挥“领头雁”的作用。就国际交流而言，需要进行人事制度变革，采取和世界一流高校接轨的人事管理制度和国际交流体制，给人才回流和事业发展创造适合环境，发挥人才促进国际科研合作的“桥梁纽带”作用。

集聚高层次人才不仅是国内高质量发展的要务，更是应对国际竞争的战略需求。近年来，随着中国经济高速发展和高新技术领域人才需求的增加，吸引海外高端人才回流成为国家战略选择，在改革人才引进、使用、评价、激励等机制方面采取了一系列务实举措，取得了积极成效。一方面中央和各省市密集出台一系列有标志性意义的人才发展规划及政策，以更加开放包容的人才引进政策，吸引大批海外留学人才、外国专家以及海外高端人才等群体回国（来华）发展。另一方面，在北京大学、清华大学等一流大学实施“预聘—长聘”人事制度改革，健全完善评价方式，并大幅度提高海外高端人才回国（来华）待遇，营造国际一流水准的人才成长环境。鲍威等（2021）的实证研究显示，海外高端人才归国就业的选择呈现集中化特征，京津沪等地区的经济发展和高等教育资源比较优势突出，成为众多海外高端人才就业的优先选择。

当前，全球范围内新一轮科技革命和产业变革蓬勃兴起，人才成为世界各国竞相争取的关键性资源。与其他发展中国家相比，我国稳定的发展环境和浓厚的科技创新氛围在人才竞争中极具吸引力，让全球人才流动格局持续朝着有利于中国发展，呈现出海外人才“回流”趋势明显，海外高层次人才回国意愿强烈的良好局面。要紧紧抓住难得的人才“回流”机遇，搭建好人才干事创业的舞台、营造好人才成长的环境，最大限度激发人才在专业领域才能，为加快建设科技强国、实现高水平科技自立自强贡献力量。

二、海外高端人才引进的战略意义

改革开放以来，中国留学生规模不断扩大。2022 年，我国海外学成回国人员占出国留学人员的比例高达 78.4%，中国已经从主要的人才流出国转变为人才流入目的地。党的十八大以来，我国青年科技人才规模快速增长，源源不断充实科技人才队伍。根据《中国科技人力资源发展研究报告（2020）》统计，我国科技人力资源总量中 39 岁以下人群约占 3/4，青年科技人才已经成为我国科研队伍的主要组成部分。人才作为全球化时代知识资本流动的载体，对促进科技创新和社会进步具有重要作用。大力引进海外高端人才，主要有以下三个方面的意义。

（一）引进海外高端人才可以尽快完善我国战略科学家和领军人才梯队，优化现有人才队伍结构

多年来，虽然我国科技人才总量不少，但也面临着人才结构性不足的突出矛盾，特别是在重大科研项目、重大工程、重点学科等领域领军人才严重不足，战略科学家仍然是少数。要解决这些问题，就需要引进一批活跃在国际科研前沿、能够带动新兴学科、突破“卡脖子”关键技术的海外高端人才，夯实我国人才队伍的金字塔结构。

（二）引进海外高端人才有利于加快抢占科技制高点

当前，我国科技创新实力已经从“跟跑”转向“并跑”阶段，部分领域已经开始“领跑”。未来，要“领跑”更多科技领域，开拓新兴领域的生长点，占据前沿领域的科技制高点，仍需要大力引进海外高端人才，才能掌握科技创新主动权，打赢关键核心技术攻坚战，为加快实现高水平科技自立自强提供坚实支撑。

（三）引进海外高端人才有利于改善学术生态和学术环境

目前我国深入实施新时代人才强国战略，在人才引进、使用、评价等方面大力改革，学术生态和学术环境持续优化，有力服务了人才科技创新工作。但学术生态、学术环境的塑造是长期的，需要在学术共同体的基础上持之以恒、久久为功，才能成为世界人才向往的学术高地。大力引进海外人才有利于吸收国际学术界优良传统和规则，从而促进我国学术生态和学术环境不断向好发展，吸引更多优秀人才。

三、海外高端人才引进存在的问题

自 2018 年以来，受美国对我国实施“脱钩”战略的影响，中美竞争从贸易、经济领域扩展到科技和高等教育领域，阻碍了正常的国际学术合作和人才交流。

甚至有以前与中国合作的顶尖科学家都受到调查，对部分海外人才的学术工作以及正常的学术交流活动等都造成了比较严重的影响。同时，部分已经回国的海外高层次人才对国内人才发展还存在的一些问题提出了批评。例如，北京大学生命科学学院饶毅教授通过《知识分子》、个人微信公众号等平台对国内科研界存在的一些问题提出批评和解决办法。北京大学许晨阳、清华大学颜宁等海归学者再“归海”的案例在当时即引起了媒体的极大关注，网传其提出的关于国内学术圈论资排辈、学术氛围浮躁、学术造假严重等。还有的外籍专家在离开中国后通过自媒体讲述自己在中国工作的利与弊，提出了外籍身份天花板、学术环境、学术评价机制等一系列问题。目前海外高端人才引进问题主要表现在以下四个方面。

（一）学术生态建设不完善，非学术因素干扰现象未能杜绝

近20年来，我国经济社会处于快速发展过程中，科学研究方面的发展表现得尤为显著。但快速发展过程中也不可避免地积累了一些问题。以目前的各类人才遴选为例，虽然严格执行了学术同行评议，主管部门也都出台了相应的“禁止清单”“负面清单”，对人才、用人单位、评审专家和工作人员都提出了明确要求，用以维护公正的评审环境、营造风清气正的科研生态。但在实践过程中也存在一些非学术因素的干扰，有的单位也让人才帽子承载了功利性的负担，导致评审过程中“拼关系”“拼人脉”等现象仍未能杜绝，偏离了学术初衷。这些不良行为不仅受到社会广泛关注，也是影响个别海外高端人才回国发展的不利考量因素之一，使他们更愿意留在海外熟悉的环境中发展。

（二）学术环境开放性不足，存在诸多“隐形限制”

海外高端人才引进不仅包括出国的留学生，还包括在业界具有一定地位和影响力的外国专家。目前，全职引进的外国专家在国内学术界发展还存在一些“隐形限制”。比如，外籍专家很难在中国国内学术类团体中担任职务；国内开展的各类人才项目评审中也极少发现外国专家的身影；国家社科基金申报未对外籍教师开放，即使外籍教师可以申报哲学社会科学繁荣计划，也存在申报书须用中文填写等不便之处。总体来看，外籍教师申报科研项目基金和人才计划成功率极低，在客观上造成了外籍教师在科研经费申请上的困难，这些“隐形限制”导致其对职业生涯发展受限，也会让一些顶尖的外国专家缺乏长期留在国内发展的信心。

（三）人才服务理念认识不到位，仍需为人才松绑

长期以来，一些行政部门习惯用固定的条条框框“规范”人才，让人才的行为符合自己部门的预期，以行政化的传统思维对待科研工作，而在服务、支持、激励等方面措施不多。比如，在科研经费的使用和报销方面，还没有落实“让经费为人的创造性活动服务”的理念，导致人才把精力消耗在预算填报、经费执行等琐事、小事上面。一方面折射出还没有做到以人才为本，没有充分信任人才、包容人才，另一方面也反映出官本位思想严重，在人才工作中着重于“管”，没有赋予人才更大经费支配权、更大资源调度权等，很难让人才静心做学问、搞研究，多出成果、出好成果。

（四）人才保障政策缺少细则，面临“落地难”问题

近年来，有关部门不断加强人才工作的顶层设计，一系列“新政”为国家战略人才力量建设创造了非常有利的环境，极大推动了引才育才工作。但在工作中仍有一些好政策落实力度不够，甚至“落而不实”的问题。比如在高层次人才的薪酬免税、退休待遇、安家落户、任职从业等具体工作中，部分政策制度和服务保障举措因缺少可操作性的实施细则，面临“落地难”问题。

四、进一步做好海外高端人才引进的建议

当前，我国进入了全面建设社会主义现代化国家、向第二个百年奋斗目标进军的新征程，我们比历史上任何时期都更加接近实现中华民族伟大复兴的宏伟目标，也比历史上任何时期都更加渴求人才。我们要深刻认识和紧紧把握好新发展阶段的重要战略机遇期，以超常规举措大力推动大批海外人才“回流”，加快建设世界重要人才中心和创新高地，为全面建成社会主义现代化强国和实现民族复兴伟业贡献力量。

（一）坚持“党管人才”原则，提高人才向心力

党的领导是做好人才工作的根本保证。要全面落实“党管人才”原则，完善体制机制，加强对人才工作的政治引领，特别是要更好地发挥党的统战工作优势和落实党的知识分子政策。特别是要立足实际、突出重点，解决人才反映强烈的实际问题。持续加强对高层次人才的关心关爱，通过国情研修、师德教育等方式进一步凝聚高层次人才的向心力。引导广大人才继承和发扬老一辈科

学家胸怀祖国、服务人民的优秀品质，心怀“国之大者”，为国分忧、为国解难、为国尽责。

（二）坚持为国引才战略，持续优化学术生态

“环境好，则人才聚、事业兴；环境不好，则人才散、事业衰。”良好的学术环境是影响人才集聚的关键因素。一方面，要完善人才工作的高水平对外开放格局，坚定不移实施海外引才战略，积极释放吸引重点领域，特别是基础学科、交叉学科和“卡脖子”领域学术领军人才的信号，进一步加强对海外高水平人才的吸引和集聚。另一方面，要直面问题，针对学术不端、学术生态建设问题，要建立营造积极向上、科学有序的科研创新与人才培养的生态，对科技造假和学术不端“零容忍”，营造风清气正的科研环境。

（三）落实人才服务理念，帮助人才解难纾困

真诚关心爱护人才才能成就人才。要持续落实服务人才的理念，把工作做到人才的心坎上。深入梳理研判人才工作和生活中的各种需求，特别是做好一些牵扯精力较多的生活“小事”，比如住房就医、配偶安置、子女就学、落户迁移等实际问题，把人才烦心事办成暖心事、舒心事，让人才腾出精力专心于科研学术。要经常走访慰问，通过谈心谈话等方式多渠道了解人才遇到的实际困难和思想动态，及时回复人才的相关问题。

（四）优化管理体制，增强外专人才融入感

不拒众流，方为江海。积极主动地引进海外人才特别是高端人才也是人才强国的组成部分。虽然近年来国家已经赋予高校大量的办学自主权，但由于中外高校管理体制、财政体系的差异，我国高校引进外国专家人才时还存在诸多不便。要全力推进外国人来华工作许可制度实施，对“高精尖缺”的外国人才在引进时开辟“绿色通道”。在经费支持、荣誉职位和奖励方面让外国专家与我国人才享有同等待遇，增加服务我国发展的融入感。同时，简化高层次外专人才及家属来华工作、人才签证、落户北京等手续的办理流程，提升海外引进人才在日常生活和教学科研工作中的便利性和舒适度，为他们及时融入国内教学科研环境创造良好条件。

参考文献

［1］习近平在中央人才工作会议上的讲话选编［J］. 旗帜，2021（10）：5－7.

[2] 鲍威、田明周、陈得春. 新形势下海外高端人才的归国意愿及其影响因素[J]，高等教育研究，2021（2）：24－34.
[3] 田帆，曾红颖. 借鉴国际经验吸引海外人才回流[J]. 宏观经济管理，2022（03）：32－37.
[4] 刘如，陈志. 引进海外高端人才的战略思考与建议[J]. 科技中国，2021(09)：56－58.

作者简介

张辉，北京大学人事部人才工作办公室主任，助理研究员；研究方向：高校人才工作；电子邮箱：zhanghui@pku.edu.cn。

罗小廷，北京大学战略规划办公室主任，助理研究员；研究方向：大学发展规划；电子邮箱：luoxiaoting@pku.edu.cn。

新形势下交叉学科人才队伍建设路径探析
——以区域国别学为例

孙　娜　王林越

摘　要：党的二十大报告提出，要加强基础学科、新兴学科、交叉学科建设。其中，交叉学科作为融合多学科优势特色、服务新质生产力发展需求的重要阵地，因起步较晚、经验不足、模式不成熟，在建设过程中往往面临多方面挑战和困难。高校在交叉学科建设过程中应将人才队伍作为首要工作和建设基石，重点解决人才队伍建设中的交叉性不足、教师转型难度大、人才竞争力培育难等难点和堵点，构建队伍建设与人才培养双促进的格局，以高水平人才队伍推动交叉学科建设高质量发展。

关键词：交叉学科；人才队伍建设；区域国别学

党的二十大报告提出，加强基础学科、新兴学科、交叉学科建设，加快建设中国特色、世界一流的大学和优势学科，习近平总书记在中共中央政治局第五次集体学习时再次强调“要把加快建设中国特色、世界一流的大学和优势学科作为重中之重，大力加强基础学科、新兴学科、交叉学科建设，瞄准世界科技前沿和国家重大战略需求推进科研创新，不断提升原始创新能力和人才培养质量”，这一系列重要论述为积极推动交叉学科发展指明了前进方向。习近平总书记在哲学社会科学工作座谈会重要讲话中指出，“构建中国特色哲学社会科学，要从人抓起，久久为功”，“要把这支队伍关心好、培养好、使用好”，这为交叉学科人才队伍建设提出根本遵循。作为我国哲学社会科学“五路大军”中的重要力量，特别是中国特色社会主义学科建设的主阵地，高校建设交叉学科的首要工作是建设一支高水平人才队伍，通过创新发展，以科学、创新、多元的人才队伍推动交叉学科构筑起一流学科的优势。

一、人才队伍是交叉学科建设的奠基石、引路旗

（一）交叉学科人才队伍建设是时代之需、发展之需

2021年4月19日，习近平总书记在清华大学考察时强调，重大原始创新成果往往萌芽于深厚的基础研究，产生于学科交叉领域，大学在这两方面具有天然优势①。当今世界变局加速演进，应对全球挑战和风险需要更富有创新性的解题思路和破局之策，交叉学科作为融合了不同学科、理念、思路和方法的创新阵地，能够充分立足两个大局、立足国家战略，解决新发展阶段的复杂问题。习近平总书记在哲学社会科学工作座谈会重要讲话中指出，“构建中国特色哲学社会科学，要从人抓起，久久为功”。高校承担着发展交叉学科、培育交叉学科人才、服务国家战略的重要使命，而人才队伍则能在其中发挥基础支撑和引领作用。建立一支融合创新、活力多元的交叉学科人才队伍，是繁荣交叉学科脉络、培植交叉学科生态的根本要求，亦是应对新挑战、谋划新发展的时代之需、发展之需。

（二）人才队伍建设是交叉学科建设的关键抓手

2021年9月28日，习近平总书记在中央人才工作会议发表重要讲话，提出要“深入实施新时代人才强国战略，全方位培养、引进、用好人才，加快建设世界重要人才中心和创新高地”②。党的二十大报告提出，“深入实施人才强国战略”，“加快建设世界重要人才中心和创新高地，促进人才区域合理布局和协调发展，着力形成人才国际竞争的比较优势”③。从二十大报告和习近平总书记关于人才工作的历次重要论述可以发现，党中央对人才工作引领作用的重视程度不断加深，对人才工作内涵和重要意义不断深化和拓展，对人才工作的谋划愈发深刻和全面。人才作为推动事业发展的力量之源、活力之源、动力之源，可以迸发强大的驱动力，为新时代下的复杂问题提供解决思路和动力支撑。高

---

① 习近平在清华大学考察：坚持中国特色世界一流大学建设目标方向 为服务国家富强民族复兴人民幸福贡献力量［EB/OL］.中国政府网. https://www.gov.cn/xinwen/2021－04/19/content_5600661.htm.

② 习近平出席中央人才工作会议并发表重要讲话［EB/OL］.中国政府网.https://www.gov.cn/xinwen/2021－09/28/content_5639868.htm.

③ 习近平：高举中国特色社会主义伟大旗帜为全面建设社会主义现代化国家而团结奋斗——在中国共产党第二十次全国代表大会上的报告［EB/OL］.中国政府网. https://www.gov.cn/xinwen/2022－10/25/content_5721685.htm.

校作为高等教育的龙头，作为科技第一生产力、人才第一资源、创新第一动力的重要结合点，应充分学习领会习近平总书记关于人才工作的重要指示，将人才工作放到战略高度，特别是交叉学科建设的大潮下，既面临服务国家战略、解答时代之问的外部需要，又面临新知识体系构建、新队伍模式创新、新培育路径探索的内部挑战，更应将人才队伍建设作为交叉学科建设的破题之策、奠基之石。

二、交叉学科人才队伍建设的新挑战：以区域国别学为例

交叉学科普遍面临发展历程短、建设经验不足的问题，虽然国内部分高校已经取得了一定的建设成果，但相较于传统学科，其人才队伍建设仍面临诸多挑战。

（一）队伍建设跟不上机构建设步伐，学科交叉性体现不足

在国家战略需求和高校发展战略的双重牵引下，当前部分高校的交叉学科布局已经初见规模，建成了支撑交叉学科建设的实体机构，但队伍建设普遍跟不上机构设置的步伐，软基础建设不足。以区域国别学为例，自2022年区域国别学成为一级学科以来，各高校积极谋划布局，在全国范围内已经建设了近百家区域国别研究机构；自2024年初首批学科点申报工作启动以来，全国范围内共有20余家高校申报区域国别学博士点，近30所高校申报区域国别学硕士点，区域国别学学科建设热潮正在涌现。

区域国别机构设置和学科建设如雨后春笋，但师资队伍建设普遍处于探索阶段，无法完全满足学科建设和人才培养的基本要求。根据调研，目前国内大部分区域国别研究院的师资队伍普遍来自外语、国际关系、历史学等专业，且主要依托甚至依附其中的强势学科，队伍人员无论是研究领域、研究方法、成果去向，还是考核评估、权责划分、人事归属等，均延续原学科特点和管理模式，未实现真正意义上的交叉，区域国别学的交叉学科内涵探索不足。

（二）队伍建设路径依赖大，短期内推动师资转型的驱动力不足

当前国内高校区域国别学科的人才队伍配置大多仍存在路径依赖和经验依赖，更多地偏向“拿来主义”，而非“创新求索”。受资源投入、权责划分、人事管理等多种因素掣肘，交叉学科人才队伍的管理体制机制创新少、限制多，现有师资的转型驱动力不足，无法充分对接交叉学科内涵和需求。

从学缘结构来看，目前的区域国别学师资力量仍然来源于外语、国际关系、

历史学等传统学科，并容易受到本校强势学科的影响，成为其下的一个研究方向而非独立学科，科学研究、人才培养模式等还未及时向交叉学科模式转变。从人才发展来看，因交叉学科的学术阵地建设不充分、考核体系不完善，教师普遍面临成果去向、职称评审、考核评估等多方面的压力，由原学科向新交叉学科的角色转变动力不足。从队伍构建来看，以传统学科师资力量为主的建设模式可能导致人才错配，削弱学科的交叉性，特别是对于区域国别学这一学科基础相对薄弱的新兴学科，更容易成为某一学科的“附庸”或子学科，不利于学科自主知识体系构建。

（三）面临短期无匹配人才、中长期少建设指引、循环生态构建难度大的发展困境

交叉学科人才队伍建设过程中，往往面临短期本专业人才匮乏、中长期人才引进和培养规划不足的问题。如何在短期内促进师资队伍转型，在中长期内推动本专业人才转化为师资有生力量，建立人才培养循环生态，是需要全周期高度重视和研判把控的关键。短期内因本专业人才不足，交叉学科的人才队伍建设往往以从其他学科引进师资为主，而其他学科师资往往不熟悉、不了解、不适应交叉学科的特性、研究方法和培养方式，在科学研究和人才培养时容易继续延续“老路子”，造成“去交叉化”和“单一学科化”。中长期来看，如何根据现有的经验和发展情况，及时调整人才队伍建设战略和规划，将队伍建设重点从引进转向为培养，构建人才培养和引进的良性循环，仍缺乏成熟的案例参考和经验指引，有待结合发展进程充分创新和探索规划。

（四）交叉学科人才的培养方案、竞争力建设和去向还不完善

培养方案与人才去向是交叉学科人才工作的重点，相较于传统学科，如何体现交叉学科人才的突出特色，如何彰显其服务国家战略的精准性和全面性，如何凸显与深耕某一领域的人才的比较优势，还需要进一步探讨。以区域国别学为例，由于研究对象的广泛性和复杂性，区域国别研究高度依赖小语种作为开展研究的敲门砖和工具，同时为满足对政治、经济、文化、社会等某一特定领域的研究需要，要求研究人员具备从事相关研究的能力。因此，区域国别人才的培养方案需要兼顾外语、研究方法和本土化实践，这从师资队伍、培养方案和配套支撑等多方面提出了较高要求。且区域国别学的落脚点和使命在于服务国家战略，如何精准满足国家战略需求，输出国家亟需、战略亟需的人才，需要从供给和需求端双向发力，打通人才培养渠道。如何激发和保持人才对于特定地区的研究能力和持续性，如何立足研究对象拓展研究的内涵外延，如何

将“小、专、精”的人才培养模式延续传承下去，都有待进一步探索。

（五）现有资源未能及时高效地转化为人才培养驱动力

依托校内资源的整合和学校战略支持，当前国内高校的区域国别研究院大多拥有一定的科学研究、学术交流和国际合作资源，但在创新资源整合模式、构建国内外学术合作网络，以及推动合作产出具体成果等方面，仍存在效率不高、配置不合理、投入产出比低等问题。以国际合作为例，区域国别学作为深耕研究对象国的研究，开展国际合作有助于打通与对象国学术交流网络、获取一手信息、拓宽研究人员视域，但当前高校普遍存在协定多、框架泛、活跃低、成果少的问题，对成果产出、学生培养、学术交流等具体落地的要求规定少，同时国际合作主要倾向于一对一联络，没有就同一区域、问题和领域开展联合研究，搭建面向重点问题的国际智库网络，合作趋于零散化、单一化和功利化，未能对人才培养和队伍建设形成高效激励。

三、交叉学科人才队伍建设思路：以区域国别学为例

（一）建立交叉学科特色人才“引进—发展—评价”体系

鉴于其多学科融合特色和服务国家战略的使命需求，交叉学科的人才队伍建设需要建立独特机制和方案，从人才的引进、发展、实践和评价全流程创新和重塑管理模式，确保人才永葆活力、敏锐度和战略服务能力。

人才引进方面，应建立领军人物引领、成熟学者带动和青年学者支撑的人才梯队。领军人物是队伍建设的核心和源头，是建院基石，领军人物应对交叉学科建设拥有深刻见地和思路、具备较高的交叉学科素养，能够为交叉学科建设定向定调；成熟学者是中坚力量与稳定器，为研究院发展提供坚实后盾；青年学者是动力，为研究院注入活力、提供创新灵感、储备发展资源。在专业设置方面，交叉学科的师资队伍应至少掌握两个学科的研究能力和素养，以区域国别学为例，师资队伍成员应熟练掌握 1—2 门当地语言，能够立足研究对象国开展双边、多边、中外问题研究，契合研究院的科学研究、智力服务和人才培养要求。

人才发展方面，交叉学科的师资队伍需要转变角色和理念，既作为知识传授者，又作为知识创造者和探索者，为交叉学科的自主知识体系构建集聚智慧、探索模式。由此需要对师资力量进行全周期提升，促进人才转型和再学习，推动师资力量由传统学科向多层次、多知识体系的交叉学科转型，加强学科间融

合和互鉴，创新研究方法和理念，从师资队伍起步，培养交叉学科的“专才”加“通才”。以区域国别学为例，作为实践之学，区域国别研究人员深入当地，积累研究灵感、检验研究成果、完善知识体系，所以，研究机构需要为研究人员提供必要的实践机会，可以通过交流访学、带队实践、交换研究等方式，促进学者本土化深耕研究，并适时以教促学、以学促教。

人才评价方面，相较于传统学科，交叉学科的学术阵地建设起步较晚，学术成果的认定和考核存在一定的复杂性，更需要创新思路、优化设计。高校应建立交叉学科专家库和成果库，吸纳深耕交叉学科的专家学者，编制交叉学科成果清单，建立多晋升条线和渠道，以职称激励+成果奖励的方式鼓励教师转型和深造，确保本专业教师在人才培养、成果产出、个人发展方面无后顾之忧，在学科转型和知识体系创建方面有方向引领，提升人才队伍的活力和积极性。

（二）拓展交叉学科内外部智力资源

交叉学科的交叉性不应仅仅体现在学术研究方面，而应提高站位、拓展渠道、构建网络，以“大交叉”“大团队”推动学科建设。以区域国别学为例，区域国别学是立足具体区域和国别的整体性、宏观性和继承性“交叉之学”，需要多学科、跨学科参与①，也需要组建政学互促、产研结合、跨学科融合的人才团队，拓展研究视域、锚定政策需求、服务国家战略。由此高校应建立“政策前沿+产业亟需+高校策源”的三层人才库、专家库，通过与政策制定者、身处外交一线的官员等交流联络，定位国家所需、政策所急，精准服务战略、培养人才；加强与出海企业对接，了解新形势下企业“走出去”过程中的痛点难点，建立企业出海解决方案，推进产业出海和海外供应链建设；高校作为智力策源地，应鼓励研究人员加强调研、深入一线，提升发现问题和提出解决方案的能力，从应急研究到预先研究，回答重大、热点、紧急问题，贡献高校智慧。

（三）营建交叉学科人才培养和转化全周期生态

人才培养是一项长期工作，特别是对于交叉学科，需要不断融合转化跨学科知识、夯实本学科知识体系、创新完善顶层设计；对于人才培养，也应从不同发展阶段谋划人才队伍的发展路径。短期内学科的知识体系尚未完备、本专业人才匮乏，应以“融合转型”为思路，引导传统学科人才适应交叉学科的研究范式和人才培养模式；中长期应将重点放在人才培养与转化上，引导具有专

① 翟崑．持續深化區域國別學研究［EB/OL］．人民日报．http://theory.people.com.cn/BIG5/n1/2024/0520/c40531－40239191.html．

业素养和研究能力的本专业人才反哺人才队伍，逐步推动师资队伍向交叉学科本专业发展。在人才培养的过程中，应重点关注两个“首批”人才，一是首批本专业毕业人才，应通过培养方案设计、海外实践支持、导师重点指导等方式，确保毕业生能够发挥才干、服务战略、有所作为，开辟交叉学科人才培养的前进道路；二是首批引进的本专业人才，作为首批转化为师资力量的交叉学科人才，应优化考核评价机制，鼓励其发挥专业才能，产出创新成果，为人才培养模式提供经验参考。以两个“首批”人才为着力点和锚点，不断优化和修正人才培养战略，打造交叉学科人才培养良性循环。

（四）充分发挥国际合作网络的融合剂和助推器作用

交叉学科的交叉性既需要体现在学科知识、研究方法、人才队伍上，也应体现在学科建设的理念、思路和规划上。充分用足、用好现有资源和力量，发挥交叉对学科发展、人才培养、国际合作的凝聚和催化作用。以区域国别学为例，区域国别学作为“大国之学”，不能以完全内循环模式闭门造车、自娱自乐，而需应用好“开放”这一法宝，通过开放和不断引入外脑外力，构建面向全球的更务实、更精准、更高标准的教育国际合作网络，提供内外联动、经略中外的大国战略解决方案。高校应用好用实现有的国际合作资源，促产出、促交流、务实效，通过定期发布双边合作成果、合作开发课程和建设教材、共同举办学术活动、合作开展媒体宣传活动等，增强研究队伍的互信与深度合作，以国际合作弥补交叉学科在队伍建设、课程体系设置、人才培养模式方面的薄弱项。在务实合作的基础上，发挥好对聚焦同类领域、同一区域、共同问题间国际机构的协同作用，牵头组建区域国别国际学术网络，就国际热点问题同频共振，构建区域国别研究共同体。

（五）推动新技术赋能交叉学科人才队伍建设

人工智能、大数据等新技术为科学研究提供了新工具和新方法，交叉学科应充分吸纳和应用新技术工具，赋能研究方法的创新和研究范式的构建。特别是区域国别学，近年来人工智能技术对外语翻译的辅助作用逐渐凸显，大数据技术为舆情分析、信息检索的促进作用逐渐加强，为区域国别学的知识拓展、知识再生产、工具辅助、资料获取提供了巨大助力。就人才队伍建设而言，新技术为人才队伍的组建提供了便利，为人才引进提供了更灵活的标准，但同时也应注重实践对研究的支撑作用，以技术手段赋能区域国别深耕式研究，充分发挥学者的跨语言能力、跨文化素养和跨学科研究能力，以技术赋能区域国别人才培养与队伍建设。

参考文献

［1］习近平出席中央人才工作会议并发表重要讲话［EB/OL］．中国政府网．https://www.gov.cn/xinwen/2021－09/28/content_5639868.htm.

［2］习近平：高举中国特色社会主义伟大旗帜 为全面建设社会主义现代化国家而团结奋斗——在中国共产党第二十次全国代表大会上的报告［EB/OL］．中国政府网．https://www.gov.cn/xinwen/2022－10/25/content_5721685.htm.

［3］习近平在清华大学考察：坚持中国特色世界一流大学建设目标方向 为服务国家富强民族复兴人民幸福贡献力量［EB/OL］．中国政府网．https://www.gov.cn/xinwen/2021－04/19/content_5600661.htm.

［4］翟昆．持续深化区域国别学研究［EB/OL］．人民日报．http://theory.people.com.cn/BIG5/n1/2024/0520/c40531－40239191.html.

作者简介

孙娜，对外经济贸易与大学发展规划处（学科建设办公室）副处长，副研究员；研究方向：高等教育；电子邮箱：sunna@uibe.edu.cn。

王林越，对外经济贸易大学区域国别研究院办公室主任，助理研究员；研究方向：学科建设、区域国别研究；电子邮箱：wanglinyue@uibe.edu.cn。

职称晋升视角下高校教师科研产出的实证研究

董优雅　刘亚文

摘　要：本文分析了国内“双一流”建设高校 X 大学专职教师职称晋升和科研产出数据，通过描述性分析、普通线性回归（OLS）以及建立双重差分模型，深入研究职称晋升过程中科研产出的动态变化情况。结果发现：男女教师科研产出存在差异但并不显著；年薪制教师与普通教师的科研产出特点呈现明显的不同；新进教师虽然在外文发表上能力突出，但在省部级项目申报中还需持续积累；教师在获得更高级职称后的科研产出呈现不同趋势；科研项目是教师职称晋升中的关键因素，且存在一定周期性。

关键词：职称晋升；科研产出；高校教师

近年来，我国青年科技人才规模快速增长，并在众多国家重大科技任务中成为技术创新的主力。高校是我国科技开放和创新研究活动的主战场，高校教师具备强劲的科研动力，在增强我国科技创新能力上发挥着重要的作用。

高校职称评聘制度是影响教师职业生涯发展的重要制度，也是职业发展过程中最重要的组成部分，其中对科研成果数量、质量和形式的要求对教师科研产出起到了一定的激励作用。当今，在国家提出“破五唯”、深化新时代教育评价改革的背景下，深入分析职称晋升对高校教师科研产出的影响机制，对调动教师科研产出积极性，对高校提升科学研究水平、优化激励方案设置等均具有一定的现实意义。

一、现有研究状况

目前的研究结果显示，对科研产出的影响因素大多集中在个人喜好、制度设置、绩效奖励、考核晋升等方面。如：谭永生（2018）认为增收有利于科研产出的增加。陈和等（2018）着眼于人力资本这一特殊视角，就影响高校科研动力的相关要素进行研究分析，并提出应支持对科研人员的有效激励。西曼（2021）通过问卷调查、访谈等方式，认为个人偏好、考核竞争、晋升发展会促进高校文科教师的科研产出，且晋升发展方面的动力作用最大。聚焦职称晋升对于科研产出的影响，学术界普遍认同的观点是：职称评审发挥的导向作用极强，是一种有效的激励手段。如：杨芳绒等（2015）研究发现，教师在获得高级职称前后在学术的投入和产出呈现“过山车”现象。王先柱等（2017）研究发现，职称晋升对论文发表有正向影响，但对科研项目的影响不显著。此外，性别、职称系列和学历都会对科研产出产生影响。宋扬和吴若彤（2020）指出，著名的“彼得原理”在中国高校现行管理制度下并不成立，职称晋升产生的额外奖励会激励教师产出更多成果。

通过文献梳理可以看出，现有研究较少有关于职称晋升对科研产出的定量分析。本文在参考已有研究的基础上，尝试通过描述性分析、普通线性回归（OLS）以及建立双重差分模型，研究职称晋升过程中的科研产出动态变化情况，分析职称与科研产出之间的因果效应，并进行相应的检验。相应结论既有助于高校调整现有评价制度，提升政策的针对性和有效性，进一步提高教育治理能力和水平，也有利于高校教师理性看待职业发展经历，强化科研成长的内化驱动因素，提高自身科研产出的数量和质量。

二、实证分析

（一）数据介绍

1. 研究对象

因职称晋升和人才的成长发展需要一定的时间，本研究以国内“双一流”建设高校 X 大学十年前入职且目前在校的专职教师为样本。同时，为充分体现教师成长的阶段性变化，选取了连续五年来校的教师为具体研究对象，共计 194 人。

2. 研究范围

（1）职称类别

我国高校现行的职称分为初级、中级、副高级和正高级四个等级。结合本研究时间范围内 X 高校专职教师的实际情况，本研究所涉及的职称晋升以中级晋升到副高级，以及副高级晋升到正高级为研究范围。

（2）科研产出

根据高校广泛认可的科研成果形式以及考虑指标的可量化性，本研究所涉及的科研产出范围定义为：教师在入职后以第一作者身份发表的学术论文以及职称晋升普遍关注的代表性科研项目，包括以负责人身份获批的国家社会科学基金项目、国家自然科学基金项目、三种省部级项目（教育部人文社会科学研究项目、市社会科学基金项目、市自然科学基金项目）。

3. 数据组成

本研究构建的数据库为两个部分：第一，教师基本情况，包括年龄、性别、职称晋升经历、是否为年薪制教师①、来校时间等；第二，教师的科研产出情况。

（二）统计分析及结果

1. 描述性分析

表1　样本基本信息

性别		是否年薪制		职称		年龄	
男	女	是	否	级别	人数	区间	人数
88	106	16	178	中级	5	35 岁及以下	2
				副高级	102	35 岁至45 岁（含）	136
				正高级	87	45 岁至55 岁（含）	48
						55 岁以上	8

研究对象主要集中在35至45岁，占70%以上，是学校科研产出的中坚力量，97%的研究对象已获评高级职称。

表2　人均科研产出数量统计②

	中文期刊（单位：篇）		外文期刊（单位：篇）		科研项目（单位：项）		
	全部	高水平	全部	高水平	全部	国家级	省部级
性别：							
男	6.61	3.17	2.53	0.42	2.09	1.16	0.93
女	5.65	1.91	1.67	0.23	1.66	0.86	0.80

① 年薪制教师是指与学校签订岗位任务相对具体量化的聘用合同，薪酬一般高于普通教师，按年薪发放的教师聘用形式。

② X大学将中文和外文期刊分为A、B、A－或B＋、C、一般期刊五个等级。本研究中所涉及中文期刊仅统计C及以上等级的期刊，中文和外文高水平期刊的统计范围为A、B、A－或B＋三个等级。

续表

	中文期刊（单位：篇）		外文期刊（单位：篇）		科研项目（单位：项）		
	全部	高水平	全部	高水平	全部	国家级	省部级
是否年薪制：							
是	0.25	0.19	3.94	1.38	2.00	1.56	0.44
否	6.61	2.69	1.89	0.22	1.84	0.94	0.90
已来校时间：							
N 年	4.85	1.71	3.82	0.62	1.53	0.85	0.68
N+1 年	5.51	2.35	1.35	0.27	1.19	0.65	0.54
N+2 年	4.86	2.00	1.65	0.33	1.74	0.95	0.79
N+3 年	6.98	2.48	1.75	0.27	1.75	1.05	0.70
N+4 年	8.22	3.92	2.00	0.11	3.11	1.47	1.64

从科研产出的人均数量统计可以看出：男性教师在中外文的发表和项目获批上均高于女性教师，尤其是在中文高水平发表上，平均高于女性教师 1.2 篇。年薪制教师中文的发表数量明显低于普通教师，平均差值在 6 篇以上，外文的发表数量明显高于普通教师，平均差值在 2 篇以上，年薪制教师获批国家级项目数高于普通教师，但获批省部级项目数低于普通教师。来校时间较早的教师中文发表数量较多，但在外文发表的数量统计中没有类似趋势，来校时间较晚的教师在外文发表的数量上却是最多的，来校时间相差三年以内的教师获批项目数差异不大，但来校时间相差四年以上教师获批的项目数明显增多。

表 3　　职称与年均科研产出关系

	中文期刊（单位：篇）		外文期刊（单位：篇）		科研项目（单位：项）		
	全部	高水平	全部	高水平	全部	国家级	省部级
来校后取得正高职称（A 组）							
获得正高职称之后	0.75	0.39	0.19	0.15	0.21	0.14	0.07
副高至正高期间	0.86	0.41	0.30	0.06	0.24	0.14	0.10

续表

	中文期刊（单位：篇）		外文期刊（单位：篇）		科研项目（单位：项）		
	全部	高水平	全部	高水平	全部	国家级	省部级
中级至副高期间	0.91	0.39	0.23	0.02	0.32	0.16	0.16
职称晋升平均时间	中级到副高 3.10 年，副高到正高 5.18 年						
来校后取得副高职称（B 组）							
获得副高职称之后	0.15	0.05	0.12	0.06	0.07	0.03	0.04
中级至副高期间	0.16	0.01	0.13	0.03	0.04	0.01	0.03
职称晋升平均时间	中级到副高4.72 年						
来校后仅取得中级职称（C 组）							
中级期间年均	0.39	0.11	0.07	0	0.04	0	0.04

本研究对来校后取得不同职称级别的教师年均科研产出进行了统计，结果显示：A 组由中级晋升到副高的阶段科研产出效率更高，如：年均中文期刊发表接近 1 篇、晋升所用平均时间少于 B 组 1.62 年。同时，A 组始终保持着饱满的科研活力，科研产出的各项指标并没有在职称晋升后出现明显下降，获得正高职称后在外文高水平发表上还出现了增加。B 组在晋升到副高之后，在中外文高水平发表中也出现了小幅度的增加，但在其他科研产出指标的变化上并不大。C 组在中文发表上与 B 组相当，但未取得外文高水平发表和国家级项目的突破，这可能也影响了 C 组的职称晋升。

2. OLS 分析

为了研究高校教师科研产出的影响因素，我们首先对数据进行了普通线性回归（OLS），回归方程为：

$$Y_i = \alpha + \beta X_i + \varepsilon_i$$

其中，Y_i表示第 i 名教师的科研产出，这里用教师的中文论文数、英文论文数等分别衡量；X_i 为教师的一系列个人特征，ε_i 代表残差项。回归结果如下页表 4 所示。

表 4　　以学术论文累计发文数为因变量的回归分析结果

	中文期刊		外文期刊	
	全部	高水平	全部	高水平
截距	206.39	166.04	−852.18	−208.88
是否具有正高级职称	7.32***	3.89***	1.70***	0.26**
性别	0.25	0.89	0.67	0.16
是否年薪制	−5.74***	−2.14*	2.05**	1.14***
来校时间早晚	−0.10	−0.08	0.42**	0.10**

注：***为 1%水平下显著，**为 5%水平下显著，*为 10%水平下显著。

以学术论文累计发文数为因变量 y，性别、职称（是否具有正高级职称）、是否年薪制、来校时间早晚为自变量建立回归模型，发现：正高级职称对学术论文发文数有正向影响；性别对学术论文发表数无显著影响；年薪制对中文期刊发文数有显著负向影响，对外文期刊发文数有显著正向影响；来校时间对中文期刊发文数无显著影响，但对外文发文数有显著影响，来校较晚的教师发表的外文期刊数量更多。

表 5　　以科研项目累计获批数为因变量的回归分析结果

	全部项目	国家级项目	省部级项目
截距	427.51	134.55	292.96
是否具有正高级职称	1.85***	1.24***	0.62***
性别	0.27	0.19	0.08
是否年薪制	0.38	0.74***	−0.36
来校时间早晚	−0.21**	−0.07	−1.35**

注：***为 1%水平下显著，**为 5%水平下显著，*为 10%水平下显著。

以科研项目累计获批数为因变量 y，性别、职称（是否具有正高级职称）、是否年薪制、来校时间早晚为自变量建立回归模型，发现：正高级职称对科研项目获批数正向影响；性别对科研项目获批数无显著影响；年薪制对国家级项目获批数有显著影响；来校时间对省部级项目数有显著影响，来校较早的教师获批的省部级项目更多，对国家级项目数无显著影响。

3. 双重差分方法

职称晋升与科研产出之间可能存在反向因果的问题，即教师的科研产出是影响其晋升可能性的重要因素。为了解决内生性问题、提高结论的稳健性，我们使用双重差分方法进行实证分析。此外，每个教师晋升年份有所不同，因此本部分使用交错双重差分方法进行分析，表达式如下所示：

$$Y_{it} = \alpha_i + \beta_t + \theta D_{it} + \varepsilon_{it}$$

其中 Y_{it} 表示第 i 个教师第 t 年的产出，α_i 为个人固定效应，β_t 为时间固定效应，D_{it} 为指示变量，D_{it} 为 1 时表示第 i 个教师第 t 年已晋升正高职称，为 0 时表示第 i 个教师第 t 年未晋升，θ 为核心参数，表示晋升对产出的效应，ε_{it} 为残差项。

表 6　　学术论文发文数交错 DID 分析结果

	中文期刊		外文期刊	
	全部	高水平	全部	高水平
平均个体效应	−0.732 1**	−0.453 1	−0.175 4	−0.179 9
−3（正高前 3 年）	−0.010 3	−0.077 4	0.002 8	0.057 9
−2（正高前 2 年）	0.170 7	0.278 1	−0.133 0	0.205 3
−1（正高前 1 年）	0.512 4	0.183 2	0.275 7	−0.147 4
0（正高当年）	0.013 0	−0.015 5	−0.009 7	−0.036 8
1（正高后 1 年）	−0.536 4**	−0.243 5	−0.159 8	−0.177 8
2（正高后 2 年）	−0.629 5	−0.352 3	−0.101 7	0.200 0
3（正高后 3 年）	−0.737 0**	−0.441 9	−0.312 3	−0.253 8

注：**为 5%水平下显著不为 0。

在有过中文发表的教师中，以每人中文发表数为因变量 y 建立交错双重差分模型，同时加入每人评正高年份作为事件发生点，分析发现：获评正高职称后的中文发表数显著减少，高水平中文发表数略有减少，但经过统计检验不显著。高水平中文发表数亦有在获得正高职称前增加，在获得正高职称后减少的趋势，但是经过统计检验不显著。在有过外文发表的教师中，进行相同分析后发现：获评正高职称后的个体效应（论文数量）不显著，外文和外文高水平的发表数在获得正高职称后会略有减少，但经过统计检验均不显著。

表 7　　科研项目交错 DID 分析结果

	全部项目	国家级	省部级
平均个体效应	−0.062	0.039	−0.127 4
−3（正高前 3 年）	−0.006 8	0.026 8	−0.044 5
−2（正高前 2 年）	0.085 9	0.090 3	0.003 8
−1（正高前 1 年）	0.005 1	−0.061 4	0.093 8
0（正高当年）	0.055 6	0.051 7	0.016 7
1（正高后 1 年）	0.069 0	0.075 4	0.007 1
2（正高后 2 年）	0.030 3	0.081 2	−0.041 2
3（正高后 3 年）	0.019 2	0.083 3	−0.043 6

在获批过科研项目的教师中，以每人的项目年立项数为因变量 y 建立交错双重差分模型，同时加入每人评正高年份作为事件发生点，分析发现：获得正高职称前后，项目数无显著变化，省部级项目数略有下降，但是不显著。

三、结论与建议

通过上述实证分析可看出，职称晋升对教师的科研产出有着一定的影响，其中教师的个人特征，包括性别、是否年薪制、来校时间等在职称晋升过程中的科研产出也呈现不同的表现，得出的具体结论为：

第一，男女教师科研产出存在差异但并不显著。相比男性教师，大部分女性教师在职业发展过程中更要同时平衡家庭，一定程度上影响其投入科研工作的时间和精力。女性教师虽然在学术论文发表、项目获批的均值数量上略低于男性教师，但并非存在显著差异，说明女性教师在科研工作中付出了更多的努力。

第二，年薪制教师与普通教师的科研产出特点呈现明显的不同。年薪制教师在外文发表和国家级项目获批上显著高于普通教师，但中文发表显著低于普通教师。年薪制教师大都具备海外学习背景，国际化能力较强，其与校方签订的具体工作合同中往往对高水平国际期刊发表有具体的数量要求，一定程度上影响其科研成果产出的优先形式。同时，从实际工作中也可看出，年薪制教师相对较多的外文发表也使其在申报国家自然科学基金项目中更具优势。

第三，新进教师虽然在外文发表上能力突出，但在省部级项目申报中还需持续积累。相对比较而言，新进教师的外文发表数量与质量优于早年引进教师。

来校时间对于国家级课题获批没有显著影响，但来校晚获批的省部级项目数将会减少。一方面，纵向课题的申请和立项有较大的不确定性，需要不断的学术积累；另一方面，可能是由于大部分国家级课题同期立项数仅为 1 项，但省部级项目可同期立项的原因，导致来校较早的教师有更多的机会申请项目并获批。

第四，教师在获得更高级职称后的科研产出呈现不同趋势。研究发现，一部分教师在相对较短的时间内获得了职称的不断晋升（3 年左右从中级到副高，5 年左右从副高到正高），这部分教师一直保持着持续的科研活力，获得正高级职称后虽然中文发表有所减少，但在外文高水平发表上有新的突破。这也说明了科学研究与教书育人同样为教师职业生涯发展中的核心任务，其积极性并不会因职称晋升而产生较大影响。另外一部分教师的科研产出速度较为缓慢，其职称晋升所需时间也会适当延长。

第五，科研项目是教师职称晋升中的关键因素，且存在一定周期性。这一结论与实际情况相符，是否获批过相应的科研项目将直接影响职称的晋升。并且，科研项目不同于论文发表，受限于项目本身的申报要求，以及教师的时间、精力等因素，教师主持的职称晋升认可的科研项目数量不会在几年内有太大变化，往往是一个项目结项后才申请另一个项目。

本文针对部分样本数据进行了初步分析，结合上述研究结论，提出如下三点建议：

其一，科研成果的数量可一定程度体现教师的学术水平，但并不是数量越多，其科研能力、创新水平就越高，学术贡献就越大。在职称晋升制度设计中，可充分考虑申请人在服务国家重大战略、地方经济社会发展中的贡献，在论文发表数量与质量，以及科研项目的获得情况等方面合理考量，注重代表性成果的原始创新性、学术影响力和社会影响力，使职称晋升在增加学者内生动力、激发科研活力产生更大效用。

其二，团队合作将对教师科研产出的产生积极影响，高校内部各管理部门可加强联动，促进成熟学者与青年学者的良性互动，持续发挥教师在职称晋升中形成的优秀科研习惯，保持科研活力，可通过“揭榜挂帅”、设置量化目标、形成实质合力等对团队合作情况进行绩效评价，并充分运用评价结果。

其三，加强对特殊群体的关注。女性教师面对来自社会、家庭的双重压力，高校应给予女性教师更多的人文关怀和实际支持。对于已取得副高级职称，但科研产出较缓慢的教师，应建立一定激励或考核制度，帮助其继续成长进步。

受限于样本数量、分析方法等，本研究存在一定的不足，如：研究样本仅来自一所高校，未考虑学校学科分布、发展阶段等对于职称晋升过程中科研产出的影响；样本中年薪制教师数量有限，其反映的科研产出特点可能存在一定的偏差；科研产出应综合考虑教师多方面的业绩，但仅分析了论文发表和项目获批的情况；未综合判定职称晋升条件变化对科研产出的影响机制等，未来将在后续研究中进一步完善补充。

参考文献

[1] 谭永生. 我国科研人员增收政策现状、问题及对策研究：基于全国科研人员增收试点城市的调研 [J]. 中国人力资源开发，2018，35（11）：65－69.

[2] 陈和，刘交交. 基于人力资本视角的高校科研团队成员科研动力影响因素研究 [J]. 科技管理研究，2018（19）：89－95.

[3] 西曼. 高校文科教师科研产出的动力因素研究 [D]. 苏州大学，2023.

[4] 杨芳绒，王宾齐. 象牙塔里的“过山车现象”：大学教师职称评审前后学术产出的实证研究 [J]. 高教探索，2015（10）：108－112.

[5] 王先柱，李向前，武优勐. 职称晋升对高校教师科研绩效影响分析 [J]. 河北科技大学学报（社会科学版），2017，17（03）：24－34.

[6] 宋扬，吴若彤. 职称晋升对大学教师绩效的影响——基于某大学教师数据的实证分析 [J]. 世界经济文汇，2020（03）：77－90.

作者简介

董优雅，对外经济贸易大学科研处项目管理科科长，助理研究员；研究方向：科研管理、教育管理；电子邮箱：02580@uibe.edu.cn。

刘亚文，对外经济贸易大学统计学院教师，副教授；研究方向：计量分析、劳动力统计；电子邮箱：liuyawenuibe@126.com。

“党管人才”引领下构建人才事业发展雁阵格局

——对外经济贸易大学教师岗位聘任与考核改革研究

于海莹　高一琼　张　男

摘　要：习近平总书记在中央人才工作会议上向全党全国发出了深入实施新时代人才强国战略、加快建设世界重要人才中心和创新高地的动员令，并指出“做好人才工作必须坚持正确政治方向”“坚持党对人才工作的全面领导”。同时，随着新质生产力的提出，对“双一流”大学通过人才培养、科技创新和成果转化等多维度服务国家高质量发展，推动社会生产力的跃升提出了更高的要求。对外经济贸易大学全面贯彻党的二十大精神，深入落实习近平总书记关于教育、人才的重要论述和指示批示精神，围绕学校高质量建设发展目标，通过分类设岗科学化、人岗匹配合理化、考核重点差异化、评价体系多元化等方式，持续探索形成适合人才发展的良好环境，着力打造科学的、符合时代要求的贸大特色教师岗位及考核体系，努力构建新时代人才事业发展“雁阵”格局。

关键词：党管人才；教师队伍建设；岗位分类管理；包容性教师评价机制

人才是发展的第一资源，对高等教育“双一流”建设及高等学校高质量发展尤为重要。坚持党的领导是高校人才事业取得成功的根本保证，“党管人才”是全面深化人才评价改革工作的根本前提。教育部对深化教育综合改革、人才发展体制机制改革以及深化科技体制作出的重要部署中指出，要着眼加快形成人才培养、使用、评价、服务、支持、激励的有效机制，实施更加积极、更加开放、更加有效的人才政策，完善人才自主培养机制，建立以创新能力、质量、实效、贡献为导向的人才评价体系，为人才成长营造良好的环境。

近年来，对外经济贸易大学在学校党委领导下，始终把人才工作摆在突出位置，不断强化人才发展体制机制，推行教师岗位聘任与考核制度改革，在加强学校人力资源规划、凝聚优秀人才、强化岗位管理等方面采取了一系列积极的举措，营造有利于人才成长的良好环境，激活学校高质量发展人才驱动力，在制度建设和运行管理上积累了一定的实践经验，但在服务学校发展定位、搭建人才多元发展路径、完善配套制度建设及理顺运行机制等方面还需要进一步完善。学校将坚持实施人才强校战略，立足新时代，站上新起点，在打造高素质教师队伍上下更大功夫，着力在畅通人才发展路径、优化人才管理服务上取得新突破，以更加积极、更加开放、更加有效的教师评价机制助推学校战略人才力量集聚。

一、改革举措：以人才评价为抓手，持续将"破五唯"落实落细

（一）党建引领师德评价，加强教师思政先进性

学校严格落实坚持把师德师风作为教师评价的第一标准，将立德树人作为教师的根本任务，将师德表现及参加思想政治理论学习情况作为教师岗位聘用及考核评价的首要内容，将师德考核优秀与年度考核优秀进行等效认定。不断强化教师思政与师德师风工作的主动性、联动性。加强部门间协同和校—院间联动，拓宽师德师风工作抓手，创新"师说"系列活动，打造"知行中国"系列教育实践品牌影响力；大力弘扬教育家精神，树立教书育人先进典型，健全激励体系，切实激发广大教师坚守为党育人、为国育才的初心使命，营造尊师重教良好氛围，努力建设一支政治素质过硬、业务能力精湛、育人水平高超的高素质教师队伍。

（二）着力推进分类发展，夯实教师队伍专业性

充分考虑教师个人发展与学校总体发展目标，科学设置岗位类别和层次，构建了特色化的"国家专业技术岗位"与"校内专职教师岗位"两套岗位体系，按照不同管理原则，设置差异化的任职条件与考核要求。打破了职称与岗位绝对关系，更加注重岗位实绩和业绩贡献，形成人才能上能下的良性竞争氛围。按照人岗匹配、权责清晰的原则，各级各类岗位公开选拔、择优聘用，引导教师根据专业特长和自身潜能选择职业通道，让不同类别的教师都有向上发展的路径和空间。例如，允许主要承担公共课程和通识课程的教师聘任在教学岗，绩效分配政策向长期坚持在教学一线、承担大量课时任务的基础学科教师倾斜；将潜力突出的年轻教师聘任在教研岗，兼重人才培养和学术研究工作，助推大

量的优秀中青年教师成长为领军人才和学术骨干；鼓励聘任在科研岗的教师积极投身智库建设、咨政服务以及各类社会服务，围绕新时代对外开放等国家重大战略及国际热点问题，传播中国声音，树立贸大形象。

（三）持续完善多元评价，激发教师发展内生力

针对各级各类教师岗位，学校指导各教学科研单位设置差异化的考核方式，努力构建职责、待遇、晋升相匹配的综合评价机制。年度考核以教学和社会服务为主，聘期考核对教学、科研、社会服务等方面进行全面多元化考核；根据不同岗位教师的职责特点，分类、分层次、分学科设置评价内容和评价方式，如外语类教师的译著成果以及在国际会议宣读的论文等其他形式成果，体育类教师在体育科学大会或体协等论文集发表论文、担任体育赛事裁判、带队参赛等成果，艺术类教师指导学生训练及参赛情况，均已纳入相应类别教师的考核范畴；推行代表性成果评价制度，采取定量评价与定性评价相结合的评价方式，将师德、教学、学术和智库等各类成果全面纳入教师评价体系，对各类成果进行同级别等效认定；同时，充分考量不同类别、不同层次教师的岗位职责和任务要求，结合市场反馈和行业水平，在具有合理梯度的交叉框架下进行薪酬体系的整体规划，体现激励的分类施策和灵活多样。

二、改革关键：分类评价精细精准新挑战，校院两级高效管理新目标

（一）岗位分类管理的精准性仍待提升

高校教师分类发展主要依托校内岗位分类管理制度，通过横向分类设置岗位，实施教师分类聘任、分类考核、分类晋升和岗位流动的差异化管理。近年来，学校持续推进学科优化布局，以一流学科建设为核心，构建主干学科强化建设、支撑学科特色鲜明、基础学科深厚扎实、培育学科齐头并进、新兴交叉学科创新发展的新格局，但当前教师岗位分类管理制度与学校高质量发展目标的契合度稍显不足，岗位类型和任务目标对教师的激励作用仍不够充分和显著，晋升条件和晋升比例仍不够科学和健全。此外，受制于人员编制和高级职称职数限制，副高以上岗位逐渐出现晋升瓶颈，教师岗位流转和职务晋升的通道仍需进一步拓宽。如何打破机制壁垒，为人才减负松绑，让教师创新创造活力充分迸发，亟待建立起一套具有开放性、包容性的人才评价机制，使优秀人才能够沉下身来、留住心来从事长周期、基础性、前沿性研究。

（二）考核评价指标的特色化仍需强化

对教师的评价应当既能体现其人力资本价值，又能符合学术研究规律，全方位地衡量其教育研究过程的独创性、成果产出的持久性和成果价值的社会效益。近些年，学校着力构建以质量和贡献为导向、量化指标与质性评价兼顾的教师评价体系，切实扭转“重科研轻教学”“重数量轻质量”的不良评价导向。但当前教师评价主要以结果为导向，对教师的学术创新能力、服务于国家重大战略及地区经济社会发展的潜力和贡献度等的评价彰显不足，基于学校学科分布和学科优势而设置的教师差异化评价指标不甚清晰，对各岗位类型、各发展阶段的教师缺乏实质的分类评估和特色化考核指标，在一定程度上削弱了评价制度自身的调节功能。我们仍需在实践层面充分探讨《深化新时代教育评价改革总体方案》提出的“结果评价，过程评价，增值评价，综合评价”四个评价的具体适用原则和详细使用办法，在打破传统评价模式的单一化和不均衡状态的同时，增强各类评价相互叠加的系统性、规范性和操作的平稳可持续性，以高素质教师队伍建设为出发点和落脚点，构建要素完整、层次科学的发展性教师评价结构。此外，对于跨岗位、跨学科、跨部门等的教师团队，其类型多样、规模各异，涉及教学改革、课程建设、科研课题等多个领域，在政策层面缺乏对教师团队绩效考核的体系设计和结果应用，需要探索如何将团队评价合理引入教师职务晋升、薪酬绩效等制度规定中。

（三）党管人才顶层设计及校院两级评价管理制度体系仍待健全

目前，从学校体制机制深层次根源处着眼，学校党委的顶层设计及对党管人才工作的执行力度还有待加强，相应的制度支撑仍需进一步完善。同时，在校院两级管理模式下，一般由人事管理部门牵头并协同教务处、科研处、研究生院、教师发展中心等职能部门，统筹制定岗位聘任方案与考核指导意见，二级学院结合本单位的专业特点、学科建设和教师队伍实际情况，确定教师岗位聘任与考核的具体实施细则。但在实际执行过程中，各二级单位实施细则的详尽程度以及执行力度存在差距，因评价尺度不一、评价标准不均衡的情况，导致评价结果的公信力和客观性不足。因此，还需进一步加强学校的顶层设计、宏观调控和监管能力，健全校院两级评价管理体制制度建设，提升各二级学院主体地位和办学活力。

（四）考核评价的反馈促进功能仍待开发

学校在推进教师评价改革实践过程中，更多地聚焦于评价的“鉴定—选拔”

“导向—激励”功能的体现，对于评价结果的分析与反馈依旧不足，未能将通过评价促进教师成长发展的效果充分发挥出来。学校高度重视教育数字化建设，近些年持续加大投入、加快建设，积极主动应变局开新局，助力学校高质量发展。校内各个领域都开发使用了信息管理系统，但各系统运行的互联互通性和资源共享程度有待提升，在职称评审和聘期考核等关键节点仍然存在采集数据耗费时间长、精力大、统计困难等问题。在最近一轮聘期考核工作中，学校人力资源处联合信息学院投入研发了教师画像系统，对全校总体以及各二级单位的教学、科研情况进行了汇总统计和对比分析，为科学决策提供了准确、详实的数字依据；但是仍然缺乏对教师关联行为的持续追踪和深度挖掘，还需继续更新系统、提升效能，逐步实现对教师现有成果、当期进展和未来发展的全面总结、研判和剖析预警，持续提高评价的科学性、客观性和可信度。

三、改革对策：综合施策、精准发力，打好评价改革“升级战”

（一）努力提升党管人才保障机制

学校党委高度重视教师评价改革工作，深刻学习领会习近平总书记关于教育强国建设重要论述的重大思想内涵，提出了“三个把握”：一是大学和学科建设要扎根中国大地，评价改革要体现特色性、原创性；二是要把服务高质量发展作为建设教育强国的重要任务，评价改革必须围绕高质量发展来思考、设计和深化，要体现内涵性、开放性；三是服务和支撑教育现代化、大学强校建设等均对内部治理提出了新的更高要求，评价改革必须体现包容性。

学校党委紧密结合学习贯彻习近平新时代中国特色社会主义思想主题教育，形成学校“高质量发展三年行动计划”，并以第十三次党员代表大会为契机，将“强师强教行动”作为“十大行动”之一，积极谋划，真抓实干。动态分析人才队伍结构情况，结合学校学科建设发展战略，前瞻性地做好人才队伍建设规划，保证党委人才政策、战略制定的科学性、合理性，努力提升党管人才保障机制。

（二）积极构建包容性人才评价机制

探索实施岗位聘约管理，规约细化考核任务，明确岗位职责、目标任务及薪酬待遇；以学校相关制度体系为基础，根据“一院一策”的原则，将学校教学、科研、人才培养等方面的整体目标逐级分解转化为学院、学系、教师分级目标；持续推行校院两级管理体制，结合聘约制、绩效打包激励制等具体措施，充分调动各学院的办学积极性和主动性，鼓励各学院在学校指导意见的框架下，制定适合本单位教师发展的考核实施细则，实行“任务清单制”，建立多样化、可选择的“考核菜单”，不再局限于固定的考核条件，允许教师根据个人工作预期和实际工作成果选择完成相应数量的岗位任务目标；健全以创新质量和远期绩效为导向的考核评价机制，设置多元化考核周期，尊重不同学科特点及不同发展阶段人才需求，鼓励部分群体实行长周期考核，让人才有更多时间、更大空间去试错、容错，营造鼓励创新、潜心治学的宽松、自由的学术环境。

（三）持续提升教师评价的精准性

教师个体的特殊性和所在岗位的差异性决定了不能用同一把尺子衡量不同岗位的教师，需要按照学科发展规划、人才梯队建设和岗位目标任务来制定分类考核制度。未来应通过进一步优化学科分类、开辟多条差异化“赛道”鼓励教师各放光彩、齐头并进；完善思政类、外语类、体育类、艺术类教师的特色化、专业化评价指标体系，将不同学科教师的特色成果充分纳入考核任务清单中。调整特殊类别教师的岗位业务要求，丰富可替代学术论文和科研项目的成果种类，将更多教师可达到的学科特色成果纳入现有体系。把立德树人成效作为根本标准，鼓励教师发挥个人特长，聚焦创新性成果产出，使优秀人才能够沉下身来、留住心来，持续深耕个人专业细分领域。

（四）着力打造贸大特色岗位体系

在现有教师岗位基本结构和配置的基础上，设置更加科学合理的岗位结构、任职条件和考核指标，从而引导教师聘任到合理的岗位上，强调的是人岗匹配、能进能出、能上能下，具有较强的灵活性和流动性。保障教师自我权益的实现和发展路径的畅通，实现教师管理由“重身份”向“重岗位”转变，最终推动学校高质量发展总体目标的根本实现。为此，学校将以新一轮教师岗位聘任为契机，融合高层次人才支持计划以及教师岗位体系，健全校院两级岗位管理机制，实行分层设置、分类管理，搭建覆盖全员、锻造拔尖的贸大特色人才梯队。学校层面，着力打造从青年拔尖人才、杰出学者、学术带头人到领军人才的全过程人才岗位支撑体系，严格把握聘任标准，进一步充实核心人才库，发挥其作为“头雁”的示范引领效应；学院层面，在尊重其原有岗位分类分级结构和院内岗位设置需求基础上，适当扩大专业课学院教学岗比例，鼓励各单位根据各岗位基本任职要求细化聘任条件，推动聘岗工作自主化、精细化，以满足各类人才的差异性和独特性，确保人尽其才、才尽其用，形成教师队伍协同发展的“雁阵”格局。

（五）强化数字化赋能教师评价改革

教师评价的最根本功能是激励和促进教师工作及发展，要尊重学术职业发展的客观规律，使评价超越工具理性的桎梏，切实发挥反馈和反向激励效用。学校将坚持以数字化赋能教师评价改革，加强数据标准和规范建设，统筹学校人事、教务、科研等各类数据资源，实现部门协同、数据共享和汇总分析；持续更新教师画像系统，对教师教育教学、科学研究及社会服务行为进行多维度的数据分析和精准画像，强化动态、实时的监测评价和反馈干预，进而提供有针对性的支持和培训；完善岗位流转或退出机制，对于多次调节干预后仍然难以完成岗位任务的教师，提供重新选择岗位、调整工作任务的机会；努力消解教师对于评价的抵触和畏难情绪，引导其将评价过程视作自身周期性工作的科学化、指标化总结，逐步实现由注重教师管理转向注重教师发展的转变。

参考文献

[1] 黄宝印，赵忠秀. 奋力书写教育强国建设的时代答卷［N］. 中国教育报，2023-09-25（5）.

[2] 邵丽华. 人才强国视域下首都教育系统人才队伍建设路径探析［J］. 北京教育（高教），2024（04）：44-47.

[3] 何秀超. 深入学习贯彻中央人才工作会议精神 奋力开创新时代高校人才工作新局面［J］. 中国高等教育，2022（Z3）：10-11+17.

[4] 张宁娟，燕新，左晓梅等. 构建科学的符合时代要求的教育评价制度——习近平总书记关于教育的重要论述学习研究之七［J］. 教育研究，2022 43（07）：4-16.

[5] 陈志军. 上海高校教师岗位分类管理及其对教师行为取向的影响研究［D］. 华东师范大学，2023.

[6] 李汉学. 我国高校教师分类管理研究［D］. 武汉大学，2020.

[7] 王笑晨. 我国高校教师岗位聘任制研究［D］. 中南民族大学，2019.

[8] 庄甲鹏. 我国高校教师聘任制改革［D］. 华中师范大学，2021.

[9] 徐军. 坚持和完善党对高校全面领导的体制机制［J］. 思想理论教育，2021（04）：74-79.

[10] 赵乐天，张潇月. 现代大学制度视域下高校党委落实“党管人才”责任的路径探析［J］. 教育观察，2017 6（21）：10-11.

作者简介

于海莹，对外经济贸易大学人力资源处师资办公室主任科员，助理研究员；研究方向：人力资源管理、高等教育管理；电子邮箱：02621@uibe.edu.cn。

高一琼，对外经济贸易大学人力资源处副处长，副研究员；研究方向：高等教育管理、人力资源管理；电子邮箱：02021@uibe.edu.cn。

张男，对外经济贸易大学人力资源处人员交流办公室主任科员，经济师；研究方向：人力资源管理；电子邮箱：02697@uibe.edu.cn。

打造高水平人才队伍新模式 助力高校“双一流”学科建设

钟昀珈　李燕红　王　蕊

摘　要：高等学校培养造就拔尖创新人才的先决条件和重要保证是建设一支高水平的人才队伍。如何建设一支高水平的人才队伍是高校在新一轮高校“双一流”学科建设中迫切需要解决的重要课题。本文从师资队伍结构不合理、流动性较强，高层次人才地域分布不均衡、国际化视野的师资力量薄弱、科研与自主创新能力有待进一步提升等维度分析了当前高校在人才队伍建设方面存在着的问题。从强化平台赋能，打造人才队伍集聚“新高地”、优化服务体系，涵养人才发展“新生态”、聚力自主创新，激励人才成长、优化师资队伍结构、激发引才聚才活力，接轨国际化资源，打造国际化教师培训队伍等方面分析了以高水平人才队伍建设助力新一轮“双一流”建设的实现路径。

关键词：人才队伍建设；双一流；培养机制

一、引言

党的二十大对“教育、科技、人才”一体化推进作出了战略部署，这对学校的学科建设和人才培养提出了新的要求，也为学校今后的发展提供了新的机遇。高水平的师资队伍始终是高校学科建设的重点，做好新时期高校人才工作，既是学校学科建设发展的内生动力，也是服务人才强国战略、支撑人才战略布局的职责使命，是学校建设和发展的内生动力。

“双一流”背景下的高校师资队伍建设迎来了新机遇，面临着新挑战。“双一流”不仅为一流师资队伍建设提供了支撑保障，而且在服务国家和区域优质发展方面，也对高校师资队伍提出了更高的要求。因此，学校要明确人才队伍建设目标，积极开展国际国内学术交流，融入学术圈，推动高水平人才队伍建设，不断提升学科学术影响力，引育并举，制定行之有效的举措，以学科发展目标为基础，以学科方向为导向，以高水平学术研究为核心价值追求。“双一流”

学科建设，人才是关键。在坚持走高质量发展道路上，本文通过对“双一流”背景下高校现阶段高层次人才队伍建设存在的问题和原因进行分析，提出实现高校师资力量建设的实现路径。在“双一流”背景下，高校应该努力打造新时代充满活力的高素质专业化师资队伍，为创建世界一流学科和建设国内一流大学提供有力人才支撑。

二、人才队伍建设与“双一流”学科建设

教师是大学建设的主要参与者，教师队伍水平不仅影响着大学科研建设的核心竞争力，对人才培养质量同样起着关键作用。学校的学科发展定位应该要正确引导高校的人才队伍建设方向，使之相匹配。当前，我国高等教育已经进入普及化阶段，高等教育内涵式发展已从规模向质量转移，这也是中国特色高等教育的理论成果与实践探索。高校应该坚持以习近平新时代中国特色社会主义思想为指导，在全球化、网络化、数字化、智能化等趋势不断加速以及全球管理实践巨变的新时代，坚持特色优势，立足中国实践，通过对标国外一流大学、吸引高端人才、培育创新团队，实现一流学科愿景。高校各学院和各学科建设点应该紧紧围绕教学和学科建设工作，以内涵建设为重点，进一步提高人才培养质量和学科服务能力，逐渐形成自身特色，努力建设与学校发展和学院发展壮大相适应的高素质人才队伍。

当前，高等学校如何走内涵发展、特色发展道路，提升办学质量，实现高质量发展，助推“双一流”学科建设成为当务之急，高水平人才的抢夺日趋激烈。在这种格局下，教师队伍建设特别是高水平的人才队伍建设成为一个重要的影响因素。高水平的人才队伍建设是学校高水平人才培养的内核，也是学校“双一流”建设的重要基础。因此，如何更好地加强高水平的师资队伍建设是高校教师队伍建设的重中之重，也是推动高校“双一流”学科建设的重要驱动力。

三、“双一流”高校师资队伍建设存在的问题

（一）师资队伍结构不合理，流动性较强，高层次人才地域分布不均衡

部分高校所在学科和学系的师资队伍建设缺乏科学规划，出现了人才断层。尤其是45岁以下的教师队伍，他们是学校发展的主力军，但比例偏低。同时，因各学校实施非升即走的政策，教师的晋升难度加大，发展通道较窄，教师流动性较大，教师学缘结构多元化程度较低，海外背景和职称结构等因素在一定

的程度上影响了高校在“双一流”学科建设中的发展。相比国外一流学科的人才队伍规模和结构，中青年学术骨干在国内外学术领域还需要进一步提升影响力。高校学科还需要持续优化人才队伍结构，提高人才国际影响力，培养大批青年学术骨干，并建设好具有重要影响力的创新团队。

（二）高层次人才数量不足，地域分布不均衡

对于一流学科而言，更为缺乏高层次人才，特别是战略性领军人才。战略性领军人才不仅具有很高的学术水平，还有学术思想、战略思维和领导学科不断创新的能力，不仅是学科的旗帜，还是学科的灵魂，能够保证学科始终具有思想和活力，朝着更高、更远的目标不断迈进。当前高校教师队伍建设内涵质量需要进一步加强，教师整体素质较高，但是战略科学家、领军人才不足，高层次、高水平的学术带头人与学术骨干力量的引进与培养有待改善。同时，地区之间因经济发展不平衡，对教育质量也存在着马太效应，区域间、区域内“重金”互挖人才的现象屡禁不止，东西部地区之“人才失衡”现象较为严重，不利于高校的可持续发展。

（三）国际化视野的师资力量薄弱

习近平总书记强调，要统筹抓好“引进来”和“走出去”两篇大文章，完善教育对外开放战略。这就要求高校有更好的国际化师资力量，这是高校国际化过程中至关重要的一环，也是高校应对全球化挑战的发展路径。具有国际化视野的高校教师能为高校之间的国际交流创造出一条以语言为纽带、承载文化与技术的交流互鉴之路，才能在不同文明的传承、发展与创新中形成跨越时空界限、语言隔阂、促进文明交流互鉴、贡献更多智慧力量的多彩纽带，才能更好地与国际前沿和学科领域的发展对接起来，为推动文明交流互鉴、促进文明建设重点解决全球问题发展中的地区问题、国家问题。

我国高等教育在国际上更具竞争力的一个可实现路径是，高校师资队伍结构中留学背景、国际合作、海外学术交流等方面的教师比例逐渐提高。在我国对外开放格局的日益扩大的背景下，“双一流”高校在对外交流合作中也会越来越深入。但当前，我国高校中具有海外学习和工作经历的“双一流”大学师资力量远不及世界知名大学，且相对较少的外教数量和国际交流活动使得国际化视野和前沿化思路在教师开展教科研工作、外教聘用机制不健全、外教数量过少等方面存在不足。很多“双一流”院校，尤其是西部院校，很难吸引到国际高水平人才的加盟，原因是资金、环境、平台等方面的欠缺，这就造成了国际人才留用的难度相当大。

（四）科研与自主创新能力有待进一步提升

当前“双一流”学科建设高校科研成果丰富，高层次成果突出，但缺乏学术方向的凝练，缺乏科研团队的建设，特别是致力于建设自主知识体系、社会影响力和国际影响力不强的大团队，缺乏学术活跃程度不高的科研团队；缺少对国家发展有重要推动和带动作用的、与国家重大战略相对衔接的学术研究，原创科研成果数量提升空间较大；缺少学术平台搭建所带来的冲击更大；学科协同发展的机制还有待完善，需要加大学科间相互融合、相互交叉的力度。

四、高水平人才队伍建设实施路径

高校要面向一流学科建设，围绕学校一流学科建设目标和发展定位，健全定位明确、促进青年教师可持续发展的培育支撑体系，着力培养一批学术基础扎实、教学技能过硬、创新能力和发展潜力突出的青年教师，为“校级—省级—国家”工程选拔提供人才库。全方位助力青年人才成长，汇聚一批科学家、学科带头人和具有国际影响力的青年学术人才，优化师资储备。逐步在重点发展领域确立人才的比较优势，为实现学校“双一流”学科建设战略目标提供人才保障。

（一）强化平台赋能，打造“新高地”，集聚人才队伍

人才的发展离不开平台支撑，人才的发展需要借助于学科平台。学科建设牵一发而动全身，要努力构建以高端学科平台集聚高端人才、以高端人才引领学科建设的良性循环。高校需要强化顶层设计，加强高端人才队伍建设的顶层设计和长远规划。打造高水平的研究团队，聚焦高精尖学科和双一流学科建设，分层分类建设学科创新支撑体系，用一流的学科平台吸引人才、成就人才。

施行“任务导向＋结构合理＋大师引领”的团队结构，组成学术攻坚的合作平台。高校可以配强“领头雁”，以长江学者或杰出青年科学基金获得者负责团队建设，通过平台建设，为团队带头人成为其所在学科领域的领军人才赋能，为团队的研究成果始终处于学术前沿高地赋能。

打造“后备军”，大力培养后起之秀，通过资深教授指导青年教师、分工负

责、出国深造、交任务、压担子等措施，确保团队建设中的每个研究领域或方向都形成结构合理、层次优化的中青年学术骨干成员，为团队建设的可持续发展提供人才供给。把牢攻关方向的“方向盘”，围绕服务于国家重大需求和重大国际前沿的相关领域的研究主题组织团队成员科学谋划布局、进行充分的调研论证、凝练科研方向，在重点研究领域和前沿研究领域进行重点支持；在选拔程序上，不唯数量，要以质量为先。

（二）优化服务体系，涵养人才发展“新生态”

高校必须用心用情用力地做好服务，为人才建设有温度的人才服务体系，才能使人才全身心地投入科研育人工作，各尽其所能地施展自己的才华。坚持党管人才，对人才队伍进行整体规划和科学布局，强化战略协作和协同效应。对人才实行具有吸引力的优越政策，对人才发展所需的制度配套机制进行健全和完善，为人才提供完善的制度保障和工作环境，进而提高人才的获得感、幸福感和成就感，促进高校人才工作的可持续发展。

高校建立以“破五唯”为目标的多元考核评价体系，创新人才评价机制。改革职称评审制度，完善各类人员职称评审及聘任管理，建立师德师风、教学情况、科研成果、社会服务等多维度的综合评价体系，强化用才成才的制度支撑。要健全以岗位分类管理为基础的岗位考核体系，针对不同岗位类别实现多元化、差异化考核方式。高校要统筹各方面政策和资源，以人才培育项目为引导，要统筹岗位与人才的匹配性，加大对中青年学术骨干的培养支持力度，形成有利于优秀青年学者发挥作用和加快成长的政策体系与工作氛围，帮助他们逐步成长为学术领军人才。鼓励支持教师打破传统专业学科壁垒，大力推动新兴交叉学科建设，促进学科融合发展，形成涵养人才发展的“新生态”。

（三）聚力自主创新，激励人才成长

高校要加强人力资源规划，完善人才引进机制。着力提升重点学科师资队伍质量，保证其他学科师资总量配置。高校要重视对人才培养，需要制定相关的培养政策，学校应该推进“领军人才＋创新团队”机制建设，发挥高端人才的引领带动作用，在此基础上，要建立以职业生涯发展为主线的发展体系，促进教职工持续成长。构建层次清晰的各类人员晋升通道，实现职务、职级、职称相结合的晋升通道模式，持续完善“校级—省级—国家级”不同层次的人才培育体系，全方位助力青年人才成长。

学校应以问题为导向健全科研学术团队建设，培育大团队。扎根中国大地，增强问题意识，积极鼓励跨学科、跨院系以及校内外、国内外的团队协作，推动学校青年创新学术团队建设更上层楼。推动科研团队作为学校产出高质量学术成果的重要载体，探索充分发挥科研合力的体制机制，推动建设以青年学术创新团队、重大项目预研、学部制特色专项为梯次，具有学校办学特色的学术团队，乃至学术系谱的培育体系，产出一批具有较大影响力的科研成果。各高校可在创新和卓越团队的培养上下功夫，本着“优势互补＋学科联合＋团队合作”的建设思路，重视加强跨学科、跨学系的协同的建设与管理。

同时，学校要培育新生代学术领军人才，实施“海归教师本土化”和“本土教师国际化”双向培养战略。一是实施海归教师本土化战略。学校层面根据研究方向积极组建由本土资深教授、年轻海归教师和博士生组建的学术研究团队，构建相应的沟通机制，实现国际化与本土化、理论研究与实践经验、先进研究方法与现实应用案例的三结合。二是要实施本土教师国际化战略。设立学院（系）国际研修特色项目，拓宽派出渠道，加大支持力度，严格考核管理，促进中青年本土教师缔结海外合作研究关系，支持和引导本土教师提升国际学术交流能力。

（四）优化师资结构，激发引才聚才活力

“双一流”高校需要从年龄、性别、学历、海外经历、职称等各方面对现有教师队伍结构进行优化，实现师资力量的优化。为保证学科专业布局、科研平台建设和创新团队发展的保障，针对现有队伍结构，制定教师队伍建设规划。对符合未来战略发展需求的人才进行有重点、有针对性地引进。高校要制定招聘标准和引才政策，对各年龄段的教师需求实行统筹管理，积极引进高学历、有国际视野的教师队伍，畅通各层次人才发展渠道，注入更多活力，促进学校健康持续发展。高校要着眼于学校未来可持续发展战略，有计划实施中青年教师成长行动，推进“90、00 卓越人才计划”，支持和保障学校“90 后”“00 后”优质师资力量全面发展，使他们在未来成为学校学科领军人才和学校发展中坚力量。

进一步强化各类人才的引进和培育工作。人才引进工作将紧密围绕国家发展战略需要和经济社会发展需求，密切结合学校学科发展特色及定位，进一步落实柔性引才理念，不求所有、但求所用，不求所在、但求所为，实行更积极、更开放、更有效的人才引进政策；完善人才发展投入机制，加大人才

开发投入力度，创新高层次人才发展体制机制，促使各方面人才各得其所、尽展其才，积极建设高层次人才储备库，力争培养和造就一批学科领军人物和骨干人才。

（五）与国际资源接轨，建设国际化师资培训队伍

人才国际化、师资国际化是高校培养人才的关键。高校要加强国际引智，积极服务学校学科建设和国际化人才培养，要积极引进具有国际背景和海外留学经历的学术水平通常较高、跨文化交流能力较强、能够较好地指导学生进行国际化学习的优秀师资队伍。引导学生客观认识本土文化与各国文化的差异，引导全体学生更加热爱党、热爱国家，增强学生的民族文化自信心。学校要制定外派教师招聘、管理、使用、服务等制度，在引进、开发、整合、利用外派教师资源等方面，充分发挥他们的特长和优势，综合协调，积极主动地做好外派教师工作。实施海外一流学科伙伴提升计划，与学科实力雄厚的国际一流学科创建稳定战略合作关系，实现世界范围内的协同创新。积极深入挖掘学校海外特聘教授所在院校和与学院有国际合作关系的海外院校的学术资源，利用好海外优质教育资源培养人才，与合作伙伴院校开展教师合作交流、联合举办高层次国际会议等，努力在国际合作交流、拓宽交流渠道、加强合作等方面发挥活跃的有影响力的教授作用，加快推进人才培养的教育国际化进程。高校也要积极搭建具有全球影响力的国际国内伙伴广泛参与的合作平台，更有效地分享世界一流大学和一流学科的发展经验，促进国内外伙伴共建共享，服务国家战略。

在建设世界一流大学的新形势下，我们比历史上任何时期都更加渴求人才。培养和造就一支高水平的教师队伍是推动地方经济社会发展和一流大学建设必不可少的条件。人才队伍建设是关键，也是头等大事。人才资源至为宝贵，至为急迫。在建设一流大学的过程中，高校要着眼于人才队伍的质量和水平的提升，为实现教育强国的人才支撑，形成高手云集、硕果累累、人才辈出、助力学校“双一流学科”建设的人才队伍。

参考文献

［1］陈育芳.“双一流”建设背景下高校师资队伍建设研究［J］. 福州大学学报（哲学社会科学版），2023，37（04）：164－169.

［2］梁叶新，谭天伟，姜广峰.“双一流”背景下一流师资队伍建设的探索与实

践［J］. 中国大学教学，2019（01）：78－81.

［3］王松良，叶玲娟，雷妤，王灿雄，张荣霞. “双一流”大学师资国际化评价指标体系的构建［J］. 上海教育评估研究，2022，11（02）：45－49.

［4］吴爱华，侯永峰，郝杰. 完善高层次创新型人才培养机制［J］. 中国高教研究，2017（12）：44－48.

［本文受到对外经济贸易大学2024年度党建课题“党建引领下的本科生学业指导体系构建与实践路径研究”（课题编号：DJ20240213）的支持。］

作者简介

钟昀珈，对外经济贸易大学图书馆副馆长，副研究员；研究方向：高等教育管理、教育与教学改革；电子邮箱：zhongyunjia@uibe.edu.cn。

李燕红，对外经济贸易大学教务处，副研究员；研究方向：高等教育管理；电子邮箱：674026338@qq.com。

王蕊，对外经济贸易大学教务处科员，助理研究员；研究方向：高等教育管理、教育与教学改革；电子邮箱：wangruivaria@163.com。

讲席教授制度研究及对我校师资队伍建设的启示

李燕红　钟昀珈

摘　要：讲席教授制度的设计让一流大学能够通过社会捐赠资金这个抓手吸引国际顶尖学者参与人才培养，在国内外的实践中都证明是有效的模式，是高校吸引人才与资金的重要制度创新。本文从纵向历史的视角研究了大学讲席制度，并以横向国际比较的视角，通过对比分析代表性国家的讲席教授制度及模式，总结出经验为我所用，对形成符合我国国情和我校校情的激励机制提出政策建议，促进拔尖创新人才培养。

关键词：捐赠讲席；师资队伍；拔尖人才；人才培养

"大学者，非有大楼之谓也，有大师之谓也"。2018年，《教育部关于加快建设高水平本科教育全面提高人才培养能力的意见》中明确提出，"大力推动两院院士、国家'千人计划''万人计划'专家、'长江学者奖励计划'入选者、国家杰出青年科学基金获得者等高层次人才走上本科教学一线并不断提高教书育人水平"。习近平总书记在中央人才工作会议上强调："我们必须增强忧患意识，更加重视人才自主培养，加快建立人才资源竞争优势""要全面提高人才培养质量，着力造就拔尖创新人才"。一流的师资为一流大学的建设与发展以及拔尖人才的培养提供重要支撑，高水平师资队伍建设是大学在发展过程中必须思考的问题。高水平师资队伍建设包含招聘优秀青年学者进行内部培养，以及聘请引进优秀成熟学者。纵观世界一流大学发展史，设置捐赠教席制度是吸引和选拔师资人才的有效手段。特别是对于目前我校还不足于大规模吸引世界顶尖学者的情况下，讲席教授制度是个值得借鉴的人才引进模式，值得研究。

基于此，本文从纵向历史的视角以及横向国际比较的视角，对讲席教授制度的发展以及国内外设立现状进行了研究，通过对比分析代表性国家的讲席教授制度及模式，总结出经验为我所用，形成符合我国国情和我校校情的激励机制，促进拔尖创新人才培养。

一、讲席制度的起源与发展

（一）讲席制度在国外的起源与发展

讲席教授一般在相关领域有着杰出的成就，捐赠讲席教授是讲席教授的一种。捐赠讲席（endowed chairs）一般使用社会募捐所得资金设立，一般以个人或者名人姓名冠名。在公元 176 年的罗马时期，大学进行了早期的捐赠讲席制度的探索。时任罗马帝国国王，并有“哲学家国王”美誉的马库斯·奥勒留（Marcus Aurelius），在当时的四所著名哲学院分别设立了一个捐赠讲席。捐赠讲席制度被引入现代大学可以追溯到 1502 年的剑桥大学和牛津大学。玛格丽特·博福特（Margaret Beaufort）在剑桥大学和牛津大学设立了“玛格丽特女士神学教授”讲席。剑桥大学于 1663 年增设了世界上最著名的数学讲席——卢卡斯数学讲席（Lucasian Chair of Mathematics）。那时候，谁能被聘为卢卡斯讲席教授，相当于谁就是数学界的泰斗。出任过这个讲席的包括牛顿、霍金等。

德国是现在大学制度的起源地，讲席教授演变成了讲座教授。大学根据学科研究方向的实际需求进行设置。每个专业方向只设置一个讲席教授，这个设置的讲席教授位置不仅具有学术权威，也具有部分行政权力。如果这个专业设置了讲席教授，在这个聘用的讲席教授退休之前或者因为其他原因，比如身体原因，确实不能再胜任相应工作之前，都不会再新聘教授。德国大学的讲席教授的聘任由国家各级教育主管部门决定，相应的设置讲席教授的经费也来源于国家各级教育主管部门，因此受到校内的行政干扰小。

美国不仅各大名校有讲席教授制度，普通大学也设置有讲席教授制度。以美国加州大学为例，自引入讲席教授制度以来，席位增加迅速，从 1980 年代的 80 个，增加到 2000 年代的 1 695 个，20 多年里，规模扩大了二十多倍，规模的增长从一定程度上反映了这一制度在美国高等教育领域中的重要影响力。以美国的 MIT 大学为例，霍克菲尔德校长在任时，通过讲席教授制度，以极低的成本引进了上百名高水平教学专职型教授专门从事教学相关工作、对师资进行补充，有效缓解了研究型大学教学科研不均衡的问题。以美国的得克萨斯大学为例，可以看到美国高校的捐赠资金尽管有波动，但是逐年增长（见下页图 1）。表 1 为得克萨斯大学捐赠讲席的最低金额，杰出讲席的最低捐赠金额为 300 万美元，讲席的最低捐赠金额为 200 万美元。

表1　　得克萨斯大学捐赠讲席的最低金额

类别（endowed positions）	最低金额（minimum funding level）
杰出讲席（distinguished chair）	300万美元
讲席（chair）	200万美元

数据来源：https://chairs.utdallas.edu/about。

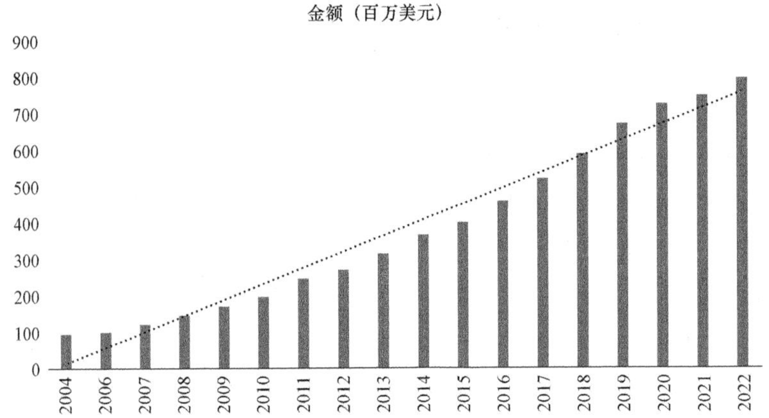

图1　得克萨斯大学每年捐赠资金

数据来源：https://chairs.utdallas.edu/about。

（二）讲席制度在中国的引入与发展

中国的部分大学也设置了各种不同类型的讲席教授。2001年2月14日，《清华大学讲席教授试行条例》的通过标志着清华大学讲席教授制度的正式成立，成为国内较早探索设立讲席教授的高校。通过这个制度，清华大学设立“讲席教授基金”，招聘世界著名学者来校执教。2018年，为进一步推进人才队伍建设，提升人才培养和学术科研水平，清华大学决定全面推进全职讲席教授、冠名教授制度，在校内外聘任全职讲席教授，并通过“冠名讲席教授”“冠名教授”两种形式予以支持。讲席教授组成员对人才培养工作和学术活动进行深入参与，并承担重大课题研究、本科生和研究生的教学以及指导青年教师、师资传帮带等多项职责①。在中国，“讲席教授制度”最初的设想是引进单一的学术大师作为学术带头人发挥引擎的作用。但是这种模式下，讲席教授独立来所聘用大学工作的时间受限。因此，清华大学将原来的每个职位一个人的模式，改为多数职位以团组形式完成工作职责的模式。讲席教授团组的创新模式有效解决了引

① https://www.tsinghua.edu.cn/info/1182/49843.htm

智与工作时间投入的问题。

自清华大学之后，其他高校也开始采用不同形式的讲席教授管理。2004年，中国科学院推出“爱因斯坦讲席教授”计划。该计划每年邀请20—30名世界顶尖科学院的科学家，做为期1—2周的学术访问并研讨人才培养和科研合作事宜。通过访问期间的学术报告会及学术交流会活动，中国科学院的研究生、本科生等可以获得近距离接触如诺贝尔奖获得者或相当荣誉获得者的机会，甚至可能在近距离接触交流中得到指导并进一步参与研究。“爱因斯坦讲席教授”项目是双向交流，不仅把国际大师请进来，也派国内师资走出去，例如选派1—2名学术带头人到对方实验室进行3—6个月的学术回访，通过“引进来”和“走出去”，充分为我所用，培养领域的国内学术带头人，提高师资水平，提高人才自主培养能力。2006年，北京大学成立第一个校级讲席教授基金“叶氏鲁迅社会科学讲席教授基金”。表2为国内外部分大学的讲席教授，可以看到以名人姓名命名的讲席教授居多。

表2　　国内外部分大学讲席一览

大学	讲席	备注
剑桥大学	毕马威管理研究教授	1986年
	玛莎百货农业动物健康、食品科学及安全教授	1996年
	塔塔钢铁冶金学教授	2008年
哈佛大学	霍利斯神学讲席	校级/1721年，美国最早的捐赠讲席
	1954级MBA工商管理学教授	校友捐赠，班级命名
耶鲁大学	斯特林讲席	1864年
杜克大学	詹姆斯·杜克教授	杜克大学至高荣誉
北京大学	叶氏鲁迅社会科学讲席教授	2006年，北大第一个校级讲席教授
复旦大学	姚士华讲席教授	
上海交通大学	鸿文讲席教授	
武汉大学	郭水尧讲席教授	
南开大学	欧阳氏青年讲席教授	
中国科学院	爱因斯坦讲席教授	加大科技将帅人才培养力度

备注：不同国家的办学体制不同，虽然都叫“讲席教授”，但相应的内涵和对应的制度环境有很多本质不同。在引入国际经验的时候，也会充分考虑我国的国情和办学体制，充分吸收借鉴。

二、讲席教授的选聘与考核

讲授教授由于其极高的荣誉和要求，因此选聘程序也严格规范。为保证讲席教授的杰出性以及讲席教授切实能为大学的学术发展与人才培养作出积极有益的贡献，美国大学成立由大学的董事会、监事会、校长、教授委员会、院系负责人等组成的专门委员会。并设定相应的机制，让各委员相互制约与协作。按照聘用期限的不同分为终身性讲席（permanent endowed chair）和期限性讲席（term endowed chair）。“终身讲席教授”席位为讲席者提供永久性资金支持，聘期至其退休或辞世。在聘用期内分阶段进行考核，一般每 5 年进行一次考核。期限性讲席教授的聘期一般为 3—5 年。也有部分高校在此之外还设立了第三种，即管理席位（administrative chair），仅限于授予已经是或者可能成为教学、研究机构带头人和管理者的高级学者或教授。讲席教授的选聘坚持“宁缺毋滥”是很多学校坚守的原则。例如，2014 年加州大学洛杉矶分校 377 个捐赠讲席中，有 104 个讲席空缺[①]。这种“宁缺毋滥”的坚持确保了讲席制度荣誉机制的运行。加拿大杰出讲席教授项目专门成立了联合审批委员会、遴选委员会以及专家评审小组三个评审机构。委员会的成员由来自国际知名机构及高等学府的 36 位著名专家学者组成。

清华大学在 Nature 杂志上刊登国际知名学者的招聘信息，并实行聘任制，要求讲席教授在聘期内在相关研究方面取得重要进展，达到国际先进水平。按实际工作时间支付酬金，保证资金的使用落到实处。中国科学院制定《中国科学院“爱因斯坦讲席教授”计划管理办法》，对应邀科学院的选聘要求作出说明，“应邀科学院应具有获得世界顶级科学奖的潜力或已获得相应奖项并仍然在科研一线从事研究工作”，对工作内容和时间、考核方式等作出要求。北京大学制定《北京大学博雅讲席教授聘任办法（试行）》，规范讲席教授的选聘和管理。无论哪个大学，在物色并邀请讲席教授组带头人“加盟”的过程中，学校所在学科原有的资深教授，尤其是院士的作用是非常重要的。

三、讲席制度的意义

（一）对学校

搭建高水平人才引进的有效通道，深化与世界一流大学合作。

① UCLA General Catalog 2016-2017[EB/OL]. http://www.registrar.ucla.edu/Portals/50/Documents/catalog-archive/2001-2049/16-17catalog.pdf.

作为学术资源、社会捐赠和现代基金管理制度相结合的典范，大学设立讲席教授，取才于社会，用更灵活和更低的成本服务高水平人才培养。国内大学的人才招聘因编制、制度、档案等一些约束条件的限制，全职招聘顶尖人才的条件有限。讲席教授制度突破人事约束上的一些障碍，为更多高校搭建了高水平人才引进的通道，通过汇聚“顶尖学者”来形成核心竞争力，有利于高等教育办学质量的全面提升。强大的教师团队是丰富学术环境的基础，是吸引优秀学生的基础。讲席教授制度不仅把教授引智入校，还可以通过讲席教授的交流活动，加强学校与海外高校的信息沟通，促进教学、学术等深入合作，建立人才联合培养等长期合作关系。

（二）对讲席教授

个人成就感以及不局限于某一个单位作出贡献。

大学设立讲席教授，提供教授后期的职业发展平台。讲席教授的高标准、严要求成了获得这一席位的学者极大的学术名誉肯定。美国学者 Jerome Katz 将讲席教授比作奥运金牌，可见其在学术领域圈的地位。讲席教授制度的设立不仅进一步激励了已经到教授水平的学者们更高的发展方向，同时他们活跃在国际前沿、挑战前沿。通过讲席讲授引入国际顶尖人才，为学校学生创造与国际前沿大师近距离接触的机会，可以将更多优秀学生带到学科前沿，充分激发潜能，提高高校拔尖人才自主培养质量。通过联合培养、合作研究等，也有利于相应学科学派的形成。

（三）对本校青年教师

与世界顶尖学者合作的机会，培育本校年轻教师。

大学设立讲席教授，补充优秀师资，对人才培养和学校发展都有利。讲席教授制度引入的国际顶尖人才，在参与学校的学科建设、学术研究、人才培养等工作中，也给学校的中青年教师提供了与世界顶尖学者接触和交流、共同探讨的机会，在碰撞中有助于国际学术惯例的熟识，并能更好地参与国际前沿课题的选题与研究，及时准确掌握国际科技发展动态，提升创新能力和把握世界学科发展动态的能力。

（四）对企业和社会

在激烈竞争中激发创新和创意。

企业和个人通过捐赠讲席，可以与大学以及顶尖学者建立某种联系。同时，企业回馈高校、促进人才培养的行为，高校培养的优秀人才最后会反哺给企业和社会。企业与顶尖学者、研究人员和优秀学生的联系，可以在激烈竞争中激发创新和创意。

四、对我校师资队伍建设的借鉴建议

对外经济贸易大学是国内双一流大学，但是在学科建设、学术水平等方面与世界一流大学还有较大差距，高水平学科带头人和领军人物还比较少，人才队伍的整体素质和创新能力对于适应数字时代新的要求还有距离。作为研究型大学，我校的人才培养资金主要来源于财政拨款。校友会和教育发展基金会的社会捐赠也发展迅速。在梳理国内外讲席制度经验的基础上，尤其是在新文科建设的背景下对于学科交叉融合领军人才的需求，引进人才的同时做好配套的管理机制，建议可以考虑从以下几个方面参考借鉴：

（一）提供讲席教授深度参与学校的学科建设与人才培养便利

讲席教授作为学科领域的顶尖人才，学校引入讲席制度前，要有清晰的管理目标与考核机制，同时提供必要的软硬件设施支持，确保讲席教授能到高校实地指导，并深入参与学校的学科建设与人才培养。保证讲席教授的工作时间和质量，切实发挥讲席教授在学校人才培养和学术发展中的作用。

（二）做好讲席教授对本校教授的传帮带机制保障

讲席教授深入参与学科建设与人才培养工作的重要一环是对学校现有师资队伍的传帮带。引育结合，让高校的高质量发展可持续。要有好的机制，保障讲席教授带动校内学者进行高水平的学术研究，立足学科专业发展前沿以及学校的发展定位和特色，开展高水平的教学工作，并做好校内学者对讲席教授高水平教学工作的观摩课保障。

（三）保证讲席教授制度运行程序规范、透明

建章立制保障讲席教授制度运行程序规范、透明。同时可以充分发挥捐赠小额命名权的吸引力，加大捐赠讲席的募捐力度。学校给予一定的资金配比，以促进讲席的设立和有效运行。通过配比资金充分体现学校对吸引社会资金的积极态度和对捐赠者的心理认同。发挥讲席制度吸引顶尖人才的优势，形成捐赠与讲席在学校高质量发展与高质量人才培养上的良性、可持续发展。对于世界顶尖人才引进难以保证充足的实际独立在岗时间问题，可以借鉴清华大学的“柔性引进”策略，采用“讲席教授组”的方式解决杰出学者无法长时间全职实

地工作的难题。同时也可以借鉴中国科学院“回访 3—6 个月”的方式，“引进来”与“走出去”相结合的合作模式，通过讲席教授制度加大自主将帅学科人才的培养。

参考文献

[1] 洪成文，张博林，王佳明，等. 世界一流大学发展鲜为人知的经验［J］. 北京教育（高教），2024，（05）：4-9.

[2] 牛欣欣，洪成文. 美国一流大学年度捐赠的理念与实践——普林斯顿大学的经验［J］. 高教探索，2021，（03）：88-95.

[3] 杨庆余.近代科学建制史上的丰碑——卢卡斯数学讲席教授的设立、意义及其影响［J］. 自然辩证法研究，2014，30（11）：6.

[4] Clark J W.Endowments of the University of Cambridge［J］. 2009.

[5] 张和平，沈红.研究型大学引资与引智同行：加州大学捐赠讲席制度的特征［J］. 湖北大学学报：哲学社会科学版，2016，43（5）：7.

[6]生云龙. 以制度创新实现海外智力引进——论清华大学讲席教授制度[J]. 清华大学教育研究，2006，27（5）：5.

[7] 中科院启动“爱因斯坦计划”培养大师级科学家，https：//www.cas.cn/zt/jzt/rczt/zgkxy2004ndrcgzhy/mtzz/200403/t20040324_2665515.shtml

[8] 喻恺，瞿晓蔓. 捐赠讲席：高校吸引人才与资金的制度创新［J］. 复旦教育论坛，2016（5）：6.

作者简介

李燕红，对外经济贸易大学教务处，副研究员；研究方向：高等教育管理；电子邮箱：674026338@qq.com。

钟昀珈，对外经济贸易大学图书馆副馆长，副研究员；研究方向：高等教育管理、教育与教学改革；电子邮箱：zhongyunjia@uibe.edu.cn。

我校加强高水平人才团队建设意义、现状及建议

卢夏阳

摘　要：党和国家高度重视高水平人才团队建设。2024 年 6 月 24 日，习近平总书记在全国科技大会、国家科学技术奖励大会、两院院士大会上强调，要把加快建设国家战略人才力量作为重中之重，着力培养造就战略科学家、一流科技领军人才和创新团队，着力培养造就卓越工程师、大国工匠、高技能人才。高水平人才团队构成了推动学科建设、教学科研等活动的坚实基础，是知识创新与发展的主要驱动力。团队成员间学缘结构、学术背景的差异性，思想交流、观点碰撞迸发出的创造性，个人能力和团队合力的互补性，不仅有效促进了个人认知与集体理念的深度融合，还极大地提升了团队工作的反应速度及执行效率，确保各项任务能够迅速、精准且富有成效地完成。目前，我校高水平人才团队建设还不能完全适应高等教育改革与高质量发展的需要，学科领军人才、高水平人才团队在数量、结构和协同攻关能力方面，与许多兄弟高校相比以及与学校快速发展的需求相比仍有一定差距。加快建设一批充满活力、运行高效、善于攻坚、富有创新精神的高水平人才团队是当下我校一项紧迫的任务。

关键词：领军人才；高水平人才团队；人才队伍建设

一、深刻认识加强高水平人才团队建设的重要意义

加强高水平人才团队建设必须将其置于新时代人才工作的宏观背景与整体进程中，必须深刻认识国家战略人才自主培养的重要性和必要性，必须充分考虑发展新质生产力、加速推进原始创新的迫切需要和关键资源。

（一）人才工作成就斐然，历史机遇前所未有

党的十八大以来，我国人才队伍建设取得举世瞩目的历史性成就，人才工作已站在崭新的历史高度。我国人才资源总量快速壮大，国际竞争力日益增强，

形成了一支规模宏大、素质优良、结构优化、作用突出的人才队伍。当前，面对“百年未有之大变局”，我国正踏上全面建设社会主义现代化国家、迈向第二个百年奋斗目标的新征程。到2035年，我国将跻身创新型国家前列、建成人才强国。通过全方位、高层次、大范围、深程度地培养、引进和使用人才，我国正推动人才集聚发展重心进入全球中心位置，加强高水平人才团队建设面临历史性新机遇。

（二）战略人才地位显著，自主培养至关重要

当前，新一轮科技革命和产业变革正以前所未有的速度推进，学科交叉融合不断深入，科学研究范式经历深刻变革，科学技术与经济社会发展日益深度融合。国家战略人才力量被明确为新的战略定位，是国家科技创新人才队伍的核心力量。战略人才站在国际科技前沿、引领科技自主创新、承担国家战略科技任务、支撑我国高水平科技自立自强，是整个人才队伍的核心和关键。培养壮大战略人才力量，需要鼓励领军人才组建跨学科、跨部门、跨领域的科技创新团队，积极开展有组织科研，确保人才作用得到充分发挥；需要根据重大攻关任务，选拔优秀人才组建攻关团队，支持人才围绕国家重点领域、重点产业加强产学研协同攻关，推动创新链、产业链、资金链、人才链深度融合。

（三）发展新质生产力，人才驱动是核心

新质生产力代表了产业变革的新趋势和生产力的新方向，人才驱动则是推动其发展的核心。与之相应的是需要大力培养与原始创新紧密相关的人才，特别是那些能够做出原始性发现、颠覆性创新、“0—1”技术突破，并敢于涉足科技“无人区”的领军人才和创新团队。我国人才工作近年来取得了显著成就，但与新质生产力的发展需求相比仍存在差距。当前，人才队伍结构性矛盾较为突出，高水平战略人才力量在支撑新质生产力发展方面尚显不足，尤其是原始性、颠覆性创新人才和能够解决“卡脖子”问题的专门人才储备稀缺、增量不足、活跃度较低。这显示出人才工作与科技创新、产业升级以及新质生产力发展之间的协同性仍有偏差。

二、准确把握我校高水平人才团队建设的现状

学校高度重视人才队伍、创新团队建设，通过2017年实施《高层次人才特殊支持计划实施办法》，2018年实施《青年学术创新团队建设管理办法》等，给予特殊支持政策，资助更高额度、搭建更广平台，持续锻造一批学术造诣高深、

能够引领学科发展方向、在国内外具有一定影响力的学科建设领军人物；持续培养一批能带领团队成员在学科前沿领域取得国内外同行公认的创新性成果的优秀学术带头人；持续发现一批学术基础扎实、具有较强创新能力和发展潜力的中青年学术骨干。然而，当前我校高水平人才团队建设的现状还不能完全满足高等教育改革与高质量发展的需求，与国内外一流高校相比，仍存在一些亟待解决的问题。

（一）领军人才数量不多

我校能够带动学科实现重大发展、在国际、国内有重要影响力的领军人物数量不多，在高层次人才的汇聚与培养方面尚有完善空间。一是选拔与培养体系有待优化，以确保更多具备潜力的中青年学者能够获得展现才华的机会脱颖而出。二是吸引并留住高层次人才面临一定挑战，这主要是由于学科发展平台的建设、人才综合服务支持等方面有待进一步加强。这些问题的存在使我校在高水平人才团队建设方面存在领军人才数量不多的问题，难以形成具有竞争力的团队。

（二）评价机制不够完善

根据学校学科发展的特点，在目前的人才评价机制中，更多的是考察个人成果，尤其关注成果的第一完成人，对团队长周期考核重视不够、办法不多。这种评价方式在一定程度上能够激励个人的创新创造活力，但也可能导致团队成员之间的合作意愿降低，甚至产生竞争和矛盾。如果评价机制过于注重个人业绩，可能导致团队成员之间的合作减少，甚至出现“单打独斗”的现象。这不仅会影响团队的整体实力和发展潜力，还会降低团队成员的积极性和创造力，无法在学术合作中锻造高水平人才团队。

（三）管理平台功能不强

一是在适应和满足学科建设、科学研究发展方面，学校有关部门提供必要的服务保障能力较弱，主动配置资源意识有待增强，提供服务的动能仍然不足，这导致一些优秀的团队在组建过程中缺乏必要的支持和帮助，难以充分发挥其潜力。二是学校内部各部门之间的协作和沟通有待加强，有时会出现重复建设、资源浪费等问题。这不仅降低了团队的工作效率，也影响了团队的整体发展。三是学校在推动团队与外部资源的合作与交流方面也存在不足。这导致团队的研究视野受限，难以接触到更多的研究资源和机会。

（四）跨学科交流机会少

目前学校很多人才团队是为了申请科研项目而临时组建的，学科间交叉融合不够，合作交流不畅，系统研究不足。这主要表现在以下几个方面：一是团队成员之间的学科背景较为单一，人才团队建设学科交叉不明显。二是团队的研究方向和内容相对固定，缺乏对不同学科领域的研究和探索。三是学校对于跨学科的合作和研究支持不足，缺乏相应的政策和措施。

三、我校加强高水平人才团队建设的建议

根据学校《人才工作高质量发展三年行动计划》，着眼于高层次人才规模显著扩大、人才效能持续增强、人才竞争优势和比较优势明显提升、人才机制体制更为优化、人才组织保障和服务更加有力、适应高质量发展的人才制度体系基本形成的目标，我校加强高水平人才团队建设需要统筹推进以下五方面的工作。

（一）以重大项目为依托，加快领军人才培养

1. 优化自主培养机制，锻造领军人才。学校应以国家战略为导向，以重大项目为依托，有组织地构建多层次、有梯度的人才队伍。领军人才领航，中坚力量支撑，青年才俊涌现，形成稳固的人才梯队。学校不断发现和培养更多高层次、复合型的创新人才，鼓励他们参与重大科研项目、解决关键难题，让他们在攻坚克难的实践中不断成长为领军人才。

2. 健全识别选拔机制，激发人才活力。学校探索引入“揭榜挂帅”与“赛马”等前沿科研组织模式，主动打破传统科研管理中的界限，赋予领军人才主动权与责任感。通过公开竞争、择优上岗的方式，学校鼓励有胆识、有能力的科研工作者主动请缨，挂帅承担重大科研项目。同时，学校持续优化项目团队的遴选流程，确保团队成员专业互补，在共同目标的驱动下形成强大的凝聚力和战斗力，不断激发人才活力。

3. 完善支持保障机制，护航团队发展。学校完善领军人才配套机制，在人才招聘、科研条件、管理机制等方面给予领军人才一定自主权，使他们能够安心钻研、潜心攻关。同时，鼓励他们跨学科合作，让不同学科背景的人才在交流中碰撞出创新的火花。

（二）深化评价机制改革，完善团队考核体系

1. 加强师德师风考核。学校应加强团队思想引领和师德师风建设，将师德

师风作为引进人才和团队考核的重要指标，确保团队成员具备良好的职业道德和学术风气，引导团队成员树立正确的价值观、业绩观和人才观。

2. 实施分层分类评价。分层评价：学校根据团队成员的岗位职责设定不同的考核目标和评价标准。鼓励团队成员进行自我评价和相互评价，促进团队内部的沟通与协作。分类评价：基础研究团队考核应注重评估团队的长期科研成果，特别是原创性研究、重大科学问题的解决能力。应用研究团队考核应侧重技术创新与集成能力、成果转化效益、对产业发展的实际贡献。

3. 完善代表性成果评价。学校应注重成果的原创性、应用性及影响力，建立多维度、差别化的评价体系。在项目课题方面，根据课题的国家级、省部级等层次设定不同的权重和评价标准。在论文著作方面，考虑论文发表的期刊级别、影响因子、引用次数等以及著作的学术价值和社会影响力。在专利奖项方面，应重视高质量专利的申请与授权以及团队获得的国内外奖项。

（三）加强团队管理服务，积极促进交流合作

1. 构建数字化服务平台。学校应加快开发人才团队管理服务数字化平台，提供从团队组建、资源配置、项目审批等一站式服务。同时，通过使用先进的信息技术，确保平台稳定、高效运行，并为团队用户提供培训和技术支持等服务，确保团队成员能够熟练使用平台功能。学校职能部门通过定期的资源审查和预测，确保团队在研究过程中能够得到及时的资源补给和支持。

2. 加强部门沟通协作。学校应设立定期联席会议制度，人才办、人力资源处、科研处、教务处、研究生院、资产处、国际处、校友会等相关部门负责人参加，共同研究解决团队组建过程中的问题，明确各部门在人才团队组建中的职责和任务，确保各项工作有序进行。

3. 拓宽外部资源合作。学校应积极与科研机构、企业等外部机构建立长期稳定的合作关系，为团队提供项目合作、成果转化等机会。学校探索设立专项资金，用于支持团队与外部资源的合作项目；积极引入外部投资或捐赠，为团队提供更多的经费支持。学校鼓励团队参与国际会议、学术交流和合作项目，帮助团队接触到更多的研究机会和先进的科研理念，拓宽国际视野。

（四）优化团队成员结构，鼓励学科交叉融合

1. 合理配置成员结构。组建团队时，学校应充分考虑成员的年龄、职称、专业背景等因素，确保团队成员在学科、专业背景上形成互补，在年龄和职称上实现梯度搭配，形成由领军人才引领、中青年学者支撑、新生力量不断涌现的阶梯状人才结构，实现团队的可持续发展。在团队中明确每个成员的角色和

职责，根据其专业特长和兴趣进行合理分工，确保每个成员能在其擅长的领域发挥最大效能。

2. 鼓励人才跨学科合作。学校应积极倡导并鼓励跨学科的人才合作模式，在团队成员招募与选拔中，要特别注重跨学科背景的考量，以吸引多元化学科人才。针对“**AI 赋能人文社会科学发展**”的趋势，学校需抢抓机遇，深度融合人工智能技术与人文社科研究，拓宽合作网络，与高校、企业及科研机构携手，共同推动理论、方法及实践的创新，开启学校人文社会科学研究的新篇章。此外，学校还应积极设立跨学科合作项目，助力团队成员在实践中深化跨学科融合，共同解决复杂问题。

3. 建立良好沟通机制。团队运行过程中，应构建有效的沟通和协作机制，促进团队成员之间的信息交流和知识共享，加强团队内部的协调与合作。通过定期的学术交流会、研讨会等活动，促进团队成员之间的思想碰撞和合作创新。团队应注重建立共同的愿景和目标，确保团队成员在目标驱动下形成合力，激发团队成员的责任感和使命感，推动他们积极投身到团队工作中，共同为实现目标而努力。

（五）加强团队文化建设，建立高效运行机制

1. 明确团队共同愿景。在团队日常合作中，通过具体的任务和目标践行这些价值观，通过将大愿景分解为小目标，确保每个成员奋斗方向与团队目标保持一致。明确团队的核心价值观，如团结合作、求索创新、诚实守信等，确保每个成员都理解和认同这些价值观。

2. 营造团队良好氛围。团队要关注成员成长，积极提供个人成长和发展的机会，如培训、晋升等机会。当团队或成员取得成绩时，及时给予表彰和奖励，增强成员的成就感。通过定期组织团队活动，如户外拓展、文化体验、主题考察等，增强团队的凝聚力和归属感。定期举办经验分享会，邀请成员分享自己的文化背景、经验故事等，增进彼此的了解和合作。

3. 构建高效运行机制。优化激励机制。团队制定多元化的激励政策，包括物质激励、精神激励和目标激励，确保激励机制与团队目标和个人目标相契合，激发成员的积极性和创造力。构建约束机制。制定完善的团队规章制度，包括权利约束、利益约束和责任约束，明确成员的权利和义务，规范成员行为。完善评估机制。定期对团队的运行情况进行评估，包括目标完成情况、成员表现、团队协作等方面，及时调整团队策略、目标和任务等，确保人才团队高效运行，积极推动成果转化。

参考文献

[1] 孙祥，赵勇. 高校高水平人才团队建设研究［J］. 统计与管理，2015（01）：162－164.

[2] 本报评论员. 强化现代化建设人才支撑［N］. 科技日报，2022－11－08（001）.

[3] 本报评论员. 着力构筑人才竞争优势［N］. 科技日报，2024－07－02（001）.

[4] 张高洁. 发展新质生产力，人才工作怎么做［N］. 中国组织人事报，2024－05－20（003）.

[5] 赵丹龄，徐干城. 立足智慧信息 立志服务社会——武汉大学信息管理学院优秀教学与科研团队访谈报告［J］. 中国高等教育，2022（06）：29－31.

[6] 孙艳华. 加强高校科研创新团队建设的思考［J］. 黑龙江教育（高教研究与评估），2013（03）：87－88.

作者简介

卢夏阳，对外经济贸易大学党委组织部人才工作办公室主任科员，助理研究员；研究方向：高等教育管理；电子邮箱：luxiayang@uibe.edu.cn。

“放管服”下的科研经费监督管理问题研究
——以对外经济贸易大学为例①

吕晓三子

摘　要：高校是科研事业发展的重要基地与核心力量。在“放管服”改革背景下，高校科研经费管理存在着改革政策落实不到位、监督管理效率低下等种种问题。本文以对外经济贸易大学为例，从内控监督角度出发，提出改进对策：进一步做好放管结合，源头治理，一体推进“不想违规、不能违规、不敢违规”，有效实现“放管服”下的科研经费监督管理。

关键词：放管服；科研经费；监督管理

一、引言

（一）“放管服”下科研经费监督管理的历史背景

科教兴国是我国的重要战略方针。科研事业的发展有助于推动经济发展、增强社会福祉，科研实力的强大也是国家竞争力和综合国力提升的重要标志。2016年6月1日，李克强总理在国务院常务会议上提出要在科学研究领域推进“放管服”结合，进一步调动科研人员积极性，提升科研管理和运营机制的活力，为科技创新注入活力。2018年7月18日，国务院发布关于《优化科研管理提升科研绩效若干措施的通知》（国发〔2018〕25号），进一步贯彻落实“放管服”精神，在科研经费管理各个环节赋予科研人员更大自主权，提升科研绩效。“放管服”政策主要包含三个方面，即放权、管理、服务，通过改革推进简政放权、放管结合、优化服务，调动科研人员积极性，提高科研经费管理效率，提升政府治理效能。

高校是科研事业发展的重要基地与核心力量，在人才培养、文化传承、科技创新、社会服务等各个方面都起着至关重要的作用。近年来，国家持续加大

---

① 中国政府网. 国务院关于优化科研管理提升科研绩效若干措施的通知［EB/OL］. https://www.gov.cn/gongbao/content/2018/content_5312210.htm，2018－7－18.

科研投入，为高校科研活动提供保障。与此同时，在“放管服”背景下高校科研经费管理面临诸多挑战，普遍存在缺乏预算全过程监督和指导、信息化建设有待提高、财务部门对政策宣传不足等问题。此外，科研经费管理中还普遍存在预算编制不合理、内部财务管理机制不健全、缺乏有效监督机制等问题，在日常监督管理中发现，教师套取项目经费或违规报销等问题频发。在“放管服”的改革趋势下，既要保证对科研经费的有效监管，又要充分调动科研人员的积极性，成为当下高校普遍面临的热点问题。

因此，本文以对外经济贸易大学为例，从内控监督角度出发，通过文献分析、座谈访问、实地走访等多种方式开展调研：在校内组织开展专题调研会，调研对象包括经费使用部门、主责监管部门、专责监督部门，围绕科研经费的使用和管理提出问题与建议；同时调研兄弟高校监管部门，了解兄弟高校科研经费的使用与监督管理情况。经过调研分析，提出改进对策：进一步做好放管结合，源头治理，一体推进“不想违规、不能违规、不敢违规”，有效实现“放管服”下的科研经费监督管理。

（二）研究现状

科研经费管理在高等教育研究机构中扮演着核心角色。随着“放管服”改革的不断深化，高等教育领域尤其是高校科研经费管理发生了显著变化。我国的学者发现高校科研经费管理过程中存在损失浪费、支出不合理现象，也存在资源浪费、效率低下、创新能力不足等问题，并在着力研究解决对策。在科研经费管理优化方面，王钊等①探讨了在“放管服”背景下如何优化高校科研经费预算管理流程，认为通过简化预算编制、下放预算调剂权等措施，可以有效提高科研经费的使用效率和灵活性。武晓芬和刘亚静②研究了在“放管服”背景下高校科研经费管理的转型路径，提出了通过加强信息化建设和提高管理人员的专业素质，进而优化管理流程、提高管理效率的策略。金花③分析了科研经费包干制的实施现状及难点，并提出包干制可以提高科研经费的使用效率，但同时也需要加强监管，确保资金的合理使用。徐明和白海琦④探讨了人才工作在“放管服”改革中的现状和存在的问题，指出尽管“放管服”改革在一定程度上促

① 王钊，苏晓华，吴陆生，乔龙珍，张卓.“放管服”背景下的高校科研经费预算管理流程优化研究——以J高校为例［J］. 科技管理研究，2021 41（05）：45－53.

② 武晓芬，刘亚静.“放管服”下高校科研经费管理转型与升级［J］. 中国高校科技，2019（11）：16－19.

③ 金花.“放管服”背景下高校科研经费包干制的实施探讨——评《高校科技创新中科研经费“放管服”改革对策研究》［J］. 广东财经大学学报，2020 35（04）：118.

④ 徐明，白海琦. 深化人才工作“放管服”改革的现状、问题及对策［J］. 行政管理改革，2023（05）：58－67.

进了人才的自由流动和创新活力，但也存在管理不善、服务不到位等问题，提出应加强顶层设计、优化服务流程等对策。在风险防控和内控建设方面，姜玮等[①]探讨了在“放管服”背景下如何加强国家重大科技项目的管理以防控风险，指出廉政建设是确保项目顺利实施的关键，通过加强监管和优化服务，可以提高科研项目的管理水平和科研资金的使用效率。李虹等[②]从内部控制与外部监管协同的角度出发，探讨了高校科研经费风险防控的策略，指出通过加强内部控制和外部监管的协同，可以更有效地防控科研经费的风险。王海妮[③]分析了高校科研经费管理中存在的问题，并提出了加强内部控制、优化管理流程等对策，强调了内部控制在确保科研经费合理使用和有效监管中的重要性，建立健全的内部控制机制可以有效防范科研经费的滥用和浪费。刘业进[④]分析了高等教育“放管服”改革中权力清单、责任清单与负面清单的作用及实施路径，认为通过明确权力和责任可以提高高校管理的透明度，提高管理效率。钟晓敏[⑤]对建立健全权责清单制度进行深入探讨，分析了通过“放管服”改革推进大学内部治理能力和治理体系现代化的路径与机制，实现治理方式和治理效率的创新与提升。

“放管服”改革在高等教育领域尤其是高校科研经费管理中发挥了重要作用，同时也给高校带来权力配置、人才工作、地方高水平大学发展等方面的挑战。高校应在政策支持、资源配置、管理优化等方面进行持续探索和改进，通过优化管理流程、加强内部控制、完善风险防控机制等措施，更好地激发科研活力，提高科研经费使用效率，以实现“放管服”改革的目标。

二、科研经费监督管理面临的主要问题——以对外经济贸易大学为例

通过对学校科研经费的归口管理部门、经费性质、资金规模、管理制度等各方面进行较为全面地统计分析发现，目前学校科研经费监督管理面临的问题

---

① 姜玮，孙铁民，李雪菲，陈玉江．国家重大科技项目管理的风险防控——以“放管服”下高校廉政建设为例［J］．中国高校科技，2020（10）：13－16.

② 李虹，王娟，程立保．高校科研经费风险防控研究——基于内部控制与外部监管协同视角［J］．科技管理研究，2019 39（10）：74－78.

③ 王海妮．“放管服”背景下高校科研经费内部控制管理对策［J］．中国高校科技，2020（12）：40－44.

④ 刘业进．高等教育“放管服”改革的三张清单：权力清单、责任清单与负面清单［J］．南京师大学报（社会科学版），2020（02）：53－67.

⑤ 钟晓敏．加快教育“放管服”改革推进大学内部治理体系和治理能力现代化——基于大学权责清单制度的探索［J］．中国高教研究，2018（02）：25－28.

主要分为以下三个方面（见下文）。

（一）改革落实不到位

学校在落实科研经费“放管服”改革要求方面已作出一些努力，比如出台相关制度规定，提升财务报销服务水平等，但仍有不足之处：一是政策宣传不到位，要确保政策落地见效，打通政策的“最后一公里”必不可少，应及时修改相关规定、加大政策宣传力度、强化敦促政策落实。但调研过程中发现部分教师对于“放管服”改革政策理解不到位，科研人员的自主性未被有效激发，对绩效目标导向的评价体系不够了解。二是科研财务助理体系不够完善，“放管服”改革政策明确了允许将直接费用列支财务助理服务支出，提倡专人办专事，使得科研人员能够从复杂琐碎的财务业务中解放，有足够的时间精力专心搞科研，但目前学校还未设立专门的科研服务团队。三是主责监管、专责监管缺位，“放管服”是要“放管结合”，不是“放任自由”。主责监管部门管理方式粗放、审查力度不够，只做形式上的审核，没有实质上的监督管理，科研项目主要由项目负责人管理；专责监督往往是被动启动的，只有问题发生后才能发现和处理，而非系统、主动地预防问题，缺乏主动性和有效性。

（二）内部控制不健全

1. 内控制度建设有待完善

科研经费“放管服”的改革方向已确立，但出于对政策的理解把控不够透彻等原因，学校制度未充分发掘改革政策空间。在内控制度建设方面，一是各项教学科研经费管理办法仍需完善，二是风险预警、问责追责机制有待形成，三是相关部门尚未达成联动互通、相互配合的机制。

2. 各方主体责任尚未明晰

学校、学院和科研项目组是科研经费管理的责任主体人，项目负责人、科研财务助理和相关审计人员是科研经费使用的直接责任人，责任人之间角色定位不明确、职责分工不明晰，缺乏有效沟通和一致目标。项目主责监管部门、专责监管部门之间需明确自己的监督职责，才能形成监督合力，确保有效监督。

3. 科研经费绩效评价不够

要实现科研经费的自我管理，科研绩效的引导不可或缺。目前，学校尚未建立完善的科研经费绩效评价体系，未确立明确的绩效目标和绩效评价标准，存在成本核算困难、管理不到位等问题。间接费用占比较小，科研人员的智力、时间等投入未得到补偿，无法达到科研经费投入产出激励最大化。

4. 监督管理信息化水平较低

受制于历史、经济等多方原因，科研一体化系统的构建和完善道阻且长。科研经费监督管理的信息化水平较低，科研经费的使用均需面签，存在效率低下等问题；科研管理系统与财务报销系统联动性有待加强，信息不对称一定程度上限制了科研经费的高水平管理。

（三）财务报销不规范

立足财务管理部门主体。一方面，科研经费报销过程中业务的真实性、合理性、相关性或产生偏差，存在刻意规避规则、伪造辅助材料、不遵守报销程序等问题。而财务报销仅能确定票据的合法性，无法核实业务的真实性，一旦缺乏有效的问责机制，违规成本低，很容易被"钻空子"；另一方面，实际报销与预算编制内容不一致，预算调整较为随意，先支出后调剂预算的模式使得预算约束力下降，缺乏对经费使用的规划。

立足科研报销人员主体。科研财务报销过程中存在信息不对称：报销人员对于财务知识把握不准确，且存在部分科研经费下拨晚的问题；科研报销人员反映存在报销难、流程繁，提供材料多，时间成本高等困难；科研经费采购绿色通道尚未建立，流程亟需优化；对于设备等经费缺乏灵活预算，对于外汇等业务流程需加大宣传。

三、科研经费监督管理的改进对策

针对调研过程中发现的部分问题，学校有关部门"立行立改"，纪检、财务联合开展专项检查，推出一系列宣传推文，等等。但要想抽薪止沸，根治科研经费监督管理中的难题，仍道阻且长。科研经费违规使用问题不能完全等同于腐败问题，很大程度上是由于政策不清、制度不行或急于完成任务而出现的违规情况。为根治学校科研经费使用中出现的不规范问题，监察部门创新监督工作机制，发挥对科研经费"放管服"的再监督，从源头治理科研经费使用不规范问题，一体推进"不想违规、不能违规、不敢违规"，进一步做好放管结合，有效实现"放管服"下的科研经费监督管理。

（一）发挥科研自主权利，力求"不想违规"

学校要承接好科研经费的"放权"，严格落实科研经费监管的主体责任。遵循文科科研项目经费使用特点，规范科研成本核算方式、使用方式、绩效奖励方式；鼓励学科交叉合作，支持有组织科研。同时应“优化服务”，进而从源头解决科研经费使用违规问题。

1. 紧跟改革步伐，发掘政策空间

降低直接经费比重，在政策空间内提高劳务费、科研津贴等间接经费比例；探索实践科研经费包干制、部分预算制，在科研经费使用信誉良好的人员开展“试验田”；进一步修订科研经费管理办法，赋予横向课题更充分自主权。

2. 创新科研体制，加强分类管理

解决校内劳务费、专家咨询费发放问题，给予科研人员智力投入、时间成本补偿；优化“双一流”经费分配方式，尽早筹划，结合要素选择和权重分配优化分配方案，彻底解决经费下拨晚等问题。

3. 优化报销服务，扩大政策宣传

针对部分科研项目，探索灵活、可浮动的预算和报销方式。借助信息技术手段，对科研经费使用中的常见问题反复宣传，如科研经费管理的政策空间、部分科研项目经费绩效发放标准、固定资产采购报销流程、外籍专家咨询费发放流程、问卷调查红包礼品报销等。

（二）加大多方监管力度，实现“不能违规”

相关职能部门要加强监管，一方面要制定严谨的制度体系，另一方面要发挥监督作用，项目主责监督部门先行监督，专责监督部门要跟进监督。

1. 健全制度建设，优化管理办法

加强调查研究，完善科研经费管理制度，使得项目经费使用有据可循、有法可依；建立科研经费绩效评价考核机制，形成科研信用管理体系，完善科研财务助理岗位设置；完善学校科研经费内控管理机制，主动将科研经费监督管理纳入学校内控体系建设，出台科研经费监督控制相关政策，明权晰责，打造良好科研经费监督管理环境。

2. 主责专责联动，加大监管力度

赋予主责部门科研经费查询权限，强化主责部门对科研经费使用的动态监督、重点抽查；专责部门对科研经费严格监管、时时监管，及时发现问题并进行整改；探索追踪经费套取、负面清单、个人信用评价等违规使用经费典型案例，力争早发现、早预防；同时要发挥主管领导监督作用，加强对科研经费使用的合理性监督（包括预算制定、固定资产报增、大额支出校内请示等），把好

“第一道关”。

3. 提升服务水平，加强智能预警

促进信息化联动建设，打通科研管理系统与财务报销系统之间的壁垒，实现信息共享，结合今年拟投入使用的稽核平台，对科研经费使用严格监管；加大宣传力度，对科研经费报销中的“红线”反复提醒，如经费的使用标准、严禁支出类目、固定资产报销报废流程、公务卡的使用等。

（三）建立追责问责机制，达成“不敢违规”

科研人员是科研经费的使用权主体，但并非拥有所有权。科研经费旨在推动科研事业的发展，而不是对科研人员个人的补助。因此，虽然科研人员是科研经费的直接责任人，但相关部门也要承担重要责任。要想实现“不敢违规”，一是要提高违规成本，二是严格追责问责。

1. 建立科研经费奖惩机制

将科研经费的成果评价与科研经费的使用情况相结合，逐步形成科研人员经费使用信用黑名单、白名单，提高违规成本，提高遵纪带来的效益。让科研人员认识到“犯错”将付出代价，遵纪能获得激励。

2. 建立追责问责机制

对于科研经费违规违纪事件严肃处理，涉嫌违规的，由归口管理部门会同有关部门按规定处罚；涉嫌违纪的，由纪委办/监察处对当事人进行处理。一是警示教育为主，发挥对科研经费的“再监督”作用，通过纪律检查建议、警示教育会等方式对一线教师在科研经费使用上“划红线”“敲警钟”；二是发挥问责监督，联合财务处、科研处等部门对违规使用科研经费人员、主责部门下发整改函等；三是加强科研廉政建设，定期监督检查科研廉政建设责任落实情况。要区分科研经费使用的直接责任、重要责任、领导责任，按照四种形态开展追责问责。

参考文献

［1］王钊，苏晓华，吴陆生，乔龙珍，张卓.“放管服”背景下的高校科研经费预算管理流程优化研究——以 J 高校为例［J］. 科技管理研究，2021，41（05）：45－53.

［2］武晓芬，刘亚静. “放管服”下高校科研经费管理转型与升级［J］. 中国高校科技，2019（11）：16－19.

［3］金花.“放管服”背景下高校科研经费包干制的实施探讨——评《高校科技创新中科研经费“放管服”改革对策研究》［J］. 广东财经大学学报，2020，

35（04）：118.
[4] 徐明，白海琦. 深化人才工作“放管服”改革的现状、问题及对策［J］. 行政管理改革，2023（05）：58－67.
[5] 姜玮，孙铁民，李雪菲，陈玉江. 国家重大科技项目管理的风险防控——以“放管服”下高校廉政建设为例［J］. 中国高校科技，2020（10）：13－16.
[6] 李虹，王娟，程立保. 高校科研经费风险防控研究——基于内部控制与外部监管协同视角［J］. 科技管理研究，2019，39（10）：74－78.
[7] 王海妮.“放管服”背景下高校科研经费内部控制管理对策［J］. 中国高校科技，2020（12）：40－44.
[8] 刘业进. 高等教育“放管服”改革的三张清单：权力清单、责任清单与负面清单［J］. 南京师大学报（社会科学版），2020（02）：53－67.
[9] 钟晓敏. 加快教育“放管服”改革推进大学内部治理体系和治理能力现代化——基于大学权责清单制度的探索［J］. 中国高教研究，2018（02）：25－28.

作者简介

吕晓三子，对外经济贸易大学，中级会计师；研究方向：会计学；电子邮箱：kobe_byant3@sina.com。

自媒体时代下高校突发事件对教职工心理健康状况的影响及对策建议

程田玉秀

摘　要：随着社会发展的演变及高校生态系统的复杂性加剧，导致校园突发事件频发，对高校教职工在心理应激层面上提出了新的挑战。鉴于高校教职工在思想教育和学生管理中的核心地位，提升高校教职工心理危机防范能力及塑造健康心理对于维护校园安全及学生发展极为重要。因此，本研究通过随机抽样方法发放问卷，对自媒体时代下突发事件对高校教职工心理状态影响进行调研，分析高校教职工心理健康的影响因素，并基于相关问题提出关于心理应激干预的思考对策，旨在进一步优化高校教职工心理危机干预，构建完善教职工心理健康服务体系。

关键词：自媒体；突发事件；高校教职工；心理健康；影响

近年来，高校突发事件有日益增长的趋势，这对高校正常开展教学和管理工作、校园的安全稳定、师生的心理状况以及学校的声誉都带来了一定负面的影响。面对突如其来的突发事件，在校师生的情绪和行为极易受到震荡和冲击，普遍会产生恐惧和慌乱的心理，这会对今后的工作、学习、生活等带来一系列的深远影响。随着互联网信息技术的发展，网络已经成为高校师生获取资讯、进行信息交流和互动的主要途径。由于自媒体的即时性与交互性，高校突发事件在自媒体传播的催化下，会迅速扩散，更进一步加剧突发事件对师生心理的冲击。目前的研究主要集中在突发事件对大学生的心理影响，而对高校教职工，尤其是在突发事件中不同程度参与的教职工的心理健康状况，相关研究则普遍较少。高校教职工，作为高等教育的载体，承担着教学和管理、培养高素质人才的重任，只有拥有健康良好的精神和心理状态，才能更好实现立德树人的根本任务。因此，做好突发事件中教职工的心理健康状况分析，有针对性地进行心理援助和心理危机干预，积极构建教职工心理健康服务体系，有着十分重要的意义。

一、高校突发事件的概念和类型

（一）高校突发事件的概念

2007 年 11 月 1 日颁布的《中华人民共和国突发事件应对法》为突发事件的界定与应对提供了法律框架[①]。突发事件被定义为突然发生的事件，可能会造成或已经造成严重的社会危害，并且需要通过应急响应措施来处理。这些事件包括自然灾害、事故灾难、公共卫生事件和社会安全事件，它们可以根据社会危害的严重程度和影响范围被分为特别重大、重大、较大和一般四个等级[②]。高校突发事件是指由自然的、人为的或社会政治等因素引起的，在高校范围内突然发生的，不以人的意志为转移的，在一定程度上造成或可能造成师生人员伤亡、财产损失，或对校园稳定、学校声誉、教学科研、生活秩序产生影响的事件。高校的大学生与教职工是突发事件的主体。

（二）高校突发事件的类型

根据起因和内容的区别，高校突发事件可以划分为不同的类型，主要包括：师生极端性事件、治安违法犯罪类、网络诈骗类、涉政治宗教类、消防安全类、交通安全类、网络舆情类、公共卫生和自然灾害类及其他。高校突发事件具有一定的突发性、不可预见性，会对高校的师生的身体、精神造成一定的伤害。高校的教师和大学生普遍缺乏专业的心理健康知识，在面对突发事件时会下意识地表现出惊恐、焦虑、抑郁，甚至还会出现冷漠、敌对、偏激等情绪，严重影响了高校师生身心的健康发展，同时，也会给校园的安全稳定带来一定的威胁。

二、自媒体时代高校突发事件传播特征

（一）自媒体的含义与特征

自媒体（We Media），别称个人媒体或公民媒体，主要是以通信技术和电子

① 中华人民共和国突发事件应对法［N］. 人民日报，2024－07－02（014）. DOI：10.28655/n.cnki.nrmrb.2024.006979.

② 张俊豪. 突发事件网络舆情中基于信息熵的用户影响力分析模型［J］. 警察技术，2024（03）：75－80.

化为基础手段，传播者具有自主化、普泛化、私人化、平民化等特性，向特定的单个主体或不特定的受众者传播具有规范性或非规范性信息的新媒体总称①。常用的自媒体平台主要有：微信、微博、QQ、小红书、抖音、快手、哔哩哔哩、贴吧等。自媒体的特征主要包括：大众化与自主化、操作的便捷性、互动性强、传播性快。随着手机等智能终端的普及，信息传播不受地域、时间和空间的限制，在自媒体时代，人人都可以随时随地，自由自主地通过网络表达自己的意见和看法，信息的时效性得到了极大的增强。

（二）高校突发事件传播特征

高校突发事件的传播也遵循拉斯韦尔提出的5W传播模式，即传播者、传播内容、传播渠道、传播对象和传播效果五个要素。

1. 多元化的传播者。不同于传统媒体环境，在自媒体环境下，学校不再是突发事件唯一的传播主体，高校师生打破了学校掌握绝对话语权的传播模式，不再被动接收信息，人人都可以利用自媒体做传播者，传播主体更加多元丰富。

2. 缺乏监管的传播内容。在传统媒体中，高校承担着“把关人”的角色，会统一发布关于突发事件的官方信息。而在自媒体时代，每个师生都可以利用自媒体平台传播高校突发事件的相关消息。这就导致信息内容的真实性、全面性未经审核，严重的还可能造成舆情，给高校应对突发事件带来了挑战。

3. 更加便捷的传播渠道。自媒体让信息的传播打破了时间和空间的束缚，当高校发生突发事件时，第一时间发布消息的往往不是通过官方渠道，而是自媒体平台，例如微博的“热搜”、知乎的“问题”。随着突发事件在“朋友圈”中的转发，信息得以迅速传播，易在师生群体中渲染一种恐慌的气氛。

4. 从众心理的传播对象。在校师生是高校突发事件影响最大的群体。在学校官方还未公布相关信息时，对突发事件的热切关注让师生对自媒体平台上发布的信息无法分辨真伪，当转发的信息到达一定数量时，则可能出现“沉默的螺旋”现象，即少数知情者不会对已经散布已广的谣言进行反驳，而是保持沉默，大多数的人则从众心理明显，选择相信被广泛传播的信息。

5. 爆炸式的传播效果。高校突发事件经过自媒体传播的催化，一旦形成舆情，犹如原子弹爆炸般，范围广、影响大，除了在校师生，整个社会都会更加关注学校应对突发事件的态度、处理过程和事件最终的处理结果。而媒体对突发事件的过度关注也会加重突发事件本身对师生造成的心理影响，如果学校对

① 张东，刘建辉. 自媒体时代网络舆情引导研究——基于议程设置的视角［J］. 重庆邮电大学学报（社会科学版），2018，30（02）：80－86.

突发事件处理不及时或处理不当，所带来的消极影响会辐射到高校的管理、人才培养、师资队伍建设、办学声誉等方方面面，且这种影响不会因为突发事件的结束而迅速消退。

三、突发事件对高校教职工心理健康状况影响的调研结果

（一）研究设计

1. 研究对象

本次调研在参考国内外研究教师心理健康相关成果基础上，从对外经济贸易大学随机抽取116名教师作为调研对象开展问卷调研，根据教职工的不同学科、不同性别、不同入校时间抽取一定数量样本人员进行调研。

2. 问卷设计

本次调研采用自制问卷，问卷设计基于理论基础和教职工心理应激影响因素，问卷旨在评估教职工在突发事件下的心理健康状况，为提升教职工心理健康水平提供依据。

3. 数据收集

研究采用随机抽样方法，通过问卷星平台发放问卷。原计划发放120份问卷，实际回收116份，有效回收率为96.67%。问卷设计涵盖了性别、年龄、学历、婚姻状况、学科背景、职称、岗位性质、教龄等基本人口统计学特征，以及教职工对突发事件的认知、情绪反应、信息获取途径、关注程度、心理影响及持续时间等多个维度。

（二）研究结果

1. 样本结构

本研究旨在探讨突发事件对高校教职工心理健康的影响。通过定量调研，收集并分析了116名教职工的数据，以评估突发事件对教职工心理状况的广泛影响。参与本次调查的人员中，女性教职工占比略高于男性，分别为56.9%和43.1%。30岁及以下的人占比最高，达到25%，其次是31岁—35岁和36岁—40岁的人群，比例分别为17.24%和24.14%，46岁—60岁的人群占比最低，为9.48%。婚姻方面，已婚教职工占比显著高于未婚教职工，分别为71.55%和28.45%。教职工有一个子女的达 45.69%，有两个及以上子女的为 43.1%，没有子女的占11.21%。

学历方面，硕士学历教职工占比最高，为75%，博士及以上学历为23.28%，

学士学历仅占 1.72%。涉及学科领域，经济学和管理学类占比最高，均为 22.41%，法学和文学类占比分别为 15.52%和 12.07%。中级职称（讲师）的教职工人数最多，占比为 49.14%，其次是副高级职称（副教授），占比为 25%。参与调查的教职工中，管理岗位的占比最高，达到 87.93%，其他专业技术岗位仅占 5.17%。教龄在 10 年—15 年的教职工人数最多，占比为 27.59%，其次是 15 年以上的教职工，占比为 22.41%。调查显示，具有心理咨询师资格证书的教职工占比为 31.9%，自学一些心理学知识的占比为 56.03%，心理学专业的教职工占比为 4.31%，完全没有心理学相关背景或知识的占比为 16.38%。

2. 心理影响分析

（1）情绪反应

教职工在首次了解突发事件后，主要情绪反应为紧张（61.61%）和焦虑（51.79%），这可能与个体对事件的不确定性和可能后果的担忧有关。其次是低落（26.79%）和恐惧（14.29%），这可能与事件的负面影响及对个人生活的影响有关。

（2）信息获取与关注度

教职工普遍关注突发事件的后续情况，其中 70.54%表示比较关注，22.32%表示极度关注。在信息获取途径上呈现多样化，以微信朋友圈（58.93%）和周围人告知（88.39%）为主，显示社交媒体和人际交流在突发事件的信息传播中的重要性。调研还显示，通过媒介主动获取信息的频率每天超过 3 个小时的教职工，更愿意通过微信、微博等自媒体获取突发事件信息。

（3）焦虑程度与关注频率的关系

调查显示，高校教职工对突发事件的关注频率与焦虑程度存在显著的正相关性。具体来看，66.07%的教职工表示他们的焦虑程度与关注频率成正比，这表明频繁关注突发事件可能加剧个体的焦虑感。仅有 5.36%的教职工认为焦虑程度与关注频率成反比，而 28.57%的教职工认为两者之间没有直接关系。

在是否会对突发事件发表看法的问题上，64.29%的教职工选择与同事、家人或朋友私下讨论，而只有 0.89%的教职工倾向于在网络媒体上公开发表看法。此外，有 43.75%的教职工表示不会发表任何看法，这可能与个体的谨慎态度或对信息传播后果的担忧有关。

（4）心理影响因素

突发事件发生后，教职工的心理影响主要来源于周围人的频繁谈论占据 57.14%，媒体的热度报道占比 60.71%，以及对学校处理情况信息公开的不及时（57.14%）。媒体对学校突发事件不实的报道对教职工也造成一定影响（84.46%），同时，突发事件在朋友圈被广泛传播对教职工造成影响也较大（83.11%）。信息透明度方面，大多数人认为，学校能否及时对突发事件处理进展情况进行通报，对他们的情绪将产生影响，若不及时发布，可能会引起焦虑（50%），及时发布则可减少疑虑（70.69%）。由此可以看出，突发事件的信息传播会造成教职工的心理压力，尤其是学校没有发布官方通报前，自媒体的信息传播会造成教职工的焦虑情绪。

另外，突发事件对教职工的影响主要体现在心情（62.5%）、工作状态（51.79%）和身体健康方面。27.68%的教职工报告身体健康受到影响，如失眠和食欲减退，这可能与心理应激反应有关。另外，调研显示，与突发事件关联密切的直接参与者（事件人的辅导员、班主任等）的心理影响因素指标要远高于间接参与人和围观群众。

（5）影响持续时间及心理疏导需求

教职工对心理疏导的需求较高，普遍希望学校能够提供心理疏导服务，其中，68.75%的教职工表示非常希望获得此类支持。在影响的持续时间上，50.89%的教职工表示影响持续几天（10天以内），而8.93%的教职工表示影响持续半年以上，与突发事件关联密切的直接参与者在影响的持续时间上要明显长于间接参与人和围观群众。

调研结果表明，突发事件对高校教职工的心理状态的影响比较大。尤其是在自媒体的传播下，更会加剧对高校教职工的心理压力。高校应重视建立有效的危机应对机制和心理健康支持体系，以减轻教职工的心理压力并提升他们应对突发事件的能力。

四、自媒体时代下突发事件对高校教职工心理健康影响的对策建议

高校突发事件发生后，针对教职工，特别是在突发事件中不同程度参与的教职工，要及时做好心理辅导和情绪安抚工作。高校工会组织有维护教职工心理健康的义务和优势，高校应充分发挥工会组织的优势，提高教职工心理健康服务的工作水平，积极构建教职工心理健康服务体系，不断完善教职工心理健康服务的具体措施。

（一）加强对教职工心理问题的关注，不断健全心理健康服务体系

十八大以来，党中央高度重视教师队伍建设，2017年发布的《全面深化新时代教师队伍建设改革的意见》提到要关心教师身心健康。习近平总书记关于教师队伍的论述也为高校教师心理健康发展提供理论遵循。高校要加大对教职

工心理问题的关注，把心理健康工作摆在重要位置，要切实认识到，心理健康服务的重要性和迫切性，加强党委统筹，组织领导，各部门协调联动，建立长效机制，配备专业人员，加强经费支持，出台相关政策，积极构建高校心理健康服务体系，为教职工提供更多的心理援助和支持。

（二）加强高校教职工媒介素养能力，提升心理适应性

自媒体传播依靠的是人的自觉，在突发事件发生后，高校教职工如何甄别自媒体发布的各类信息，有效抵抗各类突发事件信息，乃至网络舆论对自身心理的影响，需要不断提升个人的媒介素养。高校可针对教职工，开设突发事件的舆情分析讲座，加强传播理论的学习，提高媒介使用的能力，进一步了解传统媒体和自媒体的传播模式不同和差异，提高教职工的认知自觉，使其接触媒体时能够理性使用，不信谣不传谣，降低媒介舆情对心理的负面影响。

（三）加强高校教职工心理健康教育，增强心理危机干预能力

定期开展心理健康教育和应对突发事件的培训课程，提高教职工对突发事件的心理承受能力。一是建立危机应对机制，制定明确、有效的危机应对计划，确保教职工了解在突发事件发生时的行动指南。二是加强信息沟通渠道建设，通过建立多渠道的信息发布和沟通机制，确保教职工能够及时获取准确、官方的信息，降低恐慌和焦虑。三是构建心理健康支持体系。配备专业的心理健康团队，针对突发事件中不同程度参与的教职工，提供心理咨询和心理疏导服务，特别是事件发生后的短期内。四是增强教职工自我调节能力，鼓励教职工学习和实践自我调节技巧，如冥想、深呼吸、运动等，以减轻压力。五是提供及时的心理疏导需求响应。根据教职工的需求，提供个性化的心理疏导服务，包括但不限于一对一咨询、小组讨论等。六是开展持续的心理健康跟踪与评估，建立长期的心理健康跟踪机制，定期评估教职工的心理状态，并适时提供支持。

参考文献

[1] 郝勇飞，李霞飞. 高校教师心理健康状况分析及对策建议——以北京科技大学为例［J］. 北京教育（高教），2024（04）：94－96.

[2] 杨恒，吕晗. 高校突发事件中网络谣言的传播和应对研究［J］. 新闻研究导刊，2020，11（10）：216－218.

[3] 张世娟，王欣，廖峻. 公共突发事件下大学生心理适应性及应对措施——基于云南高校学生的调查［J］. 山东农业工程学院学报，2021，38（06）：99－102.

[4] 秦攀博. 突发公共事件下的基层干部心理疏导：支持模式与多维路径[J]. 辽宁行政学院学报，2020（04）：32－37.
[5] 张媛媛，陈亚飞，苏旭东. 心理危机防范视域下高校教师心理健康工作体系构建策略与实践［J］. 北京教育（高教），2024（01）：91－93.
[6] 荆玉梅，张玉，李思慧，等. 心理危机防控视角下高校教师心理健康素养：意义、构成要素与提升路径［J］. 湖北师范大学学报（哲学社会科学版），2022，42（03）：112－116.
[7] 林灵. 浙江省高校青年教师心理健康现状调查及对策研究［J］. 宁波教育学院学报，2024，26（01）：73－77＋84.
[8] 薛艳，朱达清，冯程，等. 重大突发事件下大学生心理危机状况及干预研究［J］. 心理学探新，2023，43（02）：184－192.
[9] 舒曼，张钱凤. 重大突发事件下公众心理健康及其相关影响因素研究[J]. 平顶山学院学报，2024，39（01）：115－121＋128.
[10] 谭丽琼. 自媒体时代高校突发事件网络舆情分析与疏导［J］. 四川职业技术学院学报，2018，28（04）：111－115.DOI：10.13974/j.cnki.51－1645/z.2018.04.022.
[11] 王国顺. 自媒体时代高校突发事件网络舆情管理研究［J］. 湖北开放职业学院学报，2022，35（23）：123－125.

［本文为对外经济贸易大学工会工作专项研究课题“自媒体时代下高校突发事件对教职工心理状况的影响”（课题批准号：2021ghzd002）的研究成果。］

作者简介

程田玉秀，对外经济贸易大学党委办公室/校长办公室信息文书科科长，助理研究员；研究方向：高等教育管理、新媒体传播；电子邮箱：02520@uibe.edu.cn。

高校非教学科研人员“预聘—长聘”制实施的可行性和机制探究

卢　林　李俊杰

摘　要：“预聘—长聘”制是提升高校科研绩效产出的有效举措。在高校非教学科研人员中是否适合普遍实行该制度，本文从多个角度对其实施背景进行了梳理，并通过访谈法和案例法对现行高校案例以及绩效考核存在的问题进行了归纳分析。本文结论认为，为提升绩效水平，高校可通过预聘长聘相结合的方式适当引入非教学科研人员的竞争机制，但同时应完善分类评价机制，建立慎重的淘汰机制、退出缓冲期和退出保障机制；对于预聘期人员制定配套完整的培训计划，对于长聘期行政人员，通过制定合理的轮岗机制增强能上能下、能进能出的流动性。

关键词：普通高校；非教学科研人员；“预聘—长聘”制；绩效激励

当前，新质生产力正在形成并发挥越来越重要的作用，同时也在重塑新型生产关系。作为科技创新和教书育人的主阵地，高校在新质生产力形成中具有重要潜力。因此，培育并促进创新因子、适应新型生产关系、提升高校管理和产出绩效水平是一项需要长期研究的课题。继大部分双一流高校在教职人员聘用中已经落实“预聘—长聘”制之后，“预聘—长聘”制度在教学科研岗教师的聘任中已是常态，“非升即走”无疑对教师教学和科研带来了极大压力，但同时激发了工作动力与活力。同样作为高校人力资源的重要组成部分，行政人员是保障良好教学环境、确保大学高效运转的重要力量。如何调动这部分人的工作积极性，对其工作质量和成效进行客观、科学的绩效评价，近年来各高校尤为关注。因此，探讨高校行政人员“预聘—长聘”机制实施的可行性，并探索若干兼具刚性和温度的实现路径，对于提升高校绩效产出和运转效率具有重要意义。

一、相关背景梳理

关于竞争机制在高校中的引入、引入范围和评价标准有其深刻的政策背景、预算约束背景、技术背景以及现实因素。

（一）政策背景：加强高校等事业单位绩效管理

自2000年开始，国家陆续出台了一系列关于高校人事聘任制度改革的文件，通过适当引入竞争机制，以提升高校教职工绩效水平。例如：《关于深化高等学校人事制度改革的实施意见》提出在高等学校工作人员中“全面推行聘用（聘任）制度”，为打破教职事业编制铁饭碗拉开了序幕；《中共中央国务院关于全面深化新时代教师队伍建设改革的意见》出台，明确提出了“准聘与长聘相结合，做到能上能下，能进能出”。2020年12月，教育部等六部门联合印发《关于加强新时代高校教师队伍建设改革的指导意见》，进一步强调应落实并完善能上能下能进能出的聘用机制。此外，近年来密集出台的其他政策文件，对从准聘转为长聘的考核标准进行了细化和完善，包括科研、教学、师德师风、社会服务等在内的多个维度。相关政策对“预聘—长聘”制度的实施范围表述为“高校工作人员”或“教职工”，并未单独限制为教学科研人员。

表1　　事业单位“预聘—长聘”制度梳理

出台时间	政策文件	相关内容
2000	《关于深化高等学校人事制度改革的实施意见》	强化竞争机制，破除职务终身制，按照“按需设岗、公开招聘、平等竞争、择优聘用、严格考核、合同管理”的原则，在高校工作人员中全面推行聘用（聘任）制度。
2002	《关于在事业单位试行人员聘用制度的意见》	事业单位除参公事业单位以及转制为企业的事业单位以外，都要逐步试行人员聘用制度。
2007	《关于高等学校教育事业单位岗位设置管理的指导意见》	学校应积极建立校内外同行专家学术评价制度，根据实际情况，在招聘教职工时，积极实行人事代理制度。
2018	《中共中央国务院关于全面深化新时代教师队伍建设改革的意见》	推行高校教师职务聘任制改革，加强聘期考核，准聘与长聘相结合，做到能上能下，能进能出。深入推进高校教师评价制度改革，突出教育教学业绩和师德考核。

续表

出台时间	政策文件	相关内容
2019	《关于深化本科教育教学改革全面提高人才培养质量的意见》	推行高校教师职务聘任制改革，加强聘期考核，准聘与长聘相结合，做到能上能下，能进能出。高校教师经学校批准，可开展多点教学并取酬。
2020	《关于深化高等学校教师职称制度改革的指导意见》	科学合理设置考核评价周期，聘期考核、年度考核、日常考核相结合，并适当延长基础研究人才、青年人才等考核周期，把考核结果作为岗位调整、工资以及续签聘用合同的依据，并完善退出机制，实现能上能下，能进能出。完善教学质量评价制度，强化教学业绩和教书育人实效在绩效分配、职称评聘、岗位考核中的比重，把承担一定量本科教学工作作为教师职称晋升的必要条件。对未达到本专科教学课时要求的，给予年度考核或聘期考核不合格。
2020	《关于加强新时代高校教师队伍建设改革的指导意见》	强调加快高校教师编制岗位管理改革，提出高校可采取多元化聘用方式自主灵活用人，实施岗位聘期制管理，进一步探索准聘与长聘相结合等管理方式，落实并完善能上能下能进能出的聘用机制。
2021	《高等学校思想政治理论课建设标准》	实行不合格思想政治理论课教师退出机制，制定实施符合思想政治理论课教师职业特点的职称评聘制度。

资料来源：教育部网站等。

（二）预算约束背景：趋紧的预算约束

当前受经济增速下降以及规范教育培训等因素影响，高校普遍开始过“紧日子”，人员工资支出是高校经费支出的重要组成部分。在预算约束收紧情况下，如何提升人员绩效产出，成为高校财务管理日益关注的问题。编制的稳定性确保了长聘期行政人员相对稳定的工资收入和未来预期，并且在就业市场上形成了较高的吸引力，但同时也容易使长聘期内的在编人员产生职业倦怠。因此，在招聘环节实行行政人员“预聘—长聘”制，以及对长聘期在编人员进行合理的绩效考核和评价，从成本收益角度看，有利于提升高校整体产出。

（三）技术背景：人工智能技术的深度发展和普及应用，对高校行政管理人员的能力需求形成重塑效应

当前，我们正处在以人工智能技术为代表的第四次科技革命窗口期。智能类技术的深度发展和普及对劳动力市场形成了巨大冲击，并且正在重塑人力资源供需格局。同样，新技术的应用也深刻影响着高校行政管理人员的工作业务。作为教学科研辅助人员，行政管理工作内容以琐碎重复业务为主，因此可替代性较强。随着琐碎重复型业务实现自动化和智能化，被替代的行政人员应何去何从？例如：财务报销流程、招考组织实施流程、后勤服务业务等正在或已经实现了半自动化和半智能化，平台和人工智能将服务端和被服务端进行对接，免去了较多中间环节和人力程序，原有的财务报销人员、教务管理人员、后勤服务人员应该如何转型？

（四）现实因素：稀缺有限的编制以及稳定性带来的围墙效应

在当前劳动力市场中，编制为人才提供了相对稳定的职业预期和较好的发展平台，因此，编制成为吸引人才的重要因素。在有限编制下，择优录用、能进能出、能上能下成为盘活高校人力资源的迫切需求。一方面，在编制总量有限的前提下，高校行政人员持有事业编制铁饭碗不利于人员流动和更新，如果没有适当的竞争机制，不利于服务管理效率提升；另一方面，编制的稳定性在一定程度上给部分行政人员带来了围城效应，行政人员工作琐碎难以量化，其工作无法用明晰的考核标准和体系进行衡量，成为无法推行“预聘—长聘”制的阻碍因素。

二、主要概念界定和已有研究评述

“预聘—长聘”制度（Tenure-Track）即在长期聘用之前通过增加短期预聘环节来更好甄别筛选所需人员的能力水平。第一阶段通过签订短期“预聘”合同给予新进教职工一定年数的试用期，试用期满教师接受考核合格后，可进入“长聘”序列，获终身教职，反之则需离职。

该制度源于美国私立大学。17世纪初，美国高校教职以终身制为主。随后，为了促进竞争，哈佛大学率先通过引入教职聘任固定期限合同制，打破了教职终身制，形成了“预聘—长聘”制度的雏形。从历史角度看，美国高校教职制度变迁经历了较为漫长的发展和博弈过程。

虽然在诸多表述中，“预聘—长聘”制常被描述为“非升即走”，但“预

聘—长聘”制并不能简单地理解为“非升即走”此类刚性概念。“预聘—长聘”制是一个弹性概念，其实施过程具有周期，可以是有竞争的筛选机制，也可以是设置考核下限的非竞争机制，其关键是考核目标的确定和考核体系的设计。尤其在高校行政人员中引入“预聘—长聘”制，仍需要论证若干有温度有竞争的弹性机制和路径。

已有研究通过分析发现，该制度在调动教师积极性、提升科研产出方面确实发挥了显著作用[①]，但该结论适用于所有高校或研究领域吗？答案并非如此。该制度实施对科研产出提升的效果并不明显，尤其是在预聘期内；相反，在长聘续聘期内教师科研产出显著提高[②]，这与长聘内获得的资源和科研补助关系密切[③]。但科研产出只是高校评价指标之一，关于“预聘—长聘”制的研究更多是关于设置的合法性和合理性、实施困难和路径的探讨：娄宇认为[④]高校教师聘任“非升即走”制度是美国劳资博弈的结果，移植到我国面临合法性障碍。因此，明确高等学校是否具有法律上赋予的用人自主权、准聘期和长聘期合同的法律性质是否明确、是否建立起支持性的系统配套制度并建立了完善聘用争议的解决机制在该制度实施过程中较为重要[⑤]。总之，从长远来看，“准聘—长聘”制度是未来我国高校教师人事制度改革的基本方向，但对新旧政策过渡与转换过程中的众多问题需要充分预估和未雨绸缪[⑥]。已有文献对“预聘—长聘”制度的合法性合理性进行了理论分析，并对科研产出绩效提升的效果进行了量化研究和充分论证，但已有研究仅限于对专职教学科研人员绩效提升效果进行分析，极少有文献对该制度在行政管理人员中的适用性进行研究。面对已经出现和正在发生的部分高校实行行政人员“预聘—长聘”制，进行该方面的理论研究与调研探讨具有重要意义。

---

① Incentives, Sorting and Productivity along the Career: Evidence from a Sample of Top Economists[J]. Tom Coupé;Valérie Smeets;Frédéric Warzyns.The Journal of Law, Economics, and Organization, Volume 22, Issue 1, April 2006, Pages 137-167. 任羽中，俞蕖，赵颖.“预聘—长聘制”对高校科研产出的影响机制与成效分析［J］. 国家教育行政学院学报，2020（04）：41-52. 相洪贵，梁晶晶，刘净净，等. 高校教师预聘长聘制适用性实证研究——以艺术类高校为例［J］. 中国人事科学，2023（11）：1-7.

② Albert H，Yoon. Academic Tenure［J］. Journal of Empirical Legal Studies，2016. 杨希，李欢. 聘任制改革下高校科研团队青年教师学术产出研究——对长聘与续聘考核政策效果的分析［J］. 科技进步与对策，2019，36（23）：129-137. 尹木子.“预聘—长聘”制度会提升中国大学科研生产力吗？——基于多期双重差分法的政策评估［J］. 高教探索，2020（06）：18-27.

③ Grit Laudel. How do National Career Systems Promote or Hinder the Emergence of New Research Lines?［J］. Minerva，2017.

④ 娄宇. 我国高校“非升即走”制度的合法性反思［J］. 高等教育研究，2015，36（06）：21-32.

⑤ 蔡金花，邱小艳. 公立高等学校“准聘—长聘”制度的合法性研究［J］. 高教探索，2020（06）：36-39+128.

⑥ 阎光才. 高校教师聘任制度改革的轨迹、问题与未来去向［J］. 中国高教研究，2019（10）：1-9+19.

三、当前普通高校“预聘—长聘”制度实施现状

高校行政人员“预聘—长聘”制近几年才陆续有高校实施，因此，笔者主要通过登录各普通高校网站人才招聘模块进行信息检索与收集，对明确实行非教学科研岗人员“预聘—长聘”制的高校进行了梳理。我们发现，不同高校对于该制度的实施主要有以下不同类型。

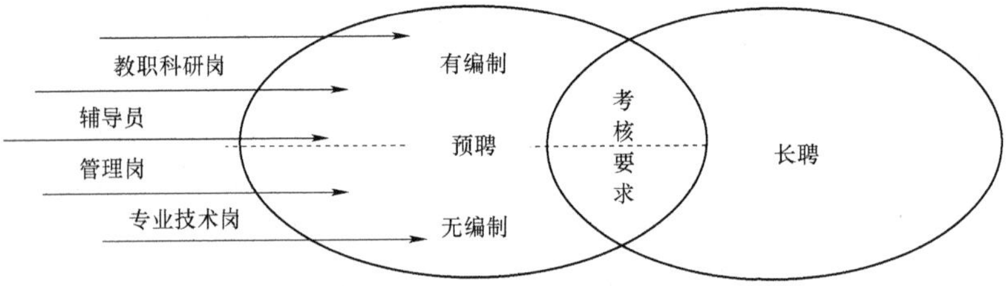

图 1　高校“预聘—长聘”制度实施模式图示

图片来源：作者根据公开资料自行绘制。

（一）按预聘期有无编制划分的“预聘—长聘”模式

对于非教学科研岗实行“预聘—长聘”制度的高校，在预聘期是否具有编制方面存在区别。大部分实行该制度的高校在预聘期签订预聘合同后即给予事业编制，例如：华中科技大学、云南民族大学、北京外国语大学等均是这种模式。但部分高校，如华南师范大学，则明确规定预聘制人员不纳入国家事业编制系列，是事业编制人员聘用的补充，聘任人员不做行政定级，按所聘岗位进行管理。

（二）按序列划分的“预聘—长聘”模式

目前，分类管理是各高校进行人事管理的基本模式，根据教职工所承担的任务和发挥的作用不同主要分为：教学科研岗、教学辅助岗、行政管理岗、专业技术岗等，不同高校在岗位划分和名称设置上会有细微差别。目前，在不同序列之间，不同高校对于“预聘—长聘”制实施范围存在差异。大部分双一流高校对教学科研岗的教师实施非升即走，且主要针对讲师序列，一般期限为 6 年—8 年。但近年来，少数高校开始针对副教授岗位也开始实行非升即走。近三年来，“预聘—长聘”制度开始逐渐渗透到非教学科研岗。但并非所有非教学科研岗均实行“预聘—长聘”制，不同高校对于实施序列仍存在差异，或仍在试

点之中，例如：华中科技大学、云南民族大学、华南师范大学均是对行政岗（管理岗、专业技术岗）实行“预聘—长聘”，北京外国语大学、中国地质大学（北京）则是对辅导员岗实行“预聘—长聘”，但在具体实施的预聘周期上各高校均有自己的考量，北京外国语大学的预聘周期是 3 年，中国地质大学（北京）的预聘周期采用“3 年+3 年”的模式。

四、绩效考核问题梳理

通过梳理上述非教学科研人员“预聘—长聘”实施高校的招聘要求可以发现，在行政人员或辅导员系列的“预聘—长聘”制实施过程中，从预聘转为长聘的关键是要达到考核要求。各高校对于非教学科研人员是如何进行考核的？笔者主要通过访谈法对包括中山大学、中央财经大学、贵州财经大学、中国人民公安大学、中国劳动关系学院、北京物资学院在内的几所高校的行政人员或辅导员进行见面或电话沟通。其次，通过案例搜集检索方法，对很多未能亲自进行访谈的高校行政人员考核方式进行搜集分析。我们分析发现，目前高校对于行政管理人员进行绩效考核的考核内容主要包括师德师风考核和工作业务考核两大部分，考核方法主要包括多主体加权评价法和部门主管领导评价法。主要存在以下四个问题：

第一，评价主体单一，以上级评价为主。目前，大多数高校对于教学科研岗教师采用包括院长、教学主管副院长、授课学生等在内的多主体加权评价法，但对于行政岗人员主要根据行政级别不同，采取个人述职与主管部门领导评价相结合的方法。这种单向评价的方法容易造成评价主体单一、评价结果主观性较强、评价维度不全面等问题。

第二，对不同体系的行政人员的评价方案同质化较强，缺少区分度。随着高校行政管理体系的细化与完善，不同行政序列的工作内容区分度和专业化明显增强，在制定评价方案时，应按照分类思路对不同大类的行政人员制定差异化和有区分度的评价方案。例如：教学科研服务类行政人员、学生事务管理类行政人员、党务管理类行政人员、后勤服务类行政人员、财务审计类行政人员的评价指标、评价内容、评价主体应按照实际工作特点而有所区分。

第三，行政人员职业发展路径不明晰，不同系列行政人员的上升渠道存在相互挤占。从预聘转为长聘之后，对于行政人员的激励应该持续和加强，这种激励不仅体现在短期绩效考核，还应体现在中长期明晰的职业上升路径。但大部分高校在行政岗、专技岗和辅导员岗之间存在上升路径混杂和不明晰现象。

不同序列岗位上升路径的挤占在一定程度上不利于被挤占序列行政人员的预期稳定和绩效提升。

第四，处级以下轮岗制度缺失也是导致长聘期行政人员职业倦怠并影响其绩效提升的原因之一。相同序列不同岗位之间的定期轮转，不仅是提升行政人员职业技能的有效措施，也是降低职业倦怠感的重要手段。目前很多高校只针对重要岗位的处级行政人员进行轮岗，但并未有明确的处级以下人员轮岗制度，长周期的单一重复工作和缺少流动性不利于工作积极性的持续发挥。

五、机制探究和优化实施

高校非教学科研人员“预聘—长聘”制度的探索实践是一个长周期的体系性工作，从预聘到长聘，关键是建立科学的考核机制，进一步细化分类评价并完善评价机制，增强长聘期内的人员激励，建立上、下、进、出科学畅通的内外循环路径，兼顾竞争与人文关怀。

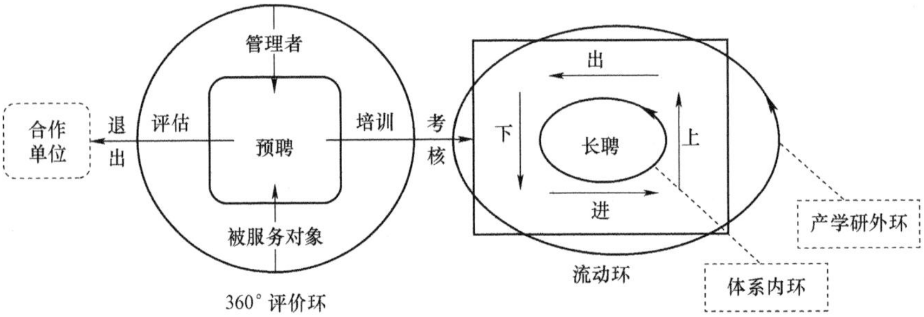

图2 “预聘—长聘”机制图示

图片来源：作者根据公开资料自行绘制。

（一）依据行政人员功能定位确定评价主体并进行分类评价，建立直接管理者与被服务对象共同参与的评价制度

随着高等教育管理要求和水平的提升，高校功能模块划分更加细致明确，高校运行管理包括党务、纪检巡察、教学科研、后勤资产、招标采购、学生事务等多个模块，各模块相互关联但又各有侧重相对独立，不同模块的行政人员其服务对象和业务内容均有所差异。因此，根据服务对象、业务内容进行分类评价才能做到更加精准全面的评价。

（二）非必要不淘汰，建立慎重的淘汰机制、退出缓冲期和退出保障机制；对于确需退出者，建立友好接纳单位联络机制和关怀渠道

“预聘—长聘”制实施的初衷是引入竞争机制、提高组织运行效率，在实际实施过程中不应该蜕化为简单的“非升即走”“非走即留”。对于非师风师德原因预聘期考核不达标者，应依据实际情况给予适当的退出缓冲期，帮助其进行业务提升或服务改进；对于确实人岗不匹配的预聘考核不合格人员，在解聘缓冲期应给予其人文关怀，并向友好合作单位进行推荐，帮助其进行再就业。

（三）对于预聘期行政人员，制定完整的培训计划，辅助其适应并达到长聘要求

培训是优化提升考核结果的重要手段，也是高校给予预聘期人员的职业关怀。设计周全的培训体系不仅能够实现业务提升，同时也能够达到团建效果，总之，有利于在长期内以较低的成本提升整个组织的绩效水平。培训目标明确化、培训形式多样化、培训实施日常化是提升培训效果的重要措施。对于预聘期行政人员，通过培训全面学习公文流转、财务报销、科研事务管理、后勤事务管理、学生紧急事件处理等基础业务，便于打下良好的职业基础。

（四）对于处于长聘期行政人员，通过制定合理的轮岗机制增强能上能下、能进能出的流动性

合理的流动性是打破长聘期行政人员职业倦怠的有效途径。通过制定清晰明确的层级目标、考核要求和上升渠道，有利于提升长聘期人员工作积极性和竞争性。不同职级行政人员的轮岗机制设计，不仅包括轮岗范围、轮岗周期、轮岗去向、筛选机制等技术性问题，更要贯穿上下联动、进出有序的流动思维，还可尝试疏通产学研链条上的跨界流动。

参考文献

[1] 任羽中，俞蘪，赵颖.“预聘—长聘制”对高校科研产出的影响机制与成效分析［J］. 国家教育行政学院学报，2020（04）：41－52.

[2] 相洪贵，梁晶晶，刘净净，等. 高校教师预聘长聘制适用性实证研究——以艺术类高校为例［J］. 中国人事科学，2023（11）：1－7.

[3] 杨希，李欢. 聘任制改革下高校科研团队青年教师学术产出研究——对长聘与续聘考核政策效果的分析［J］. 科技进步与对策，2019，36（23）：129－137.

［4］尹木子.“预聘—长聘”制度会提升中国大学科研生产力吗？——基于多期双重差分法的政策评估［J］. 高教探索，2020（06）：18－27.
［5］娄宇. 我国高校“非升即走”制度的合法性反思［J］. 高等教育研究，2015，36（06）：21－32.
［6］蔡金花，邱小艳. 公立高等学校“准聘—长聘”制度的合法性研究［J］. 高教探索，2020（06）：36－39＋128.
［7］阎光才. 高校教师聘任制度改革的轨迹、问题与未来去向［J］. 中国高教研究，2019（10）：1－9＋19.
［8］Tom Coupé; Valérie Smeets; Frédéric Warzyns. Incentives，Sorting and Productivity along the Career：Evidence from a Sample of Top Economists［J］.
［9］Albert H. Yoon. Academic Tenure［J］. Journal of Empirical Legal Studies，2016.
［10］Grit Laudel. How do National Career Systems Promote or Hinder the Emergence of New Research Lines？［J］. Minerva，2017.

作者简介

卢林，对外经济贸易大学图书馆，副研究员；研究方向：高等教育管理、教育经济；电子邮箱：lulin@uibe.edu.cn。

李俊杰，贵州财经大学公共管理学院，副教授；研究方向：高等教育管理、教育经济；电子邮箱：uibesafjunjie@163.com。

高校就业指导教师队伍建设路径研究

魏婷婷

摘　要：近年来，高校毕业生数量迅速增加，促进毕业生高质量充分就业已经成为摆在高校面前的一项重要工作。作为开展就业工作的骨干力量，就业指导教师一直以来存在人员力量不足、专业化程度不高、晋升通道不畅等情况。本文通过分析高校就业指导教师队伍重要性和现状，提出建设就业指导教师队伍的有效路径，以期为高校提升“就业育人”工作成效提供参考。

关键词：高校；就业指导教师；现状；路径

就业是最基本的民生。党的二十大报告指出，“强化就业优先政策，健全就业促进机制，促进高质量充分就业”。[1]高校毕业生是国家重要的人才资源，是国家经济和社会发展的重要力量，其就业质量也是高校教育教学和人才培养的重要反映。就业指导教师作为学生与职业之间的“摆渡人”，承担着价值引领、素养提升等就业育人的核心内容。如何建设一支高素质、专业化就业指导教师队伍，是促进毕业生高质量充分就业过程中亟须解决的问题。

一、建设就业指导教师队伍的重要性

（一）建设高质量就业指导教师队伍，有助于加快人才优势转化为高质量发展的动能

自 1999 年高等教育发生重大变化之后，我国高等教育进入大众化发展阶段。“2023 年全国教育事业发展基本情况”显示，全国共有高等学校 3 074 所，在学总规模达 4 763.19 万人[2]。2024 年全国高校毕业生人数更是自 2022 年突破千万后连续第三年保持在千万以上，达到 1 179 万人。

每年 1 000 多万接受高等教育的大学毕业生是一笔宝贵的人力资源财富，毕业生步入社会将为我国经济社会高质量发展注入新鲜血液和蓬勃活力，直接服务于国家发展战略，在各行各业发挥越来越重要的作用。

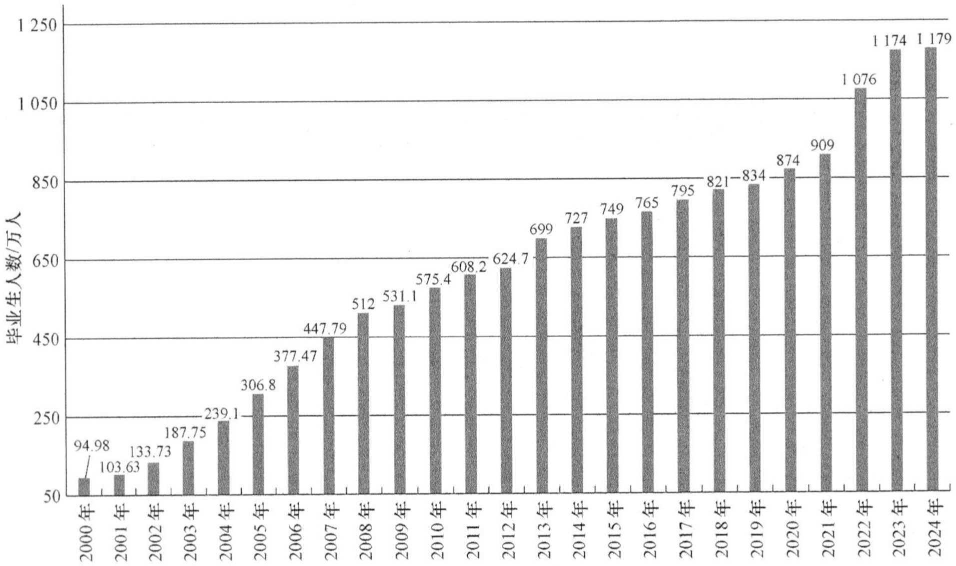

2000 年—2024 年高校毕业生人数

从“就业育人”视角，就业指导教师引导学生树立正确的成才观、职业观、就业观，将个人发展融入国家和民族事业中，在祖国需要的地方发光发热；从专业教师角度，指导学生分析个人优势、掌握求职技巧、提升学生就业能力的同时，能够最大程度实现人岗匹配，提升毕业生求职满意度，满足社会、企业发展的用人需求，将人才势能迅速转化为推动高质量发展的有效动能。

（二）建设高质量就业指导教师队伍，有助于提升高校人才培养质量

当前，就业结构性矛盾依然突出，企业用工难和学生求职难同时存在，高校专业设置和人才培养迟滞于产业结构调整和市场需求变化，学科专业设置不完全适应产业结构调整。

合理的就业指导教师队伍应该包括专职教师和兼职教师两部分群体。其中，专职教师教学经验丰富，熟悉高校学科、专业、人才培养特色；兼职教师社会经验丰富，更了解企业、行业发展对人才供给的需求两类教师在共同开展就业指导工作的过程中能够通过相互交流、互通信息，消除校企认知偏差，准确将市场状况、毕业生就业状况反馈高校，为高校调整人才培养方案、提升人才培养质量提供真实可靠的依据，从而推动解决人才培养供需对接适配问题。

（三）建设高质量就业指导教师队伍，有助于全面提升毕业生就业质量

高校毕业生是国家宝贵的人才资源，是就业工作所服务的重要群体，通过

就业指导教师开展扎实、细致、专业的就业指导，能够支持帮助学生迈好走向社会的第一步。

学生在进入大学初期，需要建立生涯规划意识，开展生涯探索，根据自己的兴趣、技能、价值观做出正确的生涯决策；在实施生涯决策的过程中，学生需要获取求职信息、准备简历、参加面试等，直至最终落实毕业去向。在整个过程中需要就业指导教师尊重学生的个性和特点，顺应学生成长成才规律，以扎实的专业知识和耐心、爱心、细心的态度开展个性化指导和咨询，真正实现人尽其才、才尽其用。

二、高校就业指导教师队伍现状

就业指导对于毕业生就业工作具有十分重要的意义，国家相关文件对就业指导教师队伍建设提出了明确要求。《教育部关于进一步加强普通高等学校毕业生就业指导服务机构及队伍建设的几点意见》（教学〔2002〕18 号）要求把就业指导教师队伍建设摆到整个高校师资队伍建设的重要位置，努力提高就业指导队伍的专业化和职业化水平，专职就业指导教师和专职工作人员与应届毕业生的比例要保证不低于 1:500[3]。《关于做好 2013 年全国普通高等学校毕业生就业工作的通知》（教学〔2012〕11 号）中明确指出，高校要将就业指导教师纳入学校教师专业技术职务评聘范畴统筹考虑，建立和完善就业创业指导教师聘任、培养、使用、考核和激励制度[4]。但从各地各高校实际情况看，就业指导教师队伍建设仍与要求存在不同程度的差距。

（一）专职教师队伍严重不足

高校就业指导工作人员基本包括校院两级：校级就业指导工作人员即为学校就业指导中心工作人员，在高校教师管理中归属于高等教育管理序列；院级就业指导工作人员多为学院主管学生工作副书记和思想政治辅导员，归属于辅导员序列。

学校就业指导中心工作人员属于行政管理人员，负责全校就业工作，包括就业政策制定和落实、就业市场开发、就业指导开展和就业质量监测等大量工作，受高校编制限制，就业工作人员身兼数职，很难有专人负责就业指导。学院辅导员是学院落实就业工作的主体。但是辅导员有九大工作职责，就业指导只是其中之一。在众多繁杂的工作中，辅导员往往无法沉下心开展就业指导工作，容易出现“头痛医头、脚痛医脚”的情况，只能临时解决学生反映的问题，无法形成长效机制。同时，辅导员综合素质高，应急能力强，文字功底扎实，也是行政岗位更替的主要力量。大部分辅导员在经过3年—5年学生工作锻炼后，会进入到学校行政管理岗位。因此高校专职就业指导教师存在数量少、工作强度高、流动性强的特点。

（二）工作范畴界定不清

就业指导工作缺乏顶层设计，部分学校对于就业指导工作的认识往往停留在学生简历修改、面试指导等毕业生求职过程中，对就业指导工作的重视也仅仅在学生临近毕业的阶段，进而忽视了就业指导是从思想引领、生涯规划到求职心理、求职指导等全方位育人的体系工程，覆盖学生在校学习的各个阶段。单纯通过毕业前“临时抱佛脚”开展工作无法真正达到服务国家战略、顺应个人发展的育人效果。

（三）专业化程度普遍不高

就业指导工作涉及生涯规划理论与实践、教育学、心理学、法学、社会学等多学科内容，以及人力资源政策、经济形势、行业发展等需要不断更新的信息。就业指导教师要经过长期的学习、积累、实践和自我提升，才能向学生提供专业的指导。由于高校就业指导工作人员均为身兼数职，很难有足够的时间进行学习和储备，加之队伍流动性强，刚刚有一些从业经验就调离了，导致队伍专业化程度普遍较低。

（四）考核和晋升通道不明晰

高校就业指导教师多为行政人员和辅导员，分别按照行政工作和辅导员专项进行考核。围绕生涯规划和就业指导课程建设、讲座开展、个性化指导等就业指导工作，并没有单独的考核与评价机制。同样，在职称评审时按照根据人员类型对照开展，少有高校将生涯教育与就业指导纳入相关职称评审。这就进一步导致教师热情不高，也无法将全部精力投入学生就业指导工作。

三、高校就业指导教师队伍建设路径

（一）保障就业指导教师数量达标

高校应切实按照《教育部关于进一步加强普通高等学校毕业生就业指导服务机构及队伍建设的几点意见》（教学〔2002〕18号）要求，结合本校实际情况，明确专职就业指导教师的人员编制属性。确保在校院两级就业指导工作中，专职教师与应届毕业生的比例不低于 1:500。

此外，优化就业指导教师队伍结构，建立兼职就业指导教师准入机制，引入就业指导专家、企业管理人员和知名校友等共同组成兼职就业指导教师队伍，明确专兼职教师比例、职责范畴，通过专兼结合、校内外结合的方式，共同开展学生生涯规划和就业指导工作。

（二）明确就业指导教师职责

高校就业指导教师的职责应该随着人员到位进一步得到规范和明确，主要应包括以下四个方面：（1）开展就业指导课程建设。设立就业指导教研室，研发校本教材，面向全体在校生讲授生涯规划、就业指导课程。（2）负责就业指导课程改革，教学、科研、人才培养课题及调研的申报与管理。（3）做好职业引导。引导学生树立正确求职观，将国家需要与个人发展相结合；在做好职业引导基础上组织学校师生参加职业规划大赛，对参赛学生进行专业指导。（4）开展职业能力提升活动。设立就业指导工作室，通过组织群体讲座、模拟面试、“一对一”指导等活动，帮助学生解决求职过程中的政策解读、技能提升、心理疏导等困难。（5）开展困难生帮扶。针对家庭经济困难、求职困难等存在就业困难学生建立台账，开展补贴资助、重点指导等帮扶措施，确保困难生全部落实去向。

（三）提升就业指导教师专业化水平

1. 发展职业指导与服务专业

高校就业指导教师的专业背景多元，鲜有专业学习就业指导知识的经历，大部分是通过短期社会化培训、自学以及工作实践积累所得。目前，“职业指导与服务”是中国普通高等学校专科专业，属于公共管理与服务大类。进一步发展职业指导与服务专业，支持高校设置博士点、硕士点，有利于提高我国就业指导研究实力，提升高校就业指导教师专业化水平。教师通过就业指导专业深造与培养，能够接受系统、专业的学习，深入研究指导工作实践中遇到的困惑和难题，从而进一步提升指导和服务能力。学历培养也为个人成长提供更专业的方式，有利于进一步调动就业指导教师工作积极性和专注性，并投入更多时间和精力在相关工作上，进而带来专业化水平的提升。

2. 构建统一的培训和认证体系

随着就业指导工作受重视程度的增加，各级各类机构围绕就业指导教师职业能力提升的课程层出不穷。为真正提高就业指导教师胜任力，应该建立符合我国国情的、具有中国特色的就业指导教师培训课程体系和能力认证体系。培训课程体系具有统一的培训大纲和培训内容，由具有开设课程资质的机构承担授课任务，高校就业指导教师可以根据工作安排，灵活参加在不同时间开设的相同课程，学习成绩在不同授课机构间均可互认。能力认证体系与培训课程体系对应设置，高校就业指导教师在具备规定年限的从业时长后，经过培训课程学习并通过考试，可以获得相应等级的能力认证。高校认可能力认证结果，也可将该结果运用于就业指导教师考核或评奖评优过程中。

（四）完善考核和评聘制度

针对就业指导教师工作职责，建立专项考核体系。明确考核方针，将就业指导工作与教育教学相结合，对专职和兼职教师建立不同的考核指标、考核结果运用，形成完善的考核机制，促进教学相长的良性循环。在开展职称评审时，将专职就业指导教师纳入学校教师专业技术职务评聘范畴，根据其工作特点制定相应参评条件，包括引导学生服务国家战略成效、课程建设情况、指导学生获得全国职业规划大赛获奖情况等，从而充分调动就业指导教师工作积极性，畅通发展通道。

结语

在中共中央政治局第十四次集体学习时，习近平总书记进一步强调，要促进高质量充分就业，持续促进就业质的有效提升和量的合理增长。[5]高校毕业生就业工作是建设教育强国的重要任务，是落实立德树人根本任务、加强思想政治教育的重要内容和重要环节。高校历来重视就业工作，在新时期更要以服务国家、社会和学生发展为本，加快建设高质量就业指导教师队伍，形成专业化、长效化的就业指导教师工作机制，进一步提升“就业育人”的质量和实效。

参考文献

［1］高举中国特色社会主义伟大旗帜 为全面建设社会主义现代化国家而团结奋斗——在中国共产党第二十次全国代表大会上的报告［EB/OL］.（2022－10－16）［2022－10－25］. http://www.gov.cn/xinwen/2022－10/25/content_5721685.htm

［2］教育部发展规划司. 2023年全国教育事业发展基本情况［EB/OL］.（2024－03－01）［2024－03－01］. http://www.moe.gov.cn/fbh/live/2024/55831/sfcl/202403/t20240301_1117517.html

［3］教育部关于进一步加强普通高等学校毕业生就业指导服务机构及队伍建设的几点意见［EB/OL］.（2002－12－30）［2002－12－30］. http://www.moe.gov.cn/s78/A15/xss_left/moe_780/s3265/201001/t20100128_80096.html
［4］教育部关于做好 2013 年全国普通高等学校毕业生就业工作的通知［EB/OL］.（2012－11－19）［2012－11－20］. http://www.moe.gov.cn/srcsite/A15/s3265/201211/t20121119_144771.html
［5］习近平在中共中央政治局第十四次集体学习时强调：促进高质量充分就业不断增强广大劳动者的获得感幸福感安全感［EB/OL］.（2024－05－27）［2024－05－28］.https://www.gov.cn/yaowen/liebiao/202405/content_6954068.htm

作者简介

魏婷婷，对外经济贸易大学招生就业处就业办公室科长，中级职称；研究方向：高校人才培养；电子邮箱：02788@uibe.edu.cn。

双一流建设背景下探索高校人事人才激励机制促进教职工职业发展的实践与研究

赵　春　孙银海

摘　要：教职工是高校教育发展的重要资源，提升教职工幸福感和获得感可以促进教职工安心从教、热心从教、舒心从教、精心从教[1]。在双循环新格局下，让广大教职工找到在高校工作和生活的意义感和存在感，对高校教育事业发展具有重要意义。本文将对双一流建设成效的重要内涵进行阐释，并以 H 大学为例，介绍教职工岗位聘任中的实践改革，针对目前高校教职工职业发展需求提出切实可行的行动计划，为高校人事人才评价与激励机制提供参考。

关键词：高校；职业发展；激励机制

在"双循环"新格局下，高等教育发展要立足于新格局，建立具有竞相发展、各展其才、充满人文关怀特点的"内循环"[2][3]。《"双一流"建设成效评价办法（试行）》正式发布后，如何面向高校教职工实际需求，以提升幸福感为目标，实现高等教育持续高质量发展，成为高校人事管理工作面临的新挑战。

高校教职工的突出特点是，普遍在自我实现价值实现方面有较高追求，看重自身在工作和生活中的意义感和存在感[4][5]。对 H 大学教职工进行调研发现，教职工对职业发展、薪酬待遇、人文关怀、条件保障等方面特别关注，如何制定指导性计划实现教职工期待是关键。高校教职工主要有四大类，分别是专任教师、管理人员、博士后、其他专技人员，本文将针对不同类别高校教职工自身职业发展需求，探究切实提升高校教职工幸福感的特色人事管理举措，建立良性内循环，并为高校构建评价激励机制、促进教职工职业发展等工作提供可行性思路。

一、关于"双一流"建设成效评价办法的重要内涵

自 2015 年起，国家制定系列文件方案，逐步明确教育发展方向，用评价指

挥棒指引办学导向。国务院于2015年印发《统筹推进世界一流大学和一流学科建设总体方案》，方案明确要求要构建完善中国特色的世界一流大学和一流学科评价体系[6]。2017年，教育部、财政部、国家发展改革委印发《统筹推进世界一流大学和一流学科建设实施办法（暂行）》，强调要对建设成效进行评价[7]。2020年，中共中央、国务院印发《深化新时代教育评价改革总体方案》，要求把制定“双一流”建设成效评价办法作为教育评价改革的重要任务[8]，随后《“双一流”建设成效评价办法（试行）》文件正式出台。

《“双一流”建设成效评价办法（试行）》明确了评价视角的多维度，强调对大学整体建设和学科建设，要从“整体发展水平、成长提升程度、可持续发展能力”等角度进行考察。进一步明确了评价重点，评价人才培养要将立德树人成效作为根本考察标准；评价教师队伍建设要突出思想政治素质和师德师风建设，克服“五唯”倾向；评价科学研究要突出原始创新和重大突破；评价社会服务要突出贡献和引领；评价文化传承创新要突出传承与创新中国特色社会主义先进文化；评价国际交流合作要突出时效和影响[9]。

系列文件出台后，高校开始以中国特色、世界一流为核心，争创高校和学科世界一流；并在“培养一流人才、产出一流成果，主动服务国家需求，克服“五唯”顽瘴痼疾等方面开始了积极探索。

基于“双一流”建设评价成效，本文将以H大学为例，对各系列岗位聘任面临的问题进行总结，并探索打破当前聘岗工作困境的具体举措，创新岗位聘任工作机制；同时思考不同群体的职业发展诉求，探究专任教师、其他专技人员、博士后以及管理人员四个系列职业发展行动计划，以期提升教职工幸福感和获得感，为人事人才激励机制的建立和创新提供可行性思路。

二、关于教职工岗位聘任的改革实践

岗位聘任是关系高校教职工事业发展的关键工作，其重大意义在于，教职工能借由此通道获得成长、能在相关领域取得成就。以H大学为例，岗位聘任主要包括三大系列，分别是教师系列、管理系列和其他专业技术系列。

教师系列面临的问题是，由于各学科发展水平存在差异[10]，用一把尺子衡量教师工作、用一刀切形式设置岗位类型，不利于教师个人成长和院系人才梯队搭建[11]，难以营造良好教书育人环境，无法满足教师对分类评价的殷切期待。管理系列存在的矛盾在于，管理工作性质使工作成果大多难以衡量，又因晋升通道单一，导致管理人员自我成长内驱力不足。其他专技系列面临的困境是，评聘无法在校内开展，且多数人员因编外身份，无法参与岗位聘任获得晋升，人员发展受限导致的高离职率，使团队不能稳定发展。

在《深化新时代教育评价改革总体方案》《“双一流”建设成效评价办法（试行）》正式发布后，H 大学结合学校实际情况，探索了一系列适应时代需求的具体举措，对三个系列的岗位聘任工作开展了各具特色的改革，并在岗位聘任过程中加以实践。

（一）坚持推进教师系列聘任分类管理

在教师岗位设置阶段，按照“自上而下定边界，自下而上提方案”的总体设岗原则，由职能部门根据学校本科生和研究生培养总目标，对每个学院的人才培养工作精细核定，“一院一策”地制定设岗指南，加大保障人才培养岗位数量的力度。鼓励各学院设置教学为主型 A、B 和 C 类岗位；教学科研并重型岗位要瞄准高水平人才培养，引导设置以教学改革和本科教学建设为核心任务的岗位；要求各学院推荐高水平教师申报，着力解决学院高水平人才培养的关键问题和薄弱环节。目前教师系列岗位分为五个大类和八个小类，分别是教学科研并重型、教学为主型（A、B、C）、科研为主型、工程研究和技术推广型、思想政治教育型（A、B）。

在进行科学分类的基础上，着力解决评价标准“一刀切”问题。评价标准需涵盖能力、业绩和贡献等要素，坚持公平合理、各有侧重。例如，二级岗以上教师进行国际同行评价；三、四级岗教师由学院内部开展小同行综合评价；对哲学社会科学类专业更强调社会评价；对国防军事学科相关教师建立独立的评价体系。

全面推行“代表性成果”，克服“五唯”倾向，完善分类评价。正高级晋升条件全面推行“代表性成果”，取消项目到款金额限制，突出质量要求，引导教师从重视业绩数量向提高业绩质量转变。例如，教学科研并重型岗位教师的科研业绩包括学术论文、承担项目、教学成果奖、发明专利、决策咨询或技术标准。破除唯学历、论文、项目要求。评价过程中规范使用 SCI 相关指标。取消论文数量要求，保留高质量研究论文项。增加学术水平评价的维度，不将论文作为评价应用型人才的限制性条件。例如，工程研究与技术推广型岗位可以不发表论文。

（二）畅通管理系列职业发展通道

基层管理人员的重要工作目标是为师生做好服务，在不断实践过程中，基层管理人员积累了丰富的管理经验，并通过成功申报管理项目将实践经验转化为管理成果，因此管理人员晋升，不能仅限于管理岗位级别，也应畅通高教管理研究系列的聘任途径。H 大学在岗位聘任和职员职级评聘的基础上，通过畅通专技系列聘任路径，对管理人员实现分类管理，完善管理系列晋升，最大程度激发管理人员潜能。如图 1，分别是专业技术职务系列聘任、职员职级评聘以及管理岗位聘任。

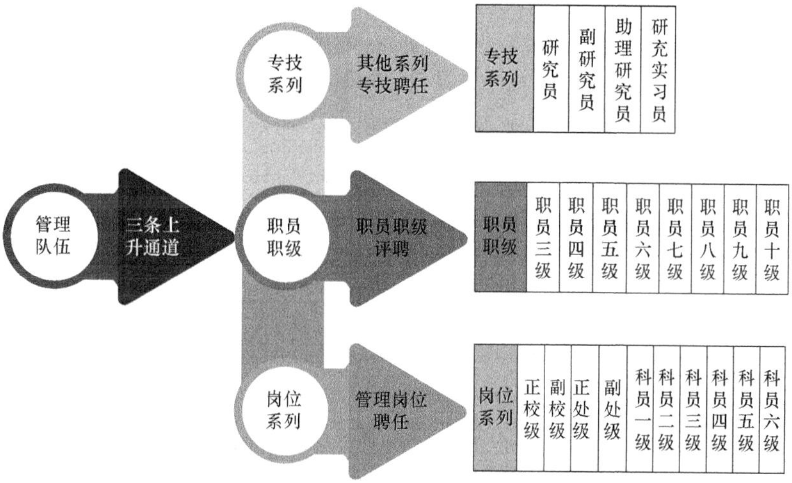

图 1　管理人员三条职业发展晋升路径

（三）优化其他专业技术人员管理方法

除专任教师外，高校还存在工程技术系列、实验技术系列、分析测试系列、图书资料系列、经济相关系列、医疗卫生系列等其他专业技术人员类别，对教学科研、人才培养等工作起到重要的支撑辅助作用。相较于专任教师，其他专技系列人员无法在校内开展评聘工作，该系列人员晋升就需要建立职称与职业资格对应关系、进行分类评价，不将论文作为评价应用型人才的限制性条件。多数专技系列人员为非编制，过去无法获得职称评聘资格，H 大学为建立健全人才发展模式，激励系列人员工作主观能动性，非编人员可获得编内人员相同的职称评审机会，进一步拓宽支撑辅助人员职业发展空间，提高其职业归属感。

三、关于教职工职业发展行动计划的思考

中华民族千百年来一直有“民亦劳止，汔可小康”的愿望，每位怀揣梦想、不懈奋斗的人都希望实现自己的幸福，让奋斗者、实干者获得平等机会，能够创造美好的明天，是每个人的朴素又殷切的期待。如何提升高校教职工的幸福

感和获得感？在“双循环”和“破五唯”新格局下，H大学“十四五”规划正式提出“育人北化、创新北化、开放北化、幸福北化”的新思路，旨在让教职工安心从教、热心从教、舒心从教、精心从教，人事处积极探索，围绕着职业发展、待遇提升、人文关怀、贴心服务、民生工程等教职工关切，提出教职工职业发展行动计划。

职业发展行动计划旨在将不同类别人员的全面发展摆在更重要的位置，健全各类教职工职业生涯发展体系，针对专任教师、博士后、其他专业技术人员和管理人员分别提出职业发展计划，构建多系列人事人才激励机制，营造各展其才的良好氛围，切实增强教职工幸福感、成就感。

（一）应需而动，人才成长见高度

针对高层次人才，H大学提出了“人才高峰”计划。该计划拟通过建立“荣誉学者”“青年学者”两个系列的北化学者体系，培养造就或吸引一批具有国际影响的学科领军人才，解决国家重大战略需求或在国际科学与技术前沿方面取得重大标志性成果；在人才培养方面取得突出贡献。定期组织对“北化学者”的考核，根据学术水平和实际贡献进行评价，形成能上能下、能进能出、独具特色的人才体系。针对优秀骨干教师，提出“教授长聘”计划。对连续两个聘期受聘教师系列正高级专业技术职务岗位、思想政治和师德师风过硬的教师，拟开展“长聘岗位”聘任，将长期保留正高级职称，可申请长聘岗位。聘任期限由三年改为六年，为优秀骨干教师提供更加宽松和稳定的事业发展环境。针对青年教师，打造“卓越英才”计划，将营造更加有利于青年拔尖人才脱颖而出的硬件和软件条件，除对入选者组建由高端人才组成的专家指导小组进行跟踪培养外，还提供一定的科研启动经费和生活补贴。允许首聘期考核优秀的青年教师参加当年学校专业技术职务聘任获得晋升；允许适当延长首聘期期限，缓解首聘期考核的压力，打破青年教师发展瓶颈。

（二）关注博后，人才储备见广度

博士后是学校科学研究工作中一支不可忽视的重要力量，也是学校招揽、发现、培养优秀青年人才、后备人才的重要途径。因此，H大学提出“博后倍增”计划，拟对博士后资助体系进行改革，探索学校、博士后合作导师分担经费机制，鼓励社会资金投入，优秀博士后由学校出资给予奖励，并提供租房等生活福利，不断提高博士后薪酬和福利待遇；完善博士后的遴选考核机制，在选用、出站和退出机制中充分考虑青年人才的发展规律，允许出站考核优秀的参加当年学校专业技术职务聘任获得晋升，形成更有利于后备人才培养的良性机制。

最终能进一步扩大博士后人员规模，并能加强与企事业单位、科研机构的联系和合作，使博士后培养方式趋于灵活。

（三）服务至上，细微之处见温度

打造“贴心服务”计划，搭建经验共享、问题反馈的有效平台，通过论坛、沙龙、座谈会等形式，了解教职工真实诉求，对热点问题进行答疑解惑，对痛点问题和难点问题可以逐步形成针对性解决方案，让每位教职工被关注，助力教职工成长；搭建能力提升平台，设置符合管理人员需求的多样化学习课程，根据不同岗位定制特色化培训，将定期培训纳入考核内容，不断促进管理人员有效提升工作水平和服务能力。

建立完善的“荣誉奖励”计划，进一步统筹整合学校资源，形成以立德树人为导向的教职工表彰及荣誉体系，引导教职工践行“四有”好老师和“四个引路人”的要求，提升教职工职业荣誉感。分层次、分类别设置荣誉表彰，不仅设置课程育人和科研育人模范，也设置管理育人和服务育人模范、服务保障育人模范（保安、食堂、保洁等）。此外，加强模范人物的宣传和表彰，充分发挥榜样示范引领作用，促使荣誉制度真正回归到激发教职工荣誉感的本位。

以上行动计划是设计高校教职工职业发展路径的初步设想，在教职工职业发展方面提出了一些思考，让广大教职工找到在学校工作和生活的意义感和存在感，为高校建立具有竞相发展、各展其才、充满人文关怀特点的“内循环”提供思路。

参考文献

[1] 习近平总书记教育重要论述讲义［M］. 北京：高等教育出版社，2020：222－223.

[2] 李海龙. “双循环”格局挑战与高等教育的应对［J］. 高校教育管理，2021，15（03）：1－11.

[3] 陈娟. 内循环背景下“双创”人才培养模式探析［J］. 菏泽学院学报，2020，42（06）：78－82.

[4] 柳海民，郑星媛. 教师职业幸福感：基本构成、现实困境和提升策略［J］. 现代教育管理，2021（09）：74－80.

[5] 王勇明. 中国高校教师激励机制实证研究［D］. 南京农业大学，2007.

[6] 国务院. 关于印发统筹推进世界一流大学和一流学科建设总体方案的通知：国发〔2015〕64 号［A/OL］.（2015－10－24）［2021－11－18］.

[7] 教育部，财政部，国家发展改革委. 关于印发《统筹推进世界一流大学和一

流学科建设实施办法（暂行）》的通知：教研〔2017〕2 号［A/OL］.（2017－1－24）［2021－11－18］.
［8］中共中央，国务院.《深化新时代教育评价改革总体方案》.［A/OL］.（2020－10－13）［2021－11－18］.
［9］教育部，财政部，国家发展改革委. 关于印发《“双一流”建设成效评价办法（试行）》的通知：教研〔2020〕13 号［A/OL］.（2021－3－23）［2021－11－18］.
［10］郭丛斌. 中国高水平大学学科发展现状与建设路径分析——从 ESI、QS 和 US News 排名的视角［J］. 教育研究，2016，37（12）：62－73.
［11］赵昌木，徐继存. 教师成长的个人因素探析［J］. 临沂师范学院学报，2004（04）：62－67.

作者简介

赵春，北京化工大学财务处处长，副研究员；研究方向：人事、财务管理；电子邮箱：zhaochun@mail.buct.edu.cn。

孙银海，北京化工大学人事处科员，助理研究员；研究方向：人事管理；电子邮箱：2022500092@mail.buct.edu.cn。

我国高校哲社领军人才成长特征研究

柳　瑛　钱鹤鹏　郭建成

摘　要：哲社领军人才，是我国建设社会主义文化强国的核心资源。为壮大高校哲社领军人才队伍，本文以国家社科基金重大项目首席专家为例，分析哲社领军人才的成长特征，研究发现：我国哲社领军人才以男性为主体；与自然科学相比，哲社学者的成才年龄相对更晚，成才周期相对更长；“双一流”建设高校既是哲社领军人才的主要集聚地，也是哲社领军人才的主要培养营；我国哲社领军人才流动频次依然偏低，学术劳动力市场需进一步激活。为此，政府和高校应强化对青年哲社人才的培育和支持力度，进一步激活哲社学术劳动力市场，充分发挥人才流动的正向影响效应，同时也要更加关注和支持普通院校的人才培养。

关键词：哲学社会科学；领军人才；人才成长

一、引言

劳动力，又可称之为劳动者，是生产力三要素的核心组成，在生产中起主导作用。科研劳动者作为一种特殊的劳动力群体，其以知识生产为目标，是先进知识生产的关键要素，为中国加快建设科技强国、实现高水平科技自立自强提供着重要支撑。科研劳动者的专业素质不仅影响着个体、组织及区域的创新发展，也影响着以中国式现代化全面推进中华民族伟大复兴的战略大局。

科研领军人才，又可称之为高端人才、高技能人才等，处于科研劳动者群体的顶端。与一般的科研劳动者相比，科研领军人才有着更高的专业素质和知识生产能力，其立足学术前沿，引领着先进知识体系的发展。虽然科研领军人才只是劳动力大军中的一小部分，但其研究的前沿性、生产的高效性以及角色的无可替代性使得这一群体有着高稀缺、高回报和高流动的“三高”特性，成为政府及社会的关注焦点。

哲学社会科学领军人才，可简称为“哲社领军人才”，专注于哲学社会科学领域从事知识生产，是科研领军人才的重要组成部分，是推进一国哲学社会科学发展的关键力量。自改革开放以来，中国在经济、教育和科技领域取得举世瞩目的成就，如何在未来发展中讲好“中国故事”、总结“中国经验”、提炼“中国理论”，迫切需要繁荣的哲学社会科学的支撑。为此，2016年习近平总书记提出“加快构建中国特色哲学社会科学”的战略构想，2022年党的二十大提出到2035年要建成社会主义文化强国的战略目标，这些战略目标的实现，都离不开哲社领军人才队伍的支撑。

高校作为我国哲学社会科学“五路大军”之一，集聚起80%以上的哲社人才。因此，高校哲社领军人才队伍的建设质量，将决定国家整个哲社领军人才队伍建设的成败。然而当前，我国高校哲社领军人才队伍的建设水平，距离国家建设社会主义文化强国的需求和公众的期待相比，还有不小的差距。为此，本文以国家社科基金重大项目首席专家为例，分析高校哲社领军人才的成长特征，为政府和高校科学识别人才成长规律以及有效机制支撑领军人才快速成长提供决策参考。

二、文献综述

科研领军人才一直是国内外学界关注的重点群体。国外对科研领军人才的研究侧重以某一群体为样本来揭示普遍规律，例如，朱克曼（1979）以诺贝尔奖奖金获得者为对象，发现精英科学家总是能够获得更为优质的科研条件和机会，这种累积优势的获得对其成长具有重要作用[①]。Hillebrand（2002）以诺贝尔物理学奖获得者为对象，揭示出多元文化、良好的学习环境、优质的高等教育、适度流动是影响科研人员成长的重要因素[②]。Fronzoni等（2015）以GlobSci数据库中16个国家四个学科领域的学者为样本，得出流动有利于提高学者的科研绩效的结论[③]。

国内学者对科研领军人才的研究主要集中在成长规律与要素、流动与集聚、评价与激励等方面。首先，成长规律及要素。学者们基于不同群体开展研究，其中，基于长江学者群体的实证研究发现，多样化教育背景、贯通型培养方式、交叉型教育模式、留学经历、职业流动等都将加速领军人才的成长[④⑤⑥⑦]，但

① 哈里特·朱克曼. 科学界的精英——美国诺贝尔奖金获得者［M］. 北京:商务印书馆，1979.

② HILLERBRAND C. D. . Nobel Century: a Biographi Analysis of Physics Laureates［J］. Interdisciplinary Science Reviews, 2002, 27(2) :87－93.

③ Franzoni C., Scellato G., Stephan P.. International Mobility of Research Scientists: Lessons from GlobSci, In A.Geuna. Global Mobility of Research Scientists［M］. Amsterdam: Elsevier, 2015.

④ 杨得前，姜群. 长江学者特聘教授成长路径研究［J］. 高教探索，2018（5）：27－35.

⑤ 姜璐，董维春，刘晓光. 拔尖创新学术人才的成长规律研究——基于青年“长江学者”群体状况的计量分析［J］. 中国大学教学，2018（01）：87－91.

⑥ 宋晓欣，马璐亭，赵世奎. 教育学科高层次人才成长规律探究：以22位长江学者为例［J］. 中国高教研究，2018（3）：51－55.

⑦ 张建卫，王健，周洁，等. 高校高层次领军人才成长的实证研究［J］. 科学学研究，2019，37（02）：235－244.

也有研究得到不同结论，例如，李峰、吴蝶（2016）基于长江学者的研究发现，高等教育背景只对长江学者部分阶段的成长产生影响，对整体成才速率影响不大①。除长江学者外，国家杰青、两院院士、重大计划首席科学家、国家优青等也被学者用于研究人才的成长规律及要素② ③ ④ ⑤ ⑥。其次，流动与集聚。部分学者关注科研领军人才的流动和集聚，认为当前我国领军人才流动并不存在过度问题，但各个地区人才流动规模差异较大，同时在流动方向上存在结构性失衡⑦ ⑧ ⑨，经济要素、创新要素、海外经历等都能够影响领军人才的流动决策⑩。最后，激励与评价。评价具有指挥棒作用，娄伟（2004）分析我国高层次科技人才激励政策，认为其中物质激励没有充分体现出公平原则、发展激励存在多方面缺失⑪。李光红、杨晨（2007）提出高层次人才评价指标体系的结构框架和数学模型⑫，萧鸣政、唐秀锋（2018）以哲社领域的长江学者特聘教授为样本检验学者成长的重要影响因素，并据此提出人才评价的五

① 李峰，吴蝶. 高等教育背景如何影响不同学科科技人才成长——以教育部长江学者特聘教授为例［J］. 高等教育研究，2016，37（10）：42-48.

② 吴殿廷. 高级科学人才和高级科技人才成长因素的对比：以中国科学院院士与中国工程院院士为例［J］. 中国软科学，2005（8）：70-75.

③ 陈晓剑，李峰，刘天卓. 基础研究拔尖人才的关键成长路径研究：基于973计划项目首席科学家的分析［J］. 科学学研究，2011（1）：44-48.

④ 赵伟，徐琳. 基础研究青年拔尖人才关键成长路径研究［J］. 科技管理研究，2012（6）：117-+124.

⑤ 张亚征，赵伟，彭洁. 教育经历对中国高层次科技人才成长的影响分析——以能源领域为例［J］. 中国科技论坛，2012（03）：118-123.

⑥ 柏璐，高耀明. 杰出女性科技工作者的教育背景和成长环境探析——以国家杰出青年科学基金女性获得者为例［J］. 高等教育研究，2018，39（04）：59-65.

⑦ 黄海刚，曲越，白华. 中国高端人才的地理流动、空间布局与组织集聚［J］. 科学学研究，2018（12）：2192-2204.

⑧ 高阵雨，陈钟，王长锐，等. 我国高层次科技人才流动情况探析:以国家杰出青年科学基金获资助者为例［J］. 中国科学基金，2019，33（04）：363-366.

⑨ 刘先红. 我国高层次科技人才流动的规模分布与空间格局［J］. 中国科技人才，2021（05）：31-40.

⑩ 乔锦忠，江新. 长江学者特聘教授流动研究［J］. 清华大学教育研究，2019（6）：101-108.

⑪ 李光红，杨晨. 高层次人才评价指标体系研究［J］. 科技进步与对策，2007（04）：186-189.

⑫ 娄伟. 我国高层次科技人才激励政策分析［J］. 中国科技论坛，2004（6）：139-143.

大标准[①]。

虽然当前学界已对领军人才成长做出诸多探讨，但研究群体多以自然科学领域学者为主，对哲社领域的领军人才关注不够。由于学科属性不同，哲社领军人才的成长也必有其自有特性，而当前学界针对这一群体的研究还非常有限，相关研究尚缺少大样本数据支持。为此，本文以国家社科基金重大项目首席专家为样本，通过履历分析揭示哲社领军人才的成长特征，一可为哲社领军人才研究提供大样本数据支持；二可为正确引导高校对哲社学术人才的选拔与培育实践，优化哲社学术人才队伍建设提供参考。

三、数据来源与特征分析

（一）数据来源

研究选取我国高校范围内2004—2019年获批立项的国家社科基金重大项目首席专家为研究对象，通过网络手动搜索的方式整理样本的履历信息，最终获得有效样本2 319名。之所以选择这一群体为样本是因为，一来，现实中我国哲社领军人才的类型较多，口径不一，全部覆盖并不科学也不具有可操作性，而国家社科基金重大项目是我国哲社领域最高层级的项目类型，其首席专家是社会各界公认的哲社领军人才的典型代表；二来，与其他国家级人才计划项目相比，国家社科基金重大项目首席专家名单网络披露较全，更容易做到整体性覆盖，且这一群体是各高校重点关注的人才群体，也更容易通过网络途径搜寻和相互印证其真实准确的履历信息。

（二）面上特征分析

1. 性别特征

从学者性别角度来看（见下页图1），哲社领军人才以男性群体为主体，占比达88%，女性群体占比仅为12%，哲社领军人才存在一定程度的性别失衡。郭美荣等（2011）以国家杰青获得者为样本，发现女性学者仅占总体的6%[②]。因此哲社领域性别的失衡要优于自然科学领域的人才群体。从发展的角度看，尽管男性哲社领军人才群体占比远超女性，但女性的占比逐步提升，由“十五”

① 萧鸣政，唐秀锋. 哲学社会科学人才如何评价——基于长江学者成长影响因素的实证研究［J］. 行政论坛，2018，25（05）：106－116.

② 郭美荣，彭洁，赵伟，等. 中国高层次科技人才成长过程及特征分析——以“国家杰出青年科学基金”获得者为例［J］. 科技管理研究，2011，31（01）：135－138.

时期的7%提升至“十三五”时期的14%，增加了7个百分点，社会对女性科研人员的关注越来越多，支持力度也越来越大，更多的女性学者积极参与到高层次的科研活动中，并从学界脱颖而出，成功跻身领军人才行列，领军人才队伍中的性别差异逐步缩小。

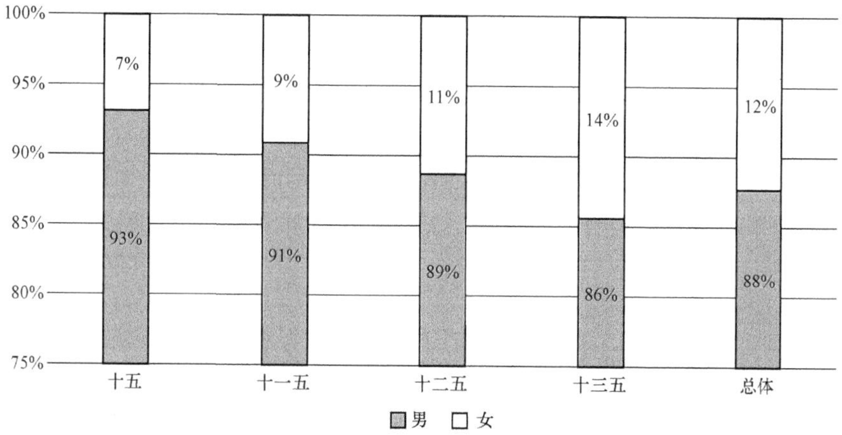

图1 哲社领军人才的性别特征

2. 年龄特征

从学者年龄角度来看[①]（见表 1），学者成长为领军人才的平均年龄为 52.3 岁，远晚于国家杰青获得者获批时的平均年龄[②]。近三分之一的学者在55岁之后方成为领军人才，未满40岁即成为领军人才的群体占比较小。男性学者成长为领军人才的平均年龄为52.4岁，更多的男性学者（占比32.7%）在55岁之后成长为领军人才。女性学者成长为领军人才的平均年龄为51.7岁，更多的女性学者（占比30.7%）在51—55岁间成长为领军人才。

表1　　哲社领军人才的年龄特征

年龄区间	总计		男性		女性	
	数量	占比	数量	占比	数量	占比
小于35岁	13	0.6%	13	0.7%	0	0.0%
36岁—40岁	109	4.9%	99	5.1%	10	3.6%
41岁—45岁	284	12.8%	244	12.5%	40	14.6%

① 本研究从学者成为国家社科基金重大项目首席专家时的年龄来分析年龄特征，并剔除70岁以上的样本。

② 郭美荣等（2011）研究得到的学者获得国家杰青时的平均年龄为39.76岁。

续表

年龄区间	总计		男性		女性	
	数量	占比	数量	占比	数量	占比
46岁—50岁	504	22.6%	443	22.6%	61	22.3%
51岁—55岁	599	26.9%	515	26.4%	84	30.7%
55+岁以上	718	32.2%	639	32.7%	79	28.8%
总 计	2 227	100.0%	1 953	100.0%	274	100.0%
平均年龄	52.3		52.4		51.7	

3. 所属机构特征

从学者所属机构来看（见表 2），哲社领军人才主要分布在“双一流”建设高校，这类机构集聚了81.9%的领军人才，普通院校集聚的人才较少，领军人才的机构布局呈现典型的“中心—外围”特性。在中国高等教育体系中，“双一流”建设高校是优质要素配置的中心，能够为人才的成长提供更丰厚的科研资源、更优越的制度环境以及与更多杰出学者合作的机会，也更容易吸引领军人才集聚。但随着时间的推移，普通院校对人才的引进和培育力度加强，“双一流”建设高校的人才集聚优势逐步弱化，其领军人才占比由“十五”时期的96.9%逐步下降至“十三五”时期的77.5%，中国高校哲社领军人才资源配置向均衡方向发展。

表 2　　　　哲社领军人才的所属机构

立项时期	双一流高校		普通高校		总计
	规模	占比	规模	占比	
十五	56	96.6%	2	3.4%	58
十一五	246	90.1%	27	9.9%	273
十二五	796	83.4%	158	16.6%	954
十三五	801	77.5%	233	22.5%	1 034
总计	1 899	81.9%	420	18.1%	2 319

（三）成长过程分析

1. 教育背景

从学者本科教育背景来看（见表 3），共计 1 668 名学者可搜得本科毕业院校信息。其中，1 190 人毕业于“双一流”建设高校，占比为 71.3%，470 人毕业于境内普通院校，占比为 28.2%，8 人毕业于境外高校，占比为 0.5%。“双一流”建设高校不仅是我国哲社领军人才的集聚中心，也是未来哲社领军人才培养的主要阵地。从培养哲社领军人才排名前十的机构来看，这些院校基本是教育部公布的“双一流”建设 A 类大学，这些学校实力雄厚，拥有良好的教育资源，为国家培育出超过 30%的哲社领军人才。

从学者博士教育背景来看（见表 3），共计 1 682 个样本可搜得博士毕业院校信息。其中，1 348 人毕业于“双一流”建设高校，占比为 80.1%，151 人毕业于境内普通院校，占比为 9%，183 人毕业于境外高校，占比为 10.9%。一批优秀的普通院校本科毕业生去“双一流”建设高校和境外高校深造，导致博士教育阶段境内普通院校毕业生占比进一步缩减。从具体机构来看，领军人才博士毕业院校排名前十的机构均为教育部公布的“双一流”建设 A 类大学，高达 45.2%的领军人才毕业于这十所院校。这些院校集中了各类优质的教育资源，在这些院校就读，学者能够享受到名师的教育熏陶、接触到良好的学习环境、优越的科研资源，为其后期的成长打下良好基础。

表 3　　哲社领军人才的高等教育背景

本科教育背景			博士教育背景		
机构属性	人数	占比	机构属性	人数	占比
双一流	1 190	71.3%	双一流	1 348	80.1%
普通院校（境内）	470	28.2%	普通院校（境内）	151	9.0%
境外	8	0.5%	境外	183	10.9%
合计	1 668	100%	合计	1 682	100%
本科毕业院校分布前十			博士毕业院校分布前十		
单位名称	人数	占比	单位名称	人数	
北京大学	98	5.9%	中国人民大学	113	6.7%
武汉大学	65	3.9%	武汉大学	101	6.0%

续表

本科教育背景			博士教育背景		
机构属性	人数	占比	机构属性	人数	占比
吉林大学	53	3.2%	北京大学	100	5.9%
北京师范大学	49	2.9%	复旦大学	95	5.6%
山东大学	42	2.5%	南开大学	77	4.6%
南京大学	42	2.5%	北京师范大学	71	4.2%
中国人民大学	41	2.5%	南京大学	70	4.2%
华中师范大学	41	2.5%	吉林大学	48	2.9%
复旦大学	39	2.3%	华东师范大学	44	2.6%
浙江大学/南开大学	37	2.2%	四川大学	42	2.5%
合计	507	30.4%	合计	761	45.2%

2. 成长周期

成长周期可以指代学者的成长速度。研究将成长周期定义为学者自开始从事学术研究到成为国家社科基金重大项目首席专家所经历的时间。可以看出（见下页表4），哲社领军人才的成长周期平均为22.6年，这比国家杰青获得者的平均成长周期长5年①，说明与自然科学领域的学者相比，哲社学者的成长周期更长。哲社人才成长周期在10年以下的学者仅占总体的7.1%，更多学者（占比约43.1%）在从事学术研究后的第21年—30年方成长为领军人才。从性别差异看，女性学者的成长周期平均较男性学者短0.2年，女性学者更多集中在16年—20年成长为领军人才，男性学者更多集中于26年—30年成长为领军人才。从机构属性来看，普通院校学者的平均成长周期较“双一流”院校仅长0.2年，两类机构学者成长周期最为集中的区间均为26年—30年，在人才成长周期上，“双一流”院校与普通院校相比，并没有明显优势。

① 郭美荣等（2011）得到国家杰青获得者的平均成长周期为17.6年。

表 4　　哲社领军人才的成长周期

成长周期	总体		男		女		双一流		普通院校	
	数量	占比	数量	占比	数量	占比	数量	占比	数量	占比
10 年及以下	164	7.1%	152	7.5%	12	4.2%	132	7.0%	32	7.6%
11 年—15 年	332	14.3%	287	14.1%	45	15.7%	277	14.5%	55	13.1%
16 年—20 年	434	18.7%	364	17.9%	70	24.5%	356	18.7%	78	18.6%
21 年—25 年	472	20.4%	410	20.2%	62	21.7%	393	20.7%	79	18.8%
26 年—30 年	527	22.7%	478	23.5%	49	17.1%	431	22.7%	96	22.9%
31 年—35 年	243	10.5%	207	10.2%	36	12.6%	178	9.4%	65	15.5%
36 年及以上	147	6.3%	135	6.6%	12	4.2%	132	7.0%	15	3.6%
总计	2 319	100.0%	2 033	100.0%	286	100.0%	1 899	100.0%	420	100.0%
平均周期(年)	22.6		22.6		22.4		22.6		22.8	

3. 流动情况

流动可被视为一种人力资本投资，学者通过流动，可以获得更丰富的学术资源和学术网络，进而推进个人的学术生产和成长。研究将流动定义为学者雇佣机构的正式变更。从流动情况来看(见表 5)，样本中从未流动过的学者有 1 276 人，占比为 55%，有流动经历的学者有 1 043 人，占比为 45%，流动经历群体占比还比较可观。但在有流动经历的学者中，大部分学者仅有 1 次流动经历，人才流动频次偏低，流动的正向影响效应未能凸显。从具体机构来看，清华大学、北京大学、北京师范大学、中国人民大学、武汉大学、浙江大学、复旦大学这 7 所高校既为人才流出规模前十机构，也为人才流入规模前十机构，这些高校在我国哲社研究领域声望颇高，有着更为灵活的人才雇佣制度，形成一定范围内的人才环流。

表 5　　哲社领军人才的流动情况

流动情况	规模	占比	
无流动经历	1 276	55%	
有流动经历	1 043	45%	

续表

流动情况	规模	占比	
1 次流动	696	30%	
2 次流动	262	11%	
3 次及以上流动	85	4%	
流出前十机构	**规模**	**流入前十机构**	**规模**
中国社会科学院	58	中国人民大学	61
武汉大学	38	北京大学	55
南京大学	35	北京师范大学	53
北京师范大学	30	清华大学	51
中国人民大学	28	复旦大学	49
北京大学	28	浙江大学	39
浙江大学	24	上海交通大学	34
复旦大学	24	武汉大学	33
清华大学	22	南开大学	31
吉林大学	22	中山大学/上海大学	27

四、研究结论与启示

哲社领军人才是我国加快构建中国特色哲学社会科学、提升国家文化软实力和文化自信的核心要素，而高校是我国培育和集聚哲社领军人才的主要战场。本文以国家社科基金重大项目首席专家为例，从面上特征和成长过程两个视角，探究我国高校哲社领军人才的成长特征，可以得到以下结论：（1）哲社领军人才以男性群体为主体，性别失衡存在于各学科领域中，但哲社领域的性别失衡状况要优于自然科学领域，并随着时间的推进逐步优化。（2）哲社学者成长为领军人才的平均年龄为 52 岁，整体性晚于自然科学领域的学者，且更多的学者在 55 岁之后方成长为领军人才。（3）高校哲社领军人才主要集聚在“双一流”建设高校，领军人才布局呈现“中心—外围”特性，但人才的中心集聚现象随着时间的推移得到改善。（4）绝大部分的哲社领军人才具有“双一流”建设高校本科和博士阶段教育背景，优势高校的教育经历为其后期成长打下良好基础。（5）哲社领军人才的平均成长周期为22.6年，与自然科学领域的学者相比，哲社学者的成长周期更长。（6）我国高校哲社领军人才的流动频次偏低，大部分学者没有或者只有一次流动经历，流动对人才成长的推动作用未能显现。

根据以上结论，研究得到以下政策启示：（1）高校要强化对青年哲社科研人才的培育和支持力度，对标和借鉴自然科学领域人才培养经验，推动哲社青年学者尽早成才，全面压缩哲社领军人才的成才年龄和成长周期，扩大哲社领军人才队伍规模和水平。（2）政府要加强对普通院校人才培养的支持力度，在优势教育和科研资源配置中给予一定倾斜，提升普通院校的人才培养水平。（3）政府和高校应进一步激活哲社领域的学术劳动力市场，充分发挥人才流动对个体成长以及知识扩散的推进作用，形成个体、机构和社会共赢局面。

参考文献

[1] 哈里特·朱克曼. 科学界的精英——美国诺贝尔奖金获得者［M］. 北京：商务印书馆，1979.

[2] HILLERBRAND C.D.. Nobel Century: a Biographi Analysis of Physics Laureates［J］. Interdisciplinary Science Reviews, 2002, 27(2): 87－93.

[3] Franzoni C., Scellato G., Stephan P.. International Mobility of Research Scientists: Lessons from GlobSci, In A.Geuna. Global Mobility of Research Scientists［M］. Amsterdam: Elsevier, 2015.

[4] 杨得前，姜群. 长江学者特聘教授成长路径研究［J］. 高教探索，2018（5）：27－35.

[5] 姜璐，董维春，刘晓光. 拔尖创新学术人才的成长规律研究——基于青年“长江学者”群体状况的计量分析［J］. 中国大学教学，2018（01）：87－91.

[6] 宋晓欣，马璐亭，赵世奎. 教育学科高层次人才成长规律探究：以22位长江学者为例［J］. 中国高教研究，2018（3）：51－55.

[7] 张建卫，王健，周洁，等. 高校高层次领军人才成长的实证研究［J］. 科学学研究，2019，37（02）：235－244.

[8] 李峰，吴蝶. 高等教育背景如何影响不同学科科技人才成长——以教育部长江学者特聘教授为例 [J]. 高等教育研究，2016，37（10）：42－48.

[9] 吴殿廷. 高级科学人才和高级科技人才成长因素的对比：以中国科学院院士与中国工程院院士为例 [J]. 中国软科学，2005（8）：70－75.

[10] 陈晓剑，李峰，刘天卓. 基础研究拔尖人才的关键成长路径研究：基于 973 计划项目首席科学家的分析 [J]. 科学学研究，2011（1）：44－48.

[11] 赵伟，徐琳. 基础研究青年拔尖人才关键成长路径研究 [J]. 科技管理研究，2012（6）：117－＋124.

[12] 张亚征，赵伟，彭洁. 教育经历对中国高层次科技人才成长的影响分析——以能源领域为例 [J]. 中国科技论坛，2012（03）：118－123.

[13] 柏璐，高耀明. 杰出女性科技工作者的教育背景和成长环境探析——以国家杰出青年科学基金女性获得者为例 [J]. 高等教育研究，2018，39（04）：59－65.

[14] 黄海刚，曲越，白华. 中国高端人才的地理流动、空间布局与组织集聚 [J]. 科学学研究，2018（12）：2192－2204.

[15] 高阵雨，陈钟，王长锐，等. 我国高层次科技人才流动情况探析：以国家杰出青年科学基金获资助者为例 [J]. 中国科学基金，2019，33（04）：363－366.

[16] 刘先红. 我国高层次科技人才流动的规模分布与空间格局 [J]. 中国科技人才，2021（05）：31－40.

[17] 乔锦忠，江新. 长江学者特聘教授流动研究 [J]. 清华大学教育研究，2019（6）：101－108.

[18] 娄伟. 我国高层次科技人才激励政策分析 [J]. 中国科技论坛，2004（6）：139－143.

[19] 李光红，杨晨. 高层次人才评价指标体系研究 [J]. 科技进步与对策，2007（04）：186－189.

[20] 萧鸣政，唐秀锋. 哲学社会科学人才如何评价——基于长江学者成长影响因素的实证研究 [J]. 行政论坛，2018，25（05）：106－116.

[21] 郭美荣，彭洁，赵伟，等. 中国高层次科技人才成长过程及特征分析——以“国家杰出青年科学基金”获得者为例 [J]. 科技管理研究，2011，31（01）：135－138.

作者简介

柳瑛，对外经济贸易大学科研处副处长，副研究员；研究方向：科技管理、教育政策、人才成长；电子邮箱：02007@uibe.edu.cn。

钱鹤鹏，对外经济贸易大学科研处成果与信息化科科长，助理研究员；研究方向：教育管理、教育心理学、人力资源管理；电子邮箱：qianhepeng@uibe.edu.cn。

郭建成，对外经济贸易大学科研处成果与信息化科科员，助理研究员；研究方向：科研管理、科研信息化、世界经济；电子邮箱：guojiancheng@uibe.edu.cn。

新时期加强高校非学历教育从业人员管理的几点思考

邵 腾 李 芳

摘 要：在当前经济全球化和信息时代背景下，作为提升劳动者素质和技能的重要途径，高校非学历教育起到了至关重要的作用。伴随着各高校非学历教育的蓬勃发展，项目管理及从业人员的能力与管理水平直接影响教育质量和效益。因此，完善高校非学历教育从业人员的管理制度显得尤为迫切。但当前由于各种原因，高校非学历管理人员在专业知识、市场意识、服务意识和创新能力还存在较大差距，对学校财政收入的支持力度也有限。随着各高校的不断发展，如何实现高校非学历教育项目合规有序开展、收入逐渐增长的预期目标将变得越发重要。因此，加强对高校非学历教育人员的管理可确保非学历教育项目的高效有序实施，为高校的可持续发展提供帮助。

关键词：非学历教育；人员管理；合规管理；激励制度

近年来，各高校的非学历教育项目已成为学校财政收入的重要组成部分，越来越受到各高校重视。在高校“过紧日子”的总体趋势下，如何实现非学历教育项目合规有序开展、收入逐年增长的预期目标将变得越发重要。高校的非学历教育从业人员作为项目的筹划、联系、执行、监督方，对项目是否能够完成既定目标起到了决定性作用，党的二十大报告指出，“统筹职业教育、高等教育、继续教育协同创新”，强调了高校非学历教育的重要作用，体现了非学历教育作为终身教育体系的重要一环，对提高劳动者素质能力有着积极意义。因此，对高校非学历教育从业人员管理研究具有一定的理论和实际意义，有助于各高校有序开展非学历教育培训项目，为社会培养各类优秀人才。

本研究以北京地区某高校为例，通过理论分析、数据对比等方法研究高校非学历教育从业人员的存在问题、发展现状及对策分析，以期为高校后续完善、优化非学历教育从业人员管理制度提供建议。

一、高校非学历教育从业人员理论研究现状

自2021年教育部印发《普通高等学校举办非学历教育管理规定（试行）的通知》《教育部办公厅关于做好普通高等学校非学历教育对照检查整改工作的通知》等文件后，各高校学者纷纷展开了对于新时期非学历教育相关研究。董燕[1]从克拉玛依学校管理现状出发，提出了依托政府部门、建立人员管理制度、明确培训课时要求、推进项目特色化建设等应对策略。学者马国刚[2]认为需要加强对高校举办非学历教育的规范管理尤其是人员管理，积极探索高校非学历教育创新发展、高质量发展之路。郭蕊[3]对高校非学历教育管理保障机制不健全、师资队伍力量薄弱等问题进行了分析，提出要着力打造高素质、专业化的管理教学队伍，充分运用现代化教学方式，不断创新培训模式，努力打造自身特色品牌，切实提升服务地方经济社会发展能力水平和自身社会影响力。谷子菊[4]认为要优化高校管理人员的公共政策体系，营造“以人为本”的组织文化，拓宽高校管理人员的培养渠道，全方位提升高校管理人员职业认同水平，从而可以提高非学历教育的整体水平。

二、高校非学历教育从业人员现状与存在问题

目前，高校各学院一般均有专职人员从事项目管理工作。以北京地区某高校为例，该校14个学院共有55人直接从事非学历教育管理工作。2023年全校合计培训人数17 308人次，开班数量88个，年培训总收入约9 000万元，人均培训产值约164万元。55人中，80%为外聘员工，仅有约20%员工为正式在编职工。该校非学历教育从业人员人数与人均产值在北京地区属于中等水平。通过调研发现，该校非学历教育从业人员主要存在的问题包括以下五个方面。

（一）薪酬待遇不具有竞争力

受高校体制原因，非学历教育从业人员待遇（薪酬，还包括高校部门学院职业发展机会、工作条件等）与企业存在较大区别。由于岗位特殊性，从业人员往往面临较大的工作量与较低的回报不成比例的问题，尤其是横向与企业相比，在项目收益分成、职称职务晋级等方面存在较大差距；同时，部分从业人员属于外聘编制，各高校在激励制度也不完善，员工缺乏足够的动力去追求更高的工作绩效，导致员工积极性不高，人才流失率增加。

（二）市场同质化竞争激烈

随着教育市场化的推进，许多社会机构、研究院（所）均开展了同质化业务竞争，而各单位的培训需求并没有大幅度增加，因此高校非学历教育培训项目面临来自多方的竞争，尤其是部分商业培训机构、在线教育平台在抖音、微信、微博等平台展开大规模宣传推广，并从不同领域邀请专家学者，这些高校竞争者在项目包装、课程创新、营销手段、客户服务等方面拥有更强的能力。

（三）对从业人员监管日趋严格

自教育部印发非学历教育规范性文件后，监管部门对教育行业从业人员的管理越来越严格，特别是项目管理人员在课程质量标准、财务透明度、合规性控制方面需要符合各项要求，而高校非学历教育从业人员部分是由社会化招聘或企业引进而来，监管日趋严格对从业人员的素质提出了更高的要求，也增加了各高校非学历教育人力运营的复杂性和成本。

（四）培训不够到位

近年来，非学历教育行业变化迅速，大数据、ai技术、新质生产力等新知识、新技术层出不穷，如果从业人员的培训跟不上行业的发展速度，将很大程度地影响高校的教学和服务质量，也无法体现高校在非学历教育领域的优势。目前，高校内从业人员缺乏专业培训，一般都是凭借自身的经验与资源进行自我提高，没能做到学校内部同步提高。

（五）高校内部统筹不足

高校各学院、部门之间一般采用各自为战模式，各单位人员在各自范围内进行培训招生、宣传、上课等工作，不同部门之间的人力资源整合和协调不足，导致人力资源往往出现浪费，管理效率也较为低下。

三、完善高校非学历教育从业人员管理的对策分析

（一）充分激发从业人员活力，优化绩效评价与管理机制

1. 有效调动更多校内人力资源参与非学历教育工作。从部分高校实际情况分析，为促进非学历教育事业发展，高校应设立“业务拓展岗”外聘人员岗位，

并尽量保障合理外聘人员数量。此外，高校应从收益分配政策上局部松绑，激励在编人员积极参与非学历教育，并建立和完善市场化业务开拓岗位人员薪酬模型和退出机制，根据非学历教育岗位属性、工作特点，制定分类薪酬激励办法，鼓励在编人员参与非学历教育创收工作。

2. 激活高校中层领导干部参与非学历教育工作的活力。将相关指标纳入干部考核内容并合理设计考核并完善激励机制，调动高校领导干部对非学历教育工作多重视、多投入。同时，考虑开设“院长基金”，赋予领导干部支配相关经费的权限。鼓励领导干部甘于、乐于将更多的精力投入非学历教育工作中。

3. 优化高校财务管理制度。各高校应给予非学历教育从业人员及项目更多财务政策支持。如高校财务管理部门加强学费标准指导，避免校内各办学单位从业人员各自设置价格，从而造成打“价格战”，形成无序恶性竞争。同时，根据成本效益分析，分类确定非学历教育办学人员收入分成比例，完善扶持与激励办法，调动各办学人员的创收积极性。

（二）依托信息化管理，为校内从业人员搭建综合服务支撑平台

1. 守好从业人员管理“红线”。教育部办公厅印发的《普通高等学校举办非学历教育管理规定（试行）》要求各高校务必加强非学历教育规范性管理，这也是高校非学历教育从业人员“守红线”的重要职责。为防范风险，强化监管，就必须建立“横到边、纵到底、全覆盖”的监管体系，对培训人员及项目进行全流程监管，实现人员管理标准化、受监控、可追溯，从源头上保证所有校内从业人员的资质符合要求，培训流程规范、强化刚性约束，完善多维监督，为校内所有从业人员筑好防护网。

2. 为从业人员提供便捷服务。市场竞争的日趋激烈为高校从业人员的创收管理工作提出了更高的支撑要求，为了更好地支持从业人员开展业务，开疆扩土，就需要高校提供更快捷、更细致、更规范、更便利的直通式管理，通过服务管理平台建立项目信息、师资信息、学员信息、管理人员信息、责任清单、违规黑名单等公示制度，优化立项审批制度，健全师资管理、教学管理、合同管理、质量管理、流程管理等管理制度体系，完善建设标准、质量标准及评估考核体系，快速优化管理信息化系统，实现全流程信息化管理，为校内所有从业人员提供符合市场规律的便捷信息化服务。

（三）强化部门协同，统筹校内人力资源

1. 统筹学校人力资源，强化资源配置和利用效率。非学历教育工作人员往往分布在各个部门，缺乏有效统筹，高校应设置牵头部门全面管理各单位人员，

形成项目统筹制、人员打通使用，发挥不同从业人员在招生、培训、宣传、资源方面的优势，在保证学校资源收益的前提下，努力使校内从业人员形成合力，在某些项目上实现较大的突破，为非学历教育工作创造便利条件

2. 发挥继续教育学院人力资源优势。2021年改革前，高校非学历教育大部分业务由各单位继续教育学院承担，高校应积极推动继续教育与远程教育学院原有人员及资源和校内专业学院开展非学历教育合作，按照平等协商、分工协作原则开展协同办学，实现优势互补、协同发展、互利共赢。挖掘继续教育与远程教育学院从业人员在市场宣推、需求拓展、服务保障等方面的潜力和优势，强化其承担整体宣传推广、对外合作交流、对内信息共享、课程体系研发、资源服务保障等统筹功能。鼓励并支持继续教育与远程教育学院深入市场研究、联系专业学院、密切对接需求、组织项目设计、开发系列产品、完善产品清单，实现高校非学历教育工作凝聚内部合力，提高外部竞争力，共同打造高校特有品牌。

3. 发挥高校国际化优势，打造高校国际项目。高校应积极为从业人员引入国际化资源，在学校层面加强与留学服务中心、留学基金委等单位的深度合作，努力使本校成为出国留学培训基地，探索国际教育培训中心+培养学院协同模式，前者负责招生与教务管理，后者负责学生管理，各部门人员实现有序推进，全面联动。

四、开展集中培训，打造高校高端、特色品牌

高校应由牵头部门定期对校内所有从业人员进行集中培训，在提高从业人员素质的同时，避免低层次、低水平的规模扩张，禁止各单位间利用价格、区域等进行恶性竞争。同时在培训中统一校内办学标准，健全教学管理制度和质量保障机制，形成具有本校特色的非学历教育新标准，通过做精品赢口碑，促进创收资源供给更加丰富，办学质量显著提升，社会认可度大幅增强，打造高质量、高水平、高层次、高端化与有尊严、有地位、有影响、有格局的高校非学历教育品牌。

总之，针对当前高校非学历教育从业人员管理存在的问题，需要从多方面进行综合解决，通过改进人力资源管理、增强自身竞争力、适应监管要求、完善激励机制、加强员工培训以及提高校内统筹等措施，可以有效提升从业人员的工作满意度与工作效率，进而提高非学历教育的整体质量和市场表现，为高校的全面发展做出贡献。

参考文献

[1] 董燕. 克拉玛依开放大学开展非学历教育培训的现状［J］. 公关世界，2024（08）：139－141.

[2] 马国刚. “新规”背景下高校非学历教育发展路径研究［J］. 中国成人教育，2022（12）：51－54.

[3] 郭蕊. 地方应用型高校非学历教育发展面临的问题与对策［J］. 许昌学院学报，2022，41（03）：145－147.

[4] 谷子菊. 新时代高校管理人员职业认同及提升路径［J］. 当代教育与文化，2022，14（03）：99－105.

作者简介

邵腾，对外经济贸易大学国内合作办公室，助理研究员；研究方向：非学历教育管理、国内合作、后勤与基建管理；电子邮箱：02571@uibe.edu.cn。

李芳，对外经济贸易大学国内合作办公室，研究员；研究方向：教育评价与管理、教育效率计量；电子邮箱：01725@uibe.edu.cn。

中国高校法科培养模式的规则检视与制度因应

李晓欧

摘　要：法治素养的培育是法学教育重要的一环。而法治素养的培育则需先建立在对法治素养、法治原则的适当理解。在中国高校法科教育的实施上，本文建议采取培养目标多元化、加强与实务衔接、调节好与司法考试的关系等措施，以更好地培养适合新时代高素质的法律人才。

关键词：高校法科培育；法治素养；实务训练

中国的法学教育正蓬勃发展，至少有上百家法学院。法学教育正以前所未有的姿态在中国社会引领风潮，并且广受瞩目。法学教育绝对不可能单单从所谓的法律内在逻辑就可以直接导出，而是必须从活生生的生活故事才有可能做到。法律是否真的可以满足社会各界的期待？重要的是法律所面临的环境跟文化，以及适用法律的人，其中最重要的是法律人。因此，关注中国的法治发展，就不可能不关注中国的法学教育。党的二十届三中全会指出，加强涉外法治建设，建立一体推进涉外立法、执法、司法、守法和法律服务、法治人才培养的工作机制。完善涉外法律法规体系和法治实施体系，深化执法司法国际合作。培育国际一流律师事务所，积极参与国际规则制定。完善以实践为导向的法学院校教育培养机制。加强数字经济、人工智能等多边平台建设。中共中央办公厅、国务院办公厅印发的《关于加快推动博士研究生教育高质量发展的意见》以培养国家战略人才和急需紧缺人才为总体要求明确“强化学科交叉融合发展”。这是新时代法学教育的行动纲领，给法学人才培养进一步指明了前进的方向。

一、当前我国高校法科教育存在的障碍

（一）法学教育培养目标单一化

当代由多元利益群体组成的社会，法律人的角色显然受到相当程度的考验：

以法官为例，如何从单纯的裁判者变成整合社会多元性的决策者，法官应该扮演怎样的角色，高校该如何培养法律人？加州大学伯克莱分校法学院 Laurent Mayali 教授谈论到形成司法的公共信赖主要有若干要素：能力（competence）、中立（impartiality）、勤奋（diligence）、透明（transparency）、廉正（integrity）[①]。我国目前的法学教育，透过大学制的四年法学院训练，法官取得资格平均年龄偏低、没有实务经验的背景。一般本科法学教育缺乏培养社会经验的过程，所学专业限于法学亦过程单一，无法准确解释现代多元的、分工的社会纷争。以上皆是我国高校法学教育应改革的方向。在美国有关法院管理的研究中，学者 Greg Caldeira 从法官的工作诱因角度切入，发现地方法官可分为四类：游戏型法官（The Game Judge）、程式型法官（The Program Judge）、地位型法官（The Status Judge）与使命型法官（The Obligation Judge），分别着重于审判活动的参与、审判程序的步骤、透过审判取得社会评价、完成一定社会任务[②]。我国缺少此类的法庭科学研究，使多元的人才无伸展长才之处。据此，参考美国心理学家的分析而进一步的适才适用，系统性地搭配法学教育改革才能解决法律人的养成问题。此外，法学教育的实施乃是包含许多角度的教学目标。在许多高校的商学院中，许多科系在系定必修学分之中，都安排了部分的法律“专业必修”科目，比如民法、商事法、国际私法、财经各类专业（审计、税务）法规等。以上这些系定专业必修法律科目，如果归纳起来，较为集中在跟商学领域息息相关的所谓“民商法”领域。这一法律次领域的教学与学习，其目标主要着重在增进学生未来从事与各商学科系本职相关的工作时，能明了并熟悉现代社会中对商业的某些运作具有强制力的社会规范：（民商类）法规范的内容与效力。固然，这些法规范也反映了一些基本理念，如契约自由等精神；不过，整体而言，这类法律科目的“主要（当然，不是全部）”教学与学习目标是将法律作为一门技艺来看待，使学生了解如契约（在法律规定上）如何才算生效、票据（在法律规定上）如何才算有效开立等的法律上规定与程序。

（二）法学理论教育与实务脱节

社会科学的实习制度一直难以建立，除了产学界的二元，司法实务界的封闭性使学习者更难以窥探其运作过程；对比医学实务工作的实验性质与开放程度，无论是法院、检察院还是律师事务所的实习课程，都还有很长的路要走。

---

① 高涌诚. 浅谈法官的养成与选任制度［J］. 社会政策双月刊，2016（6）：11.

② 高涌诚. 浅谈法官的养成与选任制度［J］. 社会政策双月刊，2016（6）：13.

法律人才急速增加之时，存在专业素质参差不齐的现象。关于法律专业化的目的达成，实得依赖基础法学教育的人才培养。而随着各大学法学院的增加与扩充，必有更多的学法者进入社会，这会面临一个无可回避的困难，即大学法律学系的课程学习难与司法实务相衔接。造成如此的原因在于，法律系的教学内容，多偏向理论层次，且在学校的课程安排上，法律实习课程仅占极少部分，法律系毕业生难以立即与实务接轨，以至于得从头开始学习。除了学校教育难与实务接轨的问题外，由于法律系学生是在大学毕业后才开始从事法律工作，因而法律专业者势必会有越来越年轻化的倾向。但在处理法律纷争时，法律专业固然重要，社会经验恐更属关键，因此，关于学校课程如何与司法实务相契合实应是在考虑法律工作专业化时，必须优先考量的重点与前提。当前我国法学教育仍弥漫浓厚的“考试领导教学”风气，过度偏重法律而忽略其他学科领域，加上法律快速增加所带来的学分爆炸现象，压缩了知识方法、知识应用、教学空间，使得我们的法学教育无法培养独当一面的法律人。

（三）法学教育与国家司法考试关系难解

自实施国家司法考试制度以来，引起法学界和实务界热烈讨论和争议的主题就是法学教育与司法考试间的关系。院校界大体主张考试应建立在目前大学法律教育的现实基础上，科目设计应尊重现行的教学内容（以 14 门主干课程为主），即司法考试应当适应法律教育。但实务界有人提出，法律教育应以司法考试为导向，法学教育必须适应新要求。大部分学者主张司法考试不能成为衡量法学教育水平的唯一标准，不能指挥法学教育，没有完备的、成熟的法学教育，司法考试只能是无源之水、无本之木。司法考试制度功能的有效发挥离不开大学教育的发达、支撑与成效，不经过良好的、系统的法律专业训练，就不可能通过司法考试。法学教育远不止局限于司法考试。法学教育不能全以考试为导向，而不适应职业的要求。法学普通教育仍应采取通识或素质教育，培养出既有法学基础知识，又有其他人文社会科学或必要的科技知识，以及创新意识与能力的人才；要为司法机关，也要为其他国家机关甚至企事业单位培养人才。以法学实证研究为例。法学实证研究是利用社会科学研究的方法，对于法律运作的成效进行系统性的分析，并将此经验面向的成果进一步地反馈给立法机关与司法机关，藉此验证司法政策或是立法、修法的成效；换言之，实证研究的学者会使用数据分析的结果作为论辩法学理论的依据，这是其主要特色，最常见的方法是利用统计学的原理与公式对搜集到的资料进行分析。本科法学并未对统计学研究有所涉猎，但对于一位完全未接触过统计研究的法学院毕业生而言，从事实证研究具有相当程度的困难性，除了在根本上作者的思维就自始排除了实证研究的可能性之外，应如何使那些有兴趣进行实证研究的法律人具备基础的统计知识并克服处理资料时各式琐碎的技术问题，才是推广法学实证研究时所应考虑的重要问题。

二、域外高校法科教育培养模式概览

以大陆法系典型代表和英美法系典型代表的德国与美国法学院为例。首先，这两国的大学均有一流的师资与图书设备。德国慕尼黑大学的课程粗略可分为三类：基础的讲授课、研讨课以及案例练习课。讲授课通常是必修课程，参加者主要是初进大学的人，且同一门课程有三个班级的平行课。Roxin 的刑法与刑诉条理清晰，不仅初学者容易理解，即使教师旁听，都可以得到很好的启发。讲授课虽然偶有发问，不过因为人数众多，基于进度的压力，教授通常并不会引导大家发表意见。研讨课限于进阶者，而且通常是选修课，人数约在二十人之内。选课者在上一学期末已经选定报告主题，择定报告时间顺序，在假期中写好书面报告，所以在第一堂课开始就由学生发表，并热烈讨论。练习课让学生思考案例并做解答，这类课程很多都是由助教担任，这些助教多已取得博士学位，正准备教授资格论文。美国法学院学生都是大学毕业，严格说，美国的法学院其实就相当于我国台湾地区的法律学研究所。由于法学院学生的年纪较大，很多人都有从业经验（如医师、会计师、电脑工程师等），学生在讲授课上可以热烈发问讨论，人数不多。美国的法科研究生经过严格筛选，而且比较年长，都是大学毕业生。我国台湾地区的法律学研究所，以非法律科系的毕业生而且有工作经验者为招收对象，这类学生上课的动机都很强，社会阅历丰富，领悟力比一般大学的学生高，很多通过司法考试。这些人将来投入司法实务工作，由于有双重学科的基础，有较多的生活磨炼，比起纯粹的法律科班毕业生也许更能准确把握事理，更能拿捏分寸。德国法学院的课程安排相当多样，不限于司法考试有关的科目，也不拘于解释学的讨论。美国法学院的课程更重应用。举例而言，有谈判课程、仲裁与调解课程，而且学分很多。美国司法考试通过者大多先担任律师，之后再担任检察官或法官，不管任何角色，都必须面对谈判、调停等工作。这类课程德国法学院并没有安排。事实上，美国法学院的教授在上课时针对个案发问，常常提醒学生，如果你是检察官，如果你是律师，该如何应对？从上课情形与课程设计可以窥出端倪，美国更重视法律人的知识实践。美国同时重视学生的实务知识。参观法院是刑事诉讼法课程的一部分。法学教授曾经担任过检察官，所以对于实务运作相当熟悉，由他带领学生参访法院不单使学生了解诉讼程序，而且使学生领悟程序法中的原理。德国大学的刑法教授考夫曼退休已两年，但是仍主持每两个星期的周二中午的固定参会，参加者十余人，主要是法哲学研究所的几名教授与博士生，这种聚会在德国其实不多见，美国情况则不同。美国法学院每个星期三中午有一个 Wednesday Lunch Workshop，可译为“周三午餐研究坊”，参加者主要是法学院的老师与院里的访问学者，学生必须提前报名，每次只准一、两名参加。工作坊在大型的教授休息室举行，法学院提供简便午餐，用餐同时由法学院的教授或各地来的学者专家报告约半个小时，再由与会者发问讨论一小时或更久。这个工作坊曾有法律经济分析最有力的美国联邦法官，也有知名学者，如法国诠释学大师。这类很有意义的聚会是德国法学院较少的。

三、我国高校法科教育的完善路径

（一）法科教育培养目标的多元化

法科除了专业学习外当然也应着重人文素养的培养，这主要反映在法学教育所要传达的法治素养的层面。法治原则及素养有部分与人文主义的精神相契合，这些科目如法学绪论、法律与生活、中华人民共和国宪法等。这些科目的教学与学习目标则较不着重在法律作为“技艺”的角度，而是较为着重在传授与学习相关法规范背后与人文素养相契合的法律内涵与精神，也就是可简要归纳为法治素养的角度。法治原则重要的要素包括基本权利的保障、法安定性之要求、法不溯及既往等。法学教育首先应重在法律专业伦理，同时应加强涉外法治人才培养，使我国的法律人积极参与国际规则的制定。那么法学院就应当有这方面的领导学者与课程设计。如国际组织领导人、国际非政府组织干部、国内各主要非营利组织的负责人等，都可以是教授或前沿课题的引导人，增加“一带一路”国别法和国际规则的讲授。同时将人工智能、数字经济与各部门法的交叉学科研究设计在本科和研究生的培养方案中。这部分工作坚持下去，一定是未来中国法学教育的重要标杆，起到引领作用。

（二）加强法科基础教育与实务的衔接

从上文的域外制度可见，单从教师的专业能力与敬业程度似乎很难分出德国美国法学教育的高下；不过，如果从学生的学习动机与课堂互动上看，美国很明显地在德国之上。美国学生的学习动机强烈，主要因为已经大学毕业，多有工作经验，年纪较大，清楚自己的学习方向。我国已经行之有年的招考非法律科班毕业的硕士生，应该是正确的方向。法律的判断，尤其是关系自由的刑事法，应该交给有工作历练、性情稳定的人来学习，并且去从事刑法实务的工作。司法改革并不是法律的移植与制度的引进就够了，因为，如果没有根本从刑事法学的教育及司法实务的训练着手，可能无法达成。对于法学教育加强与实务衔接，有如下建议：首先，教学阶段增设实习制度，将现今各校法律学院与产业、司法机关合作的零星试验性活动导入正式课程，大量增加实习的学分比例，让学生于法学知识养成阶段即养成面对实务问题的能力，了解法律职业应该如何掌握，及早判断自己适合成为辩护人、检察官或是法官等，藉此减少国家培养法律人过程后端的筛选负担，亦降低法律系学生走错行的社会成本，增加就业与所学的接轨机率。另可参考日本的法科大学院，即是效仿美国学士后法律学校的 JD 硕博士学位制度，着重培养其他专业与实务工作的需求能力，2 年－3 年内修满学分的毕业生即取得司法考试的应试资格[①]。我国法律硕士（非法学）以相同理念设立，设定对象为非法律系学士者，将法学训练安排于学士后阶段，吸收多元性与专业人才进入法律界，使适用法律的从业人员不再单一线性产出，以法学外的其他学科为基础可开阔司法人员的办案视野（如以化学、物理为本科专业的知识产权法法官更有利于相关案件审理）。其次，加强实务人员的培训。实务人员的培训可分两部分，一是法官或律师的养成培训，一是在职训练。实务工作忙碌，不容易吸取太多的新知，在职训练可以邀请学界介绍较新的国外法学资讯，相互讨论。养成培训主要以实务工作所需要的知识为主，佐以较新的学理知识。养成教育以资深法官为主力讲师，但是实务所需的知识也可以考虑邀请非法官担任，如毒品的认识与查缉，可以邀请富有工作经验的警职人员担任，而且不一定是高阶警官，事实上第一线的资深警员对于实务可能更有清楚的认识。又例如犯罪现场的勘察，可以邀请资深检察官与刑事警官同时担任讲师。此外，可参考美国法律学院利用暑假期间，请专家学者为实务界（主要是律师）开班授课，对于新的法学理论、新的判决、新的法学趋势做综合性的整理分析，如此不仅能让实务界与学界充分的沟通，亦可把最新的资料提供给实务人员，使律师不致与社会脱节。由于司法工作的压力很大，如何强化法律人的抗压能力，也应该是实务人员的培训所不能忽略的，心理咨询也许有一些帮助。

① 高涌诚．浅谈法官的养成与选任制度［J］．社会政策双月刊，2016（6）：13．

（三）调节好司法考试和法学教育的关系

没有法学教育的改革，司法改革的成果也将事倍功半。我国现今法律系学生的课程安排固定，实体法规与程序法规的学习呈现脱节，理论与实务无法衔接，因此，法律系的授课内容应该改变，不能让法律人通过司法考试后，再从头开始摸索。例如，美国法学院的教授在上课时针对个案问题常常提醒学生，如果你是检察官，如果你是律师，该如何应对？从上课情形与课程设计可以窥出，美国法学教育的教学内容比德国更重视法律人的知识实践。此外，审判实务所需要的相关知识，如犯罪侦查、审判心理、法医学、会计学等相关知识，亦不容忽视。犯罪侦查学与法医学对于检察官特别重要，审判心理学对于法官则特别重要。所以，法律系的课程内容似乎应该加上审判心理学、犯罪侦查学与法医学等科技整合的相关科目。所以，我们学子在受教育过程中，一定要学习将来必须面对的刑事司法审判技巧。此外，法律人才培养要多样化。国内法学教育的纯粹化，使纯法律人无法有多面的思考逻辑，如能参考美国法学教育学制，增加大学毕业取得各系学位（医学、历史、文学、政治、财经、理工、农科等）之后再念三年的法学院的招生人数，这样会创造更多元的法律人才。现今国内的法学教育制度已逐渐增加“学士后的硕士班”，使其他领域年纪较大且有社会阅历的人加入司法行列，法学教育的内容因此可能多元化，纯法律人难以持续独占司法工作。法律知识的体会需要年纪，司法工作需要心性比较稳定的人参与，司法实务才比较可能稳健发展。对于和法学培养相关的其他学科的课程问题，如法学实证研究，笔者以为最直接的路径就是让学习者本身具备基础的统计能力。统计学毕竟不在我国法学教育的规划范围之内，要使学习者有意愿修习相关课程，应当先引起学习者的学习动机。法律人面对陌生的统计观念，与其刻意安排课程，使其参与传统的统计训练，似不如先引发学习动机，并以问题导向式的规划逐渐地使他们接受统计课程的内涵，最终完备基础的统计能力，或许也不失为一个可能的途径。

参考文献

[1] 李兵. 应用型本科高校法学教育内涵式发展路径探析［J］. 湖北开放职业学院学报，2024（8）：27－28.

[2] 计拓. 应用型人才培养视域下高校法学教育策略——评《法学教育改革的探索与实践》［J］. 教育发展研究，2024（4）：1.

[3] 贾宇. 新时代司法机关与法学院校共同培养法治人才的实践与思考［J］. 中国应用法学，2024（3）：6－7.

[4] 李蕊. 应用型高校法学专业实践性教学模式的困境及对策［J］. 河北法律职业教育，2024（3）：38－42.
[5] 尹娜. 高校法学教育与“法律明白人”培养工程衔接的行动构设［J］. 教育教学论坛，2023（11）：33－36.
[6] 赖桂林. 高校法学教育对大学生法治观念的培育——评《高校法学教育与德育管理》［J］. 科技管理研究，2023（8）：1－2.
[7] 徐航. 我国高校法学教育中的法律伦理教育探索——评《中国法律职业伦理教育考察》［J］. 中国高校科技，2023（4）：1－2.
[8] 南景毓. 大数据时代高校法学教育适应性变革的机遇与挑战［J］. 潍坊工程职业学院学报，2023（6）：68－72.
[9] 郭逸斐. 论我国高校法学教育中的法律职业伦理教育［J］. 福建教育学院学报，2022（10）：74－77.
[10] 杨新绿. 情境式教学方法在高校法学教育中的运用——以“刑事法案例研究”课程为例［J］. 韶关学院学报，2022（8）：81－85.
[11] 李知栩. 改进高校法学实践教育刍议［J］. 社会主义论坛，2022（8）：56－57.
[12] 赵天红. 立体刑法诊所［M］. 北京：中国政法大学出版社，2022.
[13] 陈媛媛. 高校法学教育教学方法的反思［J］. 法制博览. 2021（12）：191－192.
[14] 王幸哲. 新时代视阈下法学教育职业化趋势研究［J］. 宿州教育学院学报. 2021（5）：28－33.
[15] 黄素梅. “卓越计划”2. 0 下法学教育内部协调性研究［J］. 当代教育理论与实践，2021（5）：60－64.
[16] 白思. 深化地方高校法学专业创新创业教育改革研究［J］. 创新与创业教育，2021（7）：72－78.

作者简介

李晓欧，对外经济贸易大学法学院，副教授；研究方向：比较刑法；电子邮箱：lxo83@163.com。

发挥高校社团在教职工成长成才中的助力作用

姚殿菊

摘　要：本文围绕如何更好发挥高校社团在教职工成长成才中的助力作用这一课题，阐述了其意义和作用，分析了高校社团助力教职工成长成才的现状，有针对性地提出了把时代要求落实到高校教职工社团建设中，创新理念、功能、活动内容、形式及机制等方面的意见和建议。论文提出把高校教职工社团建设成教职工成长成才的一个有效平台和渠道，在成为适应时代要求的好老师、合格引路人和“大先生”的路上助其一臂之力，在高校人才队伍建设中具有较强的现实意义。

关键词：高校社团；教职工成长成才；助力作用

高校教职工是高校教学科研和教育管理的主力军。为了最大限度地调动教职工的工作积极性，使广大教职工更好地为党的教育事业服务，高校往往从工作任务的分配、专题培训、考核奖励、职位晋升到生活工作条件的保障等方面形成多种机制、出台多项制度和措施，引导教职工爱岗敬业、拼搏奋进，提升综合素质，提升教育教学质量。这些是激励教职工成长成才的主渠道，发挥着至关重要的作用。高校工会则通过协助共建教职工共同体，维护和代表着广大教职工的利益，为教职工创设必要的平台和空间，促进教职工全面成长与综合发展，在教职工成长成才中也承担着一定的职责，发挥着有益的辅助功能。作为挂靠在高校工会并受工会领导的高校教职工社团，是高校工会联系群众的重要纽带形式和服务教职工的一种有效形式与路径，在为教职工成长成才方面发挥着独特的助力作用。如何紧跟时代要求创新发展，把握与发挥高校社团在教职工成长成才中的助力作用，是一个值得深入研究的课题。

一、高校社团在教职工成长成才中的意义和作用

高校教职工社团是教职工基于兴趣爱好和目标的一致性，自发组织、自主管理、自我服务的非营利性教职工组织，通常挂靠在高校工会并受高校工会领导。教职工社团对于高校教职工成长成才有着重要的意义和助力作用，主要表现在以下四个方面：

（一）是促进教职工成长成才的多维平台

高校教职工社团是教职工业余文化生活的重要载体，与传统培训与业务学习相比，更侧重于给教职工提供兴趣学习与发展的平台，活动形式更加多样，包括提供学习交流、组织文体活动、培养兴趣爱好和特长等，不仅丰富了教职工业余文化生活，更在多方面促进了教职工的成长和发展。这是一种别样的学习与活动平台，这个平台以其独特的魅力在更多方面助力教职工的成长成才。

（二）是满足教职工兴趣和需求的多元路径

教职工社团为教职工提供了成长成才的特殊路径，满足着教职工多样化的兴趣和需求。在活动中，教职工可以将理论知识转化为实践经验，提升综合素养。可以进行横向交流，拓宽视野，增加职业技能。可以提升领导力和团队协作能力，学会与他人沟通和解决问题。通过参与社团活动，暂时忘却工作压力，享受轻松时光，这种身心的放松有助于教职工调整心态，以更好的状态投入工作中。

（三）是助力教职工成长成才的催化剂

兴趣爱好是教职工参加社团的内在驱动力。教职工社团的作用正是要在教职工个人兴趣点上有所作为。一个个兴趣的满足提升了教职工的综合素养。教职工把兴趣提升到了新高度，增进了身心健康，增强了自信心。在自信的基础上，教职工会主动拓宽视野，增强跨部门跨领域的沟通与合作，这有助于打破信息壁垒，促进知识共享，为教育教学活动创新和发展注入新的活力。从这个角度看，教职工社团活动就是教职工成长成才的催化剂。

（四）是教职工自我价值与社会价值的综合展现

社团活动为教职工提供了一个发现个人才能、挖掘自身潜力、大显身手实

现自我价值的空间。在这些活动中，教职工可以发掘和培养自己的兴趣爱好，锻炼和提升相关技能。这些技能的提升对于教职工的职业发展、成长成才是非常有帮助的。同时，一个氛围轻松的、活跃的教职工社团能够让教职工感受到高校的温暖和关怀，增强他们对高校的认同感、归属感和忠诚度，从而更珍惜当下的工作机会。教职工的自我价值与社会价值综合展现在为高校、为党的教育事业服务的过程中。

二、高校社团助力教职工成长成才的现状

考察高校教职工社团的主要类型和活动现状，我们明显感觉到有些社团很受大家的欢迎，成员覆盖面广，活动频繁，成效喜人，呈现了很多积极的方面。同时，因为条件限制，也存在诸多有待改进的方面。

（一）积极的方面

目前，高校中音乐舞蹈、书法绘画、体育项目等喜闻乐见的教职工社团普遍存在，教职工社团在助力教职工成长成才中不同程度地发挥着积极作用。实践表明，高校教职工社团通过举办丰富多彩的活动为教职工提供了满足其对美好生活向往的条件。这些活动有助于缓解教职工的身心压力，促进团员间的深度交流，促进相互理解与支持，推动构建和谐校园环境，这是其他工作形式难以达到的效果。

从高校校园新闻报道中常常能看到类似教职工社团参与校文艺会演、运动项目比赛、讲座等多种消息，这些对于提高教职工文艺素养，促进体质，营造丰富多彩、积极健康的校园文化氛围起到了很好的助力作用。前不久，我校教职工排球协会参与的师生气排球比赛就充分展现了贸大师生团结协作、顽强拼搏的体育精神，推动了学校体育文化事业的发展。另外，同一项目教职工社团校际比赛交流、见诸新闻的例子也屡见不鲜。这种横向联合活动拓展了会员的活动范围，使会员在更大的空间更大的舞台充分展示自己的能力与自信，赢得团结协作、合作共赢的机会。当然，助力教职工成长成才的鲜活生动的事例更多见于教职工社团日常的交流活动中。我校瑜伽协会给教职工提供了瑜伽健身平台、体验和行动，促进了教职工的身心健康，培养了教职工的和谐感和内心平和感。教职工们在瑜伽协会中放松了心情，释放了压力，缓解了焦虑，甚至避免了抑郁。在瑜伽协会，教职工们变得健康自信，并在工作生活中发挥主导作用，在追求自己目标和抱负的同时，也积极做出改变。

（二）有待改进的方面

主要表现在：

1. 社团种类和容量明显不足，助力教职工成长成才的力量略显薄弱

相对于教职工数量和需求，现有教职工社团种类和容量明显不足。现有社团多见于文体类，是否可以出现如时事专题学习类、业务技能提升类等具有学术性和创新性的其他教职工社团，还需进行调研。因此，应在充分调研的基础上尽量增加教职工社团的种类和容量，给广大教职工提供所需的平台和活动空间，才能满足广大教职工日渐增长的多元需求。

2. 社团发展不平衡，助力教职工成长成才的作用参差不齐

社团发展不平衡，有的社团深受教职工喜爱，但因为场地等因素限制，不能使喜欢的教职工悉数参加；有的活动少且质量低；有的人数少，更有甚者名存实亡，没有真正起到助力教职工成长成才的助力作用。这就需要教职工社团找准问题，破解难题，努力提高社团的吸引力和活动效率，更好地实现社团助力教职工成长成才的初衷。

3. 社团校际校企间横向交流少，视野还不够开阔

高校教职工社团包括文艺、体育等项目，普遍存在校际间、校企间横向交流少、开放性不够的现象。应适当增加同类教职工社团的校际校企交流机会，通过社团成员间的校际校企交流开拓教职工视野，共享多方资源，推动校际、校企合作，提升创新人才培养能力与培养空间。

三、高校社团助力教职工成长成才的时代要求与创新发展

多年来，我国高校教职工队伍建设取得了长足进步，高校社团的助力作用亦显出了好的效果。随着改革开放的不断深入，我们迈入了新时代，踏上了高质量发展、以中国式现代化实现中华民族伟大复兴的新征程。面对新时代的挑战，高校社团必须行动起来，只有改革创新，才能适应新的形势。

（一）时代要求

1. 立德树人根本任务的提出及对教师的要求

党的十八大提出把立德树人作为教育的根本任务。围绕立德树人根本任务，习近平总书记对教师队伍建设提出了很多明确要求。2014 年提出好老师的标准是“有理想信念、有道德情操、有扎实学识、有仁爱之心”，2016 年提出教师要做“四个引路人”即“广大教师要做学生锤炼品格的引路人，做学生学习知识

的引路人，做学生创新思维的引路人，做学生奉献祖国的引路人。”后来又陆续提出了“四个相统一”“六要”“大先生”等。这些重要论述对新时代中国好老师的形象进行了精准的描摹和完整的画像，形成了党和国家对新时代人民教师形象要求的完整体系。

2.“增三性”的提出及对工会的要求

2015年，习近平总书记在中央党的群团工作会议中提出“增三性”的要求，为新时代中国特色社会主义群团工作做出了明确指示。工会“增三性”通常指的是增强工会的政治性、先进性和群众性。政治性就是工会要坚定不移地贯彻党的理论和路线方针政策，确保工会工作与党和国家的工作大局保持一致，引导职工坚定政治信仰，增强政治意识。先进性就是工会要在推动企业改革发展、维护职工合法权益、构建和谐劳动关系等方面发挥积极作用，引领职工积极参与社会主义现代化建设，展现工会组织的先进性。群众性就是工会要深入基层，密切联系职工，真实反映职工的愿望和诉求，维护职工的合法权益，积极为职工排忧解难，增强工会的凝聚力和向心力。这一要求是中国共产党对工会工作的基本要求。工会“增三性”的提出旨在推动工会工作不断适应新时代的发展要求，更好地服务于职工和企业的发展，为构建社会主义和谐社会贡献力量。

时代对教师的要求是高校教职工自我提升、自我行动的内驱力，高校教职工要主动适应时代要求，踏踏实实做好自己分内的工作，争做好老师，争做合格引路人，争做“大先生”。高校工会要按照“增三性”要求，从外部发力，来引导教职工坚定政治信仰，增强政治意识；引领职工积极参与社会主义现代化建设；密切联系职工，真实反映职工的愿望和诉求，积极为职工排忧解难。新时代党对工会及教师的要求在政治方向、先进引领、凝聚社会主义现代化建设力量等方面具有高度一致性。

（二）创新发展

高校教职工社团的创新发展就是把新时代要求落实到教职工社团建设中，从教职工社团服务理念、功能、活动内容和形式、机制保障等方面进行全方位的提升。创新发展的目标是充分发挥教职工社团在新时代的助力作用，在教职工成为时代要求的好老师、合格引路人和“大先生”的路上助一臂之力。

1. 理念创新

从教职工需求出发，为教职工服务是教职工社团的基本追求，高校教职工社团要始终秉承为广大教职工服务的理念。教职工社团就是要增强教职工的主人翁意识和责任感，以满足教职工的需求来提升其获得感、归属感和集体荣誉感，推动构建和谐校园，促进高校文化软实力的发展。同时，高校教职工社团作为工会领导下的教职工社团，有协助工会“增三性”的责任和义务。高校教职工社团要创新理念，在服务教职工的同时，自觉把“增三性”的要求贯穿到教职工社团各项活动中，以“增三性”推进教职工社团高质量发展，以教职工社团高质量发展助力教职工在教学和科研工作中树立起坚定的政治理想和信念，成为推动学生健康成长的指导者和引路人。

2. 功能创新

时代要求高校教职工社团在助力教职工成长成才中提高政治站位，确保按照高校要求进行管理，而不是背道而驰。高校教职工社团应该利用其更直接、更贴近基层教职工、更了解教职工的需求、更精准的服务和支持等特点和优势，创造性地将其与高校思想政治工作有机结合起来，通过提供多样化的活动和服务，在丰富教职工业余生活、缓解工作压力的同时，促进教职工的专业成长和思想政治教育，对教职工的全面发展起到积极的推动作用。

3. 内容与形式创新

高校教职工社团成员多来自教学、科研、行政管理一线，学历高、兴趣广、学习能力强，对文化生活和精神追求日趋个性化、多元化，传统社团活动难以满足教职工的需求，活动内容与形式均亟待创新。除了传统的音乐、体育类社团外，还可充分挖掘和发挥教职工社团成员的专业特长，开展更丰富的、高品位的文化活动及技能提升类等创新性活动。在社团活动形式上，也要多下功夫，不断丰富和拓展活动形式，如线上线下相结合、户内户外相结合、学习与交流相结合等不同规模、形式多样的活动，使活动惠及更多教职工。通过社团活动内容和形式的创新，提高活动成效，更好助力教职工成长成才。

4. 机制创新

教职工社团的作用不容替代，但作为自发组织、自主管理与自我服务的社团，在实际存在与持续发展的过程中会遇到很多困难，导致该发挥的作用很难发挥出来，机制创新很有必要。机制创新可以从校工会的更多支持、更好的条件保障、对社团负责人的培训、桥梁纽带作用、宣传推广等方面去发力。另外，还应制订评估机制，定期与不定期地对教职工社团的活动内容、方式和效果进行评估，奖优促好，发挥积极的引导和示范作用。通过机制创新，积极支持教职工参与社团活动，将其作为教职工成长计划的重要组成部分，并提供必要的保障，共同打造一个充满活力、有利于教职工成长的工作环境，推动教职工的全面成长和高校的持续发展。

结语

综上所述，教职工社团在高校教职工成长成才中发挥着十分独特的作用，社团活动可以丰富教职工的业余文化生活，可以起到统一思想、凝聚人心、化解矛盾、增进感情、激发动力的作用。紧跟时代脚步，满足时代要求，教职工社团一定会在创新发展中更好地助力教职工的成长成才。通过多样的社团活动提高教职工的获得感、幸福感以及满足教职工对美好生活的期盼，增强广大教职工的工作动力，使广大教职工以更加昂扬向上的姿态为我国高等教育高质量发展作出应有的贡献。

参考文献

[1] 出品人：杨谷；监制：张宁；统筹：廖慧、李方舟；策划：宫辞；制作：康少华、杨青贤. 开学第一课丨「总书记的教书育人观」从“四有”好老师到“四个引路人”——新时代教师的时代使命和伟大实践. 光明网. 2023-09-08.
[2] 中国教育报评论员. 坚持把立德树人作为根本任务——二论学习贯彻习近平总书记全国教育大会重要讲话精神[J/OL].《中国教育报》. 2018-09-14.
[3] 万鹏. 习近平对群团组织提“三性”要求：政治性放首位 群众做主角. 中国共产党新闻网. 2015年7月10日.
[4] 北京师范大学工会. 高校工会要创新开展教职工社团活动[N].《工人日报》. 2021-06-07.

作者简介

姚殿菊，对外经济贸易大学继续教育与远程教育学院，副研究员；研究方向：高等教育管理；电子邮箱：yaodianju@euibe.com。

数字经济时代复合型人才培养师资队伍建设的探索与实践

胡 腾 王 洋

摘 要：随着数字经济与各行业生产、居民生活和政府治理的深度融合，全球对“数字经济+”复合型人才的需求日益旺盛。高等教育机构的人才培养体系和模式亟需变革，以适应数字经济时代的发展需求。本文聚焦于如何建设适应数字经济时代的复合型人才培养师资队伍，以对外经济贸易大学数字经济实验室的实践经验为例，总结提炼其在师资队伍建设方面的思路和经验，并提出未来改进方向。

关键词：数字经济；复合型人才培养；师资队伍；算力资源；跨学科能力

随着数字技术的迅猛发展和数字经济的崛起，我国以及全球经济正迈入数字化转型的新时代。根据中国信息通信研究院发布的《中国数字经济发展白皮书（2023 年）》，2023 年，我国数字经济规模达到 50.4 万亿元，占 GDP 比重达到 41.5%，同比提升了 1.7%。数字经济在云计算、大数据和人工智能等领域的推动下已成为我国经济增长的主要驱动力之一。另一方面，同样来自 2023 年信通院发布的《中国数字经济发展报告（2023 年）》，我国数字人才的规模达到了 5 261 万人，同比提升增长了 13.8%。然而，相较于数字经济的广阔发展空间，数字人才仍然存在着约 2 500—3 000 万人左右的缺口（《2023 中国产业数字人才研究与发展报告》）。综上，在数字经济背景下，加强复合型人才培养师资队伍的建设，对于提升人才培养质量，满足数字经济发展对高素质复合型人才的迫切需求，具有至关重要的意义。这不仅有助于填补数字人才的缺口，还能为我国数字经济的持续高质量发展提供坚实的人力支撑。

现有研究表明，各类新型的数字技术为教学科研、人才培养带来了新的变革。例如，生成式 AI（GenAI）为教育领域带来了变革性的机会，包括定制化学习、提供研究辅助支持以及提高师生解决问题的能力等。Stojanov（2023）强调了 GenAI 在改革教学方面的重要作用，特别是它根据个性化需求提供定制化教学手段的能力。这一观点得到了 Kohnke 等人（2023）的回应，他们以语言类教师为样本，调查了教师的态度和观点，调查结果表明，GenAI 能够培养学生自主学习的能力。尽管在国际和国内层面都取得了一定的进展，数字人才培养仍面临许多挑战。首先，教育资源在全球范围内的不平等分配，尤其是在发展中国家，限制了数字教育的普及和效果（UNESCO，2019）。其次，快速变化的技术和经济环境要求教育内容和方法不断更新，这对教师的专业发展提出了更高要求（Schwab，2018）。未来，高等教育机构需要在加强国际合作、更新教育内容和方法以及提升教师能力等方面进行更多的探索和努力。

对外经济贸易大学作为国内重要的经贸类高校，在国际经济贸易、金融学、会计学等方面有着天然的优势。如何将这些优势专业与新兴的数字化、智能化技术相结合，打造一支能够培养适应数字经济发展需求的复合型人才的师资队伍，为本校、区域以及国家的数字经济发展助力，是我校面临的重要任务。我校数字经济实验室凭借强大的算力和数据平台，结合教学和科研工作中的实际需求开展相关工作。通过各类数字化技术与智能化工具，突破传统教学模式的局限，将具体的经济、贸易、金融类的科研任务分配给学生，以培养学生交叉解决问题的能力。截至目前，这种模式在我校本、硕、博不同学历人才的培养过程中已取得了一定成果。后续实验室将不断扩大师资团队规模，以加强师资队伍建设的方式对我校学生进行复合型人才培养，为国家的数字化人才战略贡献力量。因此，本文旨在探讨在数字经济时代的背景下，以对外经济贸易大学为例，研究如何通过加强师资队伍建设来创新人才培养模式，期望培养出适应数字经济发展需求的复合型经贸人才。

一、数字经济时代对于师资队伍建设的新要求

（一）复合型人才的新要求

在数字经济迅猛发展的时代背景下，复合型人才的需求显得愈发迫切。这类人才不仅要求具备深厚的专业知识，还必须拥有跨领域、跨学科的综合能力。数字经济的核心特征，如数据驱动、技术融合与创新，要求复合型人才必须掌握数据分析能力、信息技术应用能力以及创新思维能力等多种技能。

数据分析能力在数字经济时代尤为重要。随着大数据技术的广泛应用，如何从海量数据中提炼出有价值的信息，为企业决策提供科学依据，已成为当今

职场人必备的技能之一。对于复合型人才而言，数据分析能力不仅可以帮助他们更好地理解市场动态，还能提升他们在复杂问题面前的决策效率。

信息技术应用能力同样是复合型人才不可或缺的技能。在数字经济时代，信息技术已渗透到各行各业的每一个角落。复合型人才需要熟练掌握各种信息技术工具，以便在日常工作中能够高效地进行信息处理、数据分析和知识管理。这种能力不仅有助于提升工作效率，还能帮助他们在不断变化的技术环境中保持竞争力。

创新思维能力也是复合型人才所必备的。数字经济时代是一个充满变革与创新的时代，拥有创新思维的人才能够在这样的环境中脱颖而出。复合型人才需要具备敏锐的市场洞察力和创新思维，以便在遇到新问题时能够迅速找到解决方案，推动企业和行业的持续发展。

除了上述专业技能外，复合型人才还需具备良好的团队合作精神、沟通协调能力和国际视野。在全球化和数字化的工作环境中，团队合作和沟通协调已成为完成各项任务的基础。同时，具备国际视野的人才能够更好地理解不同文化背景下的市场需求，为企业在全球范围内的发展提供有力支持。数字经济时代对复合型人才的需求是多方面的，不仅包括专业技能的掌握，还要求具备良好的团队协作和跨文化沟通能力。为满足这一需求，高等教育机构应积极调整人才培养模式，加强师资队伍建设，培养出更多符合时代发展需求的复合型人才。

（二）师资队伍建设的重要性

在数字经济时代，师资队伍建设的重要性日益凸显，成为推动高等教育发展和复合型人才培养的关键因素。一支高素质、专业化的师资队伍，不仅能够为学生提供优质的教学服务，更能够引领学术前沿，推动教育创新。

提升教师的科研能力是师资队伍建设的重要一环。科研能力是教师学术水平的重要体现，也是培养复合型人才的重要支撑。通过加强教师的在职培训和继续教育工作，可以不断提高教师的专业素养和科研能力，使他们更好地适应数字经济时代的教育需求。同时，鼓励教师参与各类科研项目和学术交流活动，不仅可以拓宽教师的学术视野，还能够增强教师的实践能力和创新思维，为复合型人才培养提供有力保障。

加强教师的跨学科素养也是师资队伍建设的重要方面。在数字经济时代，跨学科交叉融合已经成为科学发展的必然趋势。因此，高等教育机构需要培养一支具备跨学科背景和能力的师资队伍，以适应这一时代需求。通过设立跨学科研究中心或平台，推动不同学科之间的交叉融合，可以促进教师之间的学术交流与合作，提高教师的跨学科素养。同时，学校还可以鼓励教师跨学科报考研究生、参加学术会议等方式，增强教师的跨学科意识和能力。

建立健全的激励机制和评价体系也是师资队伍建设的重要保障。合理的激励机制能够激发教师的积极性和创造性，使他们更加投入地参与到教学和科研工作中。通过设立教学优秀奖、科研成果奖等奖项，表彰在教学和科研方面做出突出贡献的教师，可以树立榜样，激励其他教师不断进步。同时，完善的评价体系能够对教师的工作进行全面、客观的评价，为教师的职业发展提供指导。通过定期的教学评估、科研评审等方式，可以及时发现教师在工作和职业发展中存在的问题和不足，帮助他们制定改进计划，提升职业素养。

师资队伍建设在数字经济时代对于复合型人才培养具有重要意义。高等教育机构应该充分认识到这一点，采取有效措施加强师资队伍建设，提升教师的科研能力和跨学科素养，为复合型人才培养提供有力保障。同时，学校还需要不断总结经验教训，持续优化师资队伍建设方案，以适应数字经济时代的不断变化和发展。

二、对外经济贸易大学数字经济实验室的实践经验

对外经济贸易大学数字经济实验室力求建立一个高效运行、紧跟前沿技术的师资队伍建设体系，通过打造开放型研究团队、建立分工明确的教师管理机制，以及与科技公司和研究机构的紧密合作，全面提升教师的科研能力和实践教学水平。

（一）以育人模式创新牵引师资队伍建设

育人模式的创新对于师资队伍建设起着关键的牵引作用。通过不断探索和推行新的育人模式，能够为师资队伍的发展指明方向，激发教师提升自身素质和能力，以适应新的教育需求。为了牵引师资队伍建设，数字经济实验室积极创新育人模式。通过整合软件、系统、资源、技术和数据服务，打造了面向全校师生的“科研育人”培养项目。这一项目不仅加强了与各学院的合作，推动实验室资源与学科优势相融合，还借助招新和培训制度，选拔并培育对数据库、大数据、人工智能技术、计算科学和软件感兴趣的学生。实验室提供算力和存储资源，并开展如 Python、RPA、R、SQL 和云图等多样化编程工具的培训，

激发学生学习热情，强化“数字技术＋学科专业”的交叉培养。同时，致力于建立一个高效运作且与前沿技术接轨的科研育人体系，凭借开放型研究团队、分工明确的学生科研团队管理体系，以及与科技公司和研究机构的合作，全面提升学生的科研能力和实践技能。

其最终目标有二：一是通过与各学院的深入交流合作，解决实验室资源与学校优势学科融合的难题，为交叉学科教育提供试验平台，充分发挥数字经济实验室在学校人才培养、科学研究和社会服务中的支撑作用。二是充分利用实验室先进的软硬件设施和技术人才优势，构建完善的培训制度与体系，为不同学科和年级的学生提供适用的大数据处理技术培训和科研技术支持服务，促进学校复合型人才的培养。这种育人模式的创新，有力地牵引着师资队伍不断发展和完善，以更好地满足教育教学的需求。

（二）建立分工明确的师资队伍体系

为了提升我校学生的基础科研及创新能力，促进高质量复合型人才培养，并为全校师生提供科研及数据服务，将建立由科研处、校团委、数字经济实验室共同参与的“科研育人”师资队伍体系。在这一体系中，数字经济实验室主要承担实验数据与相关硬软件资源的提供，以及学生技术培训的组织工作；科研处重点负责提供科研方向，并组织课题申报；校团委则分项负责各科研课题下学生的选拔工作，作为本校学生创新创业项目的基础。通过明确各部门的分工，建立起一支职责清晰、协同合作的师资队伍，为实现“科研育人”的目标提供有力保障。

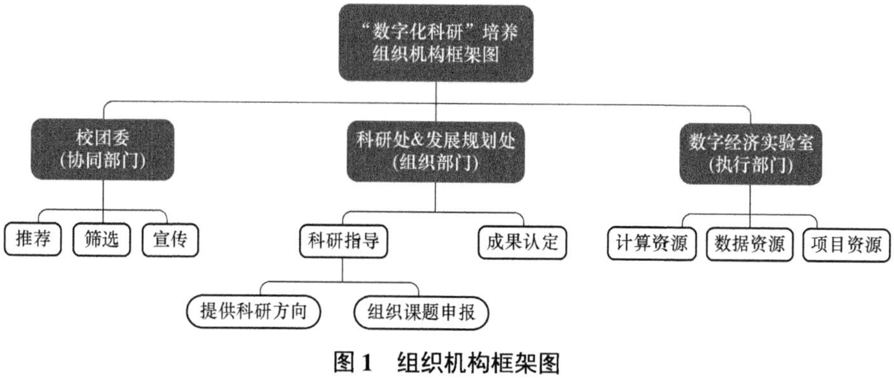

图 1　组织机构框架图

团队工作方面，“科研育人”团队共设计分成 2 个大类组别，分别从事科研工作和管理工作。具体如下：

1. 科研项目组

“科研育人”团队科研项目组由两部分组成：一是科研育人团队的老师，二是学校本科生各个专业中积极性较高、学术能力较强的学生。在进入到相关组织之后，数字经济实验室将开设专业技术课程进行单独培养。实验室的专业课程包括从基础的软硬件学习逐步到数据库搭建与维护，从基础编程到大数据、人工智能能力的培养，从基础数据分析工作到自动化脚本数据分析能力培养，学生从大一入学即接受专业化的培训和教导，不断提升自己的知识储备与实践能力以便适应实验室的工作与数据平台的维护，为全校师生提供最专业的科研数据支持。科研项目组引入科研报告写作及管理工具，在学生论文的规范性、学术风险和过程管理方面为指导老师和学校提供支持。系统旨在帮助学生厘清科研报告写作思路、把控写作节点、提升写作效率，从而提升写作的质量和成果，降低指导老师的工作量，辅助指导老师更好开展科研工作。

2. 日常工作项目组

日常工作项目组主要包括运维组、数据组、媒体组以及管理组等细分组别。其中，运维组主要负责实验室软硬件的管理。在软件方面，负责编程的技术保障，通过各类编程技术与编程语言为实验室提供软件层面的技术支持。同时将会维护和创建学校科研需求的大量网络爬虫工具，同时需要处理实验室网站、微信小程序的功能扩充、优化等任务。在硬件方面负责实验室计算机系统的安装与维护、软件升级、病毒防治与应急响应。同时包括实验室服务器的设计、提供、搭建与管理，服务器统筹，局域网网络的组件和网络资源的管理。

数据组主要负责实验室数据库的管理与运营，提供数据的查询、处理与分析服务。通过对数据进行收集、整理和数理统计分析，数据组可以精准计算和定量分析相关实验数据，为各项科研工作的开展，提供参考和反馈依据。

媒体组主要负责对外媒体运营、文书撰写工作及科研报告撰写工作。在媒体运营方面完成公众号和网站开发、UI 设计、运营工作。同时和运维组和数据组协作完成科研报告的撰写工作。

管理组主要负责团队内部管理和学校活动、科研项目组织对接等工作。在团队内部需要负责团队财务和人员管理；负责和各学院、校团委学生会、科研组织、企业联系，组织对外联合讲座及其他活动。通过实验室的核心机构的不同分工，数字经济实验室将实现从硬件资源、软件资源到数据资源、技术资源到全覆盖，为学校科研工作提供完备、齐全的高性能数据库规划。

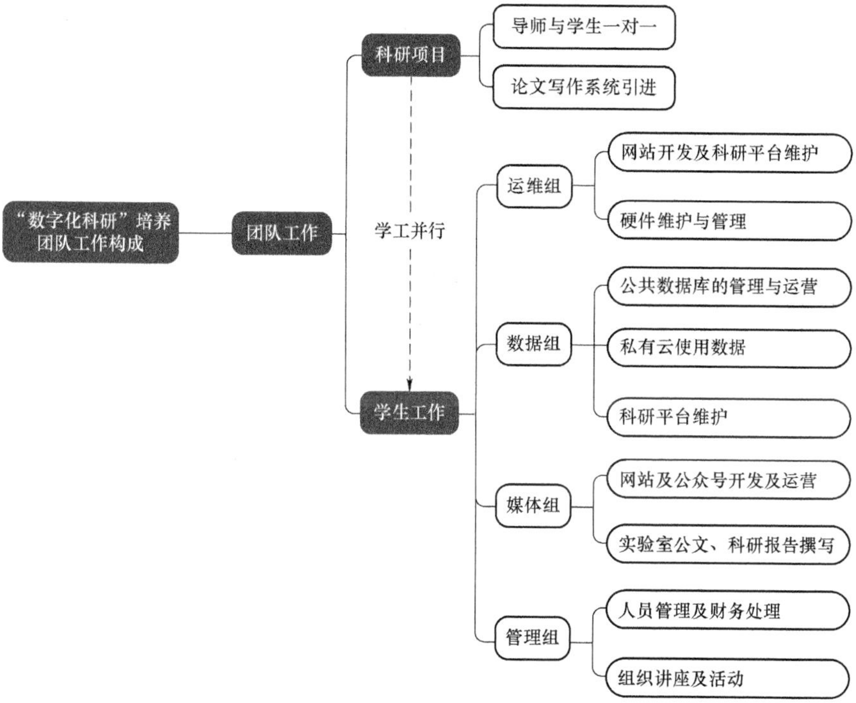

图 2　团队工作构成图

（三）引入企业力量完善师资队伍建设

科研育人组织了校企联合培养合作，将企业的优质项目引流至科研育人组织之中，利用项目解决实际问题。企业将会提供行业和技术专家对学生进行指导，同时对优质学生提供实习和就业的机会。企业不定期举办培训工作，并提供相关的数据工程师等含金量较高的证书。其中包含华为、软通动力等公司持续不断地对团队成员进行培训和技能培养，所学技能都可以用于经贸科研之中。同时，实验室将联合国内先进科技公司和研究机构，定期举办特定主题的技术培训、专题小组研讨、主题技术应用比赛等，为学生提供学习、交流、研讨的平台；同时，遴选有意愿和有能力的学生参与实验室关键技术和应用场景开发，并取得若干标志性开发成果。探索将学生自主开发的成果纳入学生综合考评体系，并将成果与全校师生共享，建立创新激励机制和成果共享机制。

三、经验与总结

在数字经济时代，云计算、大数据、物联网等新技术快速发展，"经济＋技术”复合型人才需求不断增加，数字经济领域相关人才需求尤为迫切。本文针对“科研育人”复合型人才培养模式展开探索与实践，证实此模式在数字经济时代背景下具有有效性与先进性。该模式构建了算力资源、数字技术与科研项目相融合的综合培养体系，这离不开师资队伍建设。

在师资队伍建设中，有的教师专注于算力资源的整合与优化，为学生提供强大的计算支持；有的教师深耕数字技术领域，传授前沿知识；还有的教师主导科研项目，引导学生将学科知识与数字技术深度结合。通过师资队伍的协同努力，不仅推动了学科知识与数字技术的深度融合，激发了学生的学习热情与创新能力，还大幅提升了学生的实践技能和解决问题的能力。

未来，高等教育机构应进一步加强此模式下的师资队伍建设，持续优化人才培养机制和科研育人体系，以培育更多契合数字经济时代需求的高素质复合型人才。这要求不断更新教学内容与方法，强化实践教学环节，鼓励学生参与科研项目和实践活动，并与行业和企业建立更紧密的合作关系。通过这些举措，能更好地满足社会发展和经济转型的需求，为数字经济时代的发展持续注入人才活力。

参考文献

[1] UNESCO.(2019). Bridging the digital divide in education [R]. UNESCO.

[2] Schwab, K.(2018). The Fourth Industrial Revolution [M]. Currency.

[3] Stojanov, A. Learning with ChatGPT 3.5 as a more knowledgeable other: An autoethnographic study [J]. International Journal of Educational Technology in Higher Education 2023.

[4] Kohnke, L., Moorhouse, B. L., & Zou, D. Exploring generative artificial intelligence preparedness among university language instructors: A case study [J]. Computers and Education Artificial Intelligence 2023.

作者简介

胡腾，对外经济贸易大学数字经济实验室综合科科长，中级职称；研究方向：数字经济、资产定价；电子邮箱：02403@uibe.edu.cn。

王洋，对外经济贸易大学数字经济实验室干部，中级职称；研究方向：数字经济、国际贸易；电子邮箱：02338@uibe.edu.cn。

高校年薪制教师评聘机制研究

——以对外经济贸易大学年薪制教师为例

赵　磊

摘　要：教师评聘是衡量教师科研水平、育人能力以及综合素质的重要手段和关键抓手，是关乎学校学科发展和每一位教师自身利益的重要节点。随着教育改革的深入，高校教师评聘机制也在不断调整和完善。近年来，国内众多高校先后开始以 Tenure-track 制度为参照，通过签订年薪合同的方式引进海内外高校的优秀博士毕业生作为年薪制教师或“常任轨”教师，通过判断教师合同任务的完成情况对教师进行评聘。本文以对外经济贸易大学年薪制教师为例，在分析现有评聘制度的基础上，结合“准长聘”制度的应用，对年薪制教师的评聘机制进行研究，为完善年薪制教师的评聘机制提出建议。

关键词：年薪制教师；评聘机制；准长聘制度

高校教师是我国人才队伍的重要组成部分，是高层次人才培养和高水平科学研究成果产出的中坚力量。教师评聘是衡量教师科研水平、育人能力以及综合素质的重要手段和关键抓手，是关乎学校学科发展和每一位教师自身利益的重要节点。随着教育改革的深入，高校教师评聘机制也在不断调整和完善。《中共中央 国务院关于全面深化新时代教师队伍建设改革的意见》中指出：“推行高等学校教师职务聘任制改革，加强聘期考核，准聘与长聘相结合，做到能上能下、能进能出”[①]。《人力资源社会保障部 教育部关于深化高等学校教师职称制度改革的指导意见》中指出：“坚持分类实施，自主评价。根据不同类型、不同层次高校及教师特点，采用业绩水平与发展潜力、定性与定量评价相结合的方式，高校自主实施分类分层评价，政府依法宏观管理”[②]。对外经济贸易大学的教师队伍目前主要分为非年薪制教师和年薪制教师，以非年薪制教师为主体，又可根据教师不同岗位类型分为教学岗、教研岗和科研岗。年薪制教师是通过

① 《中共中央 国务院关于全面深化新时代教师队伍建设改革的意见》（2018 年 1 月 20 日）。

② 《人力资源社会保障部 教育部关于深化高等学校教师职称制度改革的指导意见》（人社部发〔2020〕100 号）。

签订年薪合同的方式引进海内外高校的优秀博士毕业生，以国际高水平发表和讲授国际前沿课程为主要任务，高校通过判断教师合同任务的完成情况对教师进行评聘。对外经济贸易大学于2007年9月开始引进年薪制教师，经过十余年的发展，初步建成了一支国际化特色鲜明、学术素养较高、科研教学表现突出的年薪制教师队伍。

一、年薪制教师基本情况

对外经济贸易大学现有年薪制教师137名，占到全校教学科研人数的14%，是学校优秀学术骨干、学科带头人、学科领军人物和高层次系列人才培育对象的基础储备人才。年薪制教师主要集中在经济学科相关学院，如国际经济贸易学院、中国金融学院、国际商学院和保险学院，这四个学院年薪制教师的人数分别占总人数的34%、23%、18%和8%；按合同聘期来看，执行首个聘期（六年）合同（讲师合同）76人，执行第二个聘期（六年）合同（副教授/副研究员合同）40人，执行第三个聘期（无固定期限）合同（教授/研究员合同）21人；从职称分布来看，讲师73人、副教授41人、教授23人；从年龄结构来看，年薪制教师大部分在40岁及以下，共有105人，占77%，青年教师占比较大。

二、年薪制教师现有评聘机制

学校与年薪制教师签订岗位聘任合同，合同明确学校和年薪制教师的权利义务关系，以法制意识和契约精神实施合同管理。学校对年薪制教师考核实行校院两级管理体制，所在二级教学科研单位成立年薪制教师评审小组，学校成立年薪制教师终评小组，采用年度考核、中期考核和期满考核相结合的方式（无固定期限合同为年度考核和三年周期考核）对教师进行考核。其中年度考核由所在二级教学科研单位自行组织并报学校相关部门备案，中期、期满考核（三年周期考核）由所在二级教学科研单位年薪制教师评审小组考核后，报学校年薪制教师终评小组进行最终评审。年薪制教师中期考核不合格但被认为可继续执行聘期合同者，降薪 30%，期满考核合格后予以补发；中期考核不合格，若有明确证据表明其不能胜任聘期合同所规定的管理要求，经所在二级教学科研单位申请，学校终审复核，可以终止合同，提前解聘。

年薪制教师的首个聘用合同聘任为助理教授，聘期为六年，试用期为三个月，期满考核不合格或未晋升副高级职称则不再续聘；聘期内，如晋升副高级职称，则合同终止，重新签订第二个聘用合同。第二个聘用合同为晋升副高级职称后，签订聘期为六年的聘用合同，期满考核不合格或未晋升正高级职称则转为非年薪制教师，如晋升正高级职称，则合同终止，重新签订无固定期限聘用合同。第三个合同聘任为晋升正高级职称后，签订聘期为无固定期限聘用合同，三年为一考核周期。

三、年薪制教师现有评聘机制存在的问题

（一）中期考核形式化

年薪制教师采用合同聘用管理，主要采用年度考核、中期考核和期满考核相结合的方式（无固定期限合同为年度考核和三年周期考核）对教师进行考核。其中，期满考核涉及第一聘期教师的“非升即走”、第二聘期教师转为非年薪制，且合同中有明确的条件要求，因此，期满考核从二级教学科研单位到学校都是重视的，都会根据教师合同的实际完成情况确定考核结果为通过、不通过或给予一定时间延期考核。而中期考核并没有明确的条件要求，如若考核不合格，也仅是降薪 30%，且期满考核合格后还可予以补发。基于此，绝大部分二级教学科研单位在中期考核时都会全部通过考核，尤其是针对个别已经来校三年但没有任何成果产出，甚至没有形成任何成果的年薪制教师，二级教学科研单位年薪制教师评审小组考核时还会美其名曰“珍惜人才”“多给老师机会”，实则是不作为、不担当、不得罪人的表现，不能体现考核工作的公平性。学校年薪制教师终评小组进行最终评审时，大都会选择采纳二级教学科研单位年薪制教师评审小组的考核意见，有提出不同意见时，也会有与会专家、所在单位领导为考核教师作解释，最终导致整个中期考核流于形式，更加重了未有研究进展的年薪制教师后三年完成合同的压力，极大可能导致不能通过期满考核，形成恶性循环。据统计，近三年期满考核未通过或者延期考核的教师中超过 70%的教师中期考核不合格或中期考核没有重要成果产出。

（二）没有合适的转入转出机制

年薪制教师的模式是在教师入职时确定的，年薪制教师只有期满考核通过后可以选择转为非年薪制教师，或者第二聘期期满考核不合格必须转为非年薪制教师，而且没有非年薪制教师转入年薪制教师序列的对应机制。年薪制教师的合同中主要任务为国际高水平发表和讲授国际前沿课程，第一聘期合同中国际高水平发表一般为发表一篇国际 A 类期刊论文，存在有年薪制教师发表了多篇国际 B 类期刊论文或国内 A 类期刊论文，但因未发表国际 A 类期刊论文而未

能完成合同任务，最终离职，对于学校而言，这也是人才流失的一种表现。同样存在部分非年薪制教师国际期刊论文发表成果显著，为更加聚焦研究方向，充分发挥个人科研水平和科研能力，想转入年薪制教师序列，也没有相应通道。

（三）“双重考核”，缺少变通机制

年薪制教师的合同任务中，存在对教师晋升职称的要求，如第一聘期合同中，需教师晋升副高级职称；第二聘期合同中，需教师晋升正高级职称，因此，年薪制教师处于合同考核和职称考核的“双重考核”压力之下。由于职称晋升是存在竞争性的，不仅仅是完成相关任务和满足相应条件的竞争，更因为要优中选优存在名额的竞争，几乎每年都会存在年薪制教师由于未晋升职称而导致期满考核不合格或延期考核。由于需要晋升职称，年薪制教师需要完成国际高水平发表的合同任务同时完成科研项目申请的职称晋升要求，没有等效的变通机制。而且每一位年薪制教师的合同签订时间并不相同，所在学科或二级教学科研单位的指标也不一致，导致不同年薪制教师参与职称评审的机会次数并不一致，晋升名额的竞争情况也相差甚远，这也直接或间接导致了年薪制教师考核的不公平，没有做到真正的合同聘用管理。

四、进一步完善年薪制教师评聘机制的建议

（一）坚持合同考核制度，推动年薪制教师评价方式多元化

学术评价应坚持正确导向，坚持师德师风第一标准，破除“唯论文、唯帽子、唯职称、唯学历、唯奖项”的判断依据，以重真才实学、重质量贡献、重学术创新、重远期绩效为导向，采用业绩水平与发展潜力、定性与定量评价相结合的方式进行评价考核。学校鼓励二级教学科研单位根据所在学科实际情况科学合理设定年薪制教师合同任务，坚持分类实施、自主评价，坚持合同考核制度，根据不同类型、不同学科的要求和教师特点，建立多样化、可选择的“合同清单”和“考核菜单”，进一步增加对高水平成果的重视力度，在所谓“非升即走”制度中鼓励“升”而不是强调“走”，鼓励年薪制教师在高水平成果产出中保质保量，实现“用自己的尺子量自己”“用自己的合同任务考核自己”，避免考核评价标准“一刀切”。

（二）建立考核激励机制，优化年薪制教师薪资组成

年薪制是一种突破边界、突破层级、鼓励贡献的创新薪酬方式，其体系设计要坚持竞争性和公平性原则，即兼顾效率和公平[①]。学校与年薪制教师签订的合同中，教师的年薪是固定的，主要包括国发工资、考核绩效、协议津贴等，而且包含需要学校按照比例为教师支付的公积金等费用，在一个聘期内，教师的薪酬额度不会根据成果产出的质量以及社会经济发展和物价水平提升进行调整。一个学校的薪酬制度决定了师资队伍的建设质量，同时也在激励教师的方面发挥着重要作用，学校要将年薪制教师的管理纳入学校高层次人才和师资队伍建设的大框架中进行谋划定位，在保持年薪制教师基本年薪不变的情况下，适时适度增设考核绩效，既动态提升了教师的薪资水平，又增加了考核对教师的激励作用。进一步增加考核尤其是中期考核的重要性，科学评价教师中期考核的完成情况，助力教师在合同聘期内合理分配完成任务的时间，适时对完成合同任务困难的教师进行指导，减轻后三年的任务压力，促进年薪制教师教学科研水平的稳步提升和高水平成果的产出。

（三）实施“准长聘”制度，完善年薪制教师聘期管理

2018 年，《中共中央 国务院关于全面深化新时代教师队伍建设改革的意见》中指出：“推行高等学校教师职务聘任制改革，加强聘期考核，准聘与长聘相结合，做到能上能下、能进能出”[②]。标志着“准聘与长聘”相结合的“准长聘”制度在中央层面得到认可与推广，清华大学、北京大学、中国人民大学等高校都已经有了比较成熟的、立足本校实际、定位和发展的“准长聘”制度，对外经济贸易大学目前还处在探索与试验阶段，作为同为合同聘期管理的年薪制教师序列，更适合走在制度探索的前列，与传统职称评审脱钩，进一步完善教师的聘期管理。

“准长聘”制度是以部分欧美国家高校 Tenure－track 制度为参照优化演变而来的，与目前很多诸如“非升即走”“年薪制”“常任轨”等出于同源。“准长聘”制度旨在对教师实行准聘与长聘相结合的方式，以聘任合同代替“铁饭碗”，激励教师在聘期内自行规划教学科研计划，加强长聘期考核，减轻教师任务压力，激发教师队伍的学术活力。从目前国内高校的实施情况来看，“限制聘期时间”“限制晋升次数”“非升即走”是主要的改革方向，然而大都集中在准聘期不合

① 苏经强. 地方大学实行年薪制的驱动分析与风险应对［J］. 教育评论，2016（4）：64－67.

②《中共中央 国务院关于全面深化新时代教师队伍建设改革的意见》（2018 年 1 月 20 日）。

格的“走”这一面，对“升”的激励支撑力度不足。

从概念上而言，年薪制教师是从薪酬发放角度的定义，而“准长聘”制度是对教师的评价与聘任，并无直接关联，但“评”与“聘”的分不开的，对年薪制教师进行考核后，“聘”更是关键，实行“准长聘”制度，与现有职称评审制度脱钩，不仅仅是对教师压力的释放，更是学校优化人才选择、更有时间聚焦人才培养的重要举措。在实施过程中，对首个聘期或第二个聘期合同内的教师，在满足一定重要成果产出的基础上，可以在还未完成合同任务的条件下，申请提前聘任为“准聘”副教授/教授岗位，通过国内和国际相结合的同行评议制度，综合判断教师的教学科研水平和能力，对成果优异、能力出众的教师进行提前聘任，待完成合同任务期满考核合格后，聘任为“长聘”副教授/教授岗位。这样更加鼓励教师聚焦自身教学科研业务水平，也可提前享受相关待遇，既是对教师能力的肯定，也有助于学校整体教学科研水平的提升。

如教师合同期满后未完成合同任务，可申请代表作评议，组织专家对其研究成果及教学科研潜力进行评议，根据实际情况对首个聘期合同内的教师进行短期降薪聘任、延期考核或离职处理；对第二个聘期合同内的“长聘”副教授岗位教师进行短期降薪聘任、延期考核或重新聘任“准聘”副教授岗位处理。“长聘”副教授岗位教师也可选择签订“长聘”合同，与“长聘”教授岗位教师一样参加合同聘期考核，待条件成熟时再选择申请聘任为“准聘”教授岗位。同时加强对“长聘”合同教师的周期性考核，提醒并鼓励教师保持学术活力，充分发挥自身的教学科研水平。

“准长聘”制度的实施将进一步激发年薪制教师学术积极性，更规范且灵活地建立青年教师的培养机制，充分发掘教师教学科研潜力，真正做到“评”与“聘”相结合，打破传统职称评审壁垒，减轻教师聘期合同压力，努力做好“能上能下”“能进能出”，发挥好年薪制教师的制度保障作用。

年薪制教师是学校师资队伍的重要组成部分，是学校“双一流”建设和师资队伍建设的重要支撑，是学校优秀学术骨干、学科带头人、学科领军人物和高层次系列人才培育对象的基础储备人才。年薪制教师的评聘机制更是稳定教师队伍的基本保障和主要抓手，如何做好年薪制教师的考核与评价、聘任工作是保障年薪制教师充分发挥自身能力的核心，要进一步研究灵活、合理的评聘机制，激励年薪制教师更好地为国家、社会和学校建设发力。

参考文献

[1]《中共中央 国务院关于全面深化新时代教师队伍建设改革的意见》（2018 年 1 月 20 日）。

[2]《人力资源社会保障部 教育部关于深化高等学校教师职称制度改革的指导意见》（人社部发〔2020〕100 号）。
[3] 苏经强. 地方大学实行年薪制的驱动分析与风险应对 [J]. 教育评论，2016（04）：64－67.
[4] 王思懿. 我国高校准聘—长聘制度的实践逻辑剖析及其省思——基于中美制度的比较分析 [J]. 比较与借鉴，2023（02）：93－102.

作者简介

赵磊，对外经济贸易大学人力资源处师资科科员；电子邮箱：02942@uibe.edu.cn。

高校青年教师培养路径研究
——以对外经济贸易大学“青蓝工程”为例

黄戈林　孟　昊

摘　要：青年教师是高校教师队伍的中坚力量和立德树人的关键群体。加强青年教师培养是高校回应教育强国建设的应有之义，是提升高等教育核心竞争力的关键所在，是助力青年教师职业生涯发展的必然之举。基于对外经济贸易大学“青蓝工程”实践探索，从优化制度供给、强化资源支撑、突出价值引领、抓好知行合一四个维度提供高校青年教师培养路径建议，并提出将短期培训与长期培养结合起来，将外部激励与内部驱动结合起来，将赋能增权与减负保障结合起来的反思进路。

关键词：高校；青年教师；培养

强国必先强教，强教必先强师。习近平总书记在2023年中共中央政治局第五次集体学习时强调，“要把加强教师队伍建设作为建设教育强国最重要的基础工作来抓”。[①]截至2023年底，我国高等教育专任教师规模已达207.49万人，承担着 4 763.19 万在校生的培养[②]。青年教师[③]作为高校教师队伍的中坚力量，其培养质量关乎担当民族复兴大任时代新人的培育造就，关乎科教兴国战略、创新驱动发展战略和人才强国战略的实施进程，亟需各级各类高校将青年教师的培养工作置于战略高度予以充分重视。

① 习近平在中共中央政治局第五次集体学习时强调 加快建设教育强国 为中华民族伟大复兴提供有力支撑［N］. 人民日报，2023－05－30（1）.

② 中华人民共和国教育部政府门户网站. 2023年全国教育事业发展基本情况［EB/OL］.［2024－03－01］http://www.moe.gov.cn/fbh/live/2024/55831/sfcl/202403/t20240301_1117517.html

③ 本文所指的“青年教师”为年龄45周岁（含）以下的高校专任教师。

一、加强高校青年教师培养的价值向度

（一）回应教育强国建设的应有之义

党的十八大以来，习近平总书记在多个场合多次强调，“要从战略高度来认识教师工作的极端重要性”①，并在党的二十大报告中首次将教育、科技、人才统筹安排、一体部署，擘画了以中国式现代化全面推进中华民族伟大复兴的路线图，吹响了到2035年建成教育强国的冲锋号。当前，高校青年教师承担着文化传承、知识传播、科学创新、社会服务等工作的重要职责，是高校铸魂育人的中坚力量、是提升创新效能的关键资源，是全面建成社会主义现代化国家的后备人才。因此，高校必须锚定“政治素质过硬、业务能力精湛、育人水平高超”②的新时代高校教师队伍素质目标指向，通过系统性、前瞻性、全周期的教育、训练和塑造，有效提升青年教师群体的政治素养、师德涵养、教学能力、科研能力，使其尽快成长为建设高质量高等教育体系、推进中国式现代化伟大实践的主力军。

（二）提升高等教育核心竞争力的关键所在

当前，世界之变、时代之变、历史之变加速演进，科技和人才成为国际战略博弈的主战场，各国高等教育面临前所未有的国际竞争。新一轮科技革命和产业革命深入发展，科学技术和经济社会发展加速渗透融合，对各国高等教育形态和发展模式提出新挑战。世界高等教育在学规模扩张速度进一步加快，以北美和欧洲区域为主导的世界高等教育发展格局开始发生深刻变化，世界高等教育中心向亚洲转移的势头愈发显现。我国高等教育体系是科教兴国战略、创新驱动发展战略和人才强国战略的交汇点，身处其中的高校青年教师也必将担负起推动我国竞争力和创新力持续增强的历史使命。因此，高校有必要优化体制机制、整合内外资源、创新育才方式，不仅让青年优秀人才都集聚到高校教师队伍中来，更要通过悉心培育和努力造就，让青年优秀人才更快成长为一流科技领军人才、卓越工程师等应对激烈国际竞争的战略人才。

① 习近平在北京师范大学考察 号召全国广大教师做党和人民满意的好老师［N］．人民日报，2014-09-10（1）．

② 习近平：抓住培养社会主义建设者和接班人根本任务 努力建设中国特色世界一流大学［N］．人民日报，2018-05-03（001）．

（三）助力青年教师职业生涯发展的必然之举

习近平总书记指出，“对教师来说，想把学生培养成什么样的人，自己首先就应该成为什么样的人”[①]，“要坚持教育者先受教育”[②]。当前，“00后”青年教师已陆续进入职场，他们成长在和大学生群体极为相似的物质丰沛新时期，相较于以往代际的青年教师，他们的学历层次普遍更高，有更多新想法、自我意识也更强。特别是一些青年教师还拥有较长时间的海外求学经历，这无疑使他们更容易受多元文化思潮、西方意识形态的影响，也有一些青年教师“从校门到校门”，对党情国情社情民情缺乏深度了解，同时伴随学生身份向教师身份的迅速转化，出现对新时代高校教师职业的适应不良。因此，高校有必要建立基于教师全职业生涯周期的培养机制，引导更多青年教师坚定理想信念、筑牢信仰之基、补足精神之钙、把稳思想之舵，提升职业“续航力”、激活岗位创造力。

二、高校青年教师培养路径的实践向度——以对外经济贸易大学“青蓝工程”为例

当前，我国正处在从教育大国向教育强国迈进的关键阶段，高校青年教师队伍在素质能力方面与建成教育强国的要求还存在一定差距。以对外经济贸易大学为例，学校共有专任教师996人，其中，青年教师占比56%，具有境外博士学位的青年教师占比20.7%。如何让这支体量占教师总量“半壁江山”的青年教师队伍引得进、留得下、干得好，如何整合校内外资源助力青年教师成长成才、奋发作为，已然成为学校持续推进新时代教师队伍建设工程的重要议题。为此，学校深入学习贯彻习近平总书记关于教育的重要论述特别是关于教师工作的重要指示批示精神，以坚定青年教师信仰、信念、信心为重点，以强化师德与师能齐抓共进为目标，从优化制度供给、强化资源支撑、突出价值引领、抓好知行合一四个维度，积极打造聚焦青年教师培养的“青蓝工程”。

---

① 习近平在中国人民大学考察时强调 坚持党的领导传承红色基因扎根中国大地 走出一条建设中国特色世界一流大学新路［N］. 人民日报，2022-04-26（1）.

② 习近平：把思想政治工作贯穿教育教学全过程 开创我国高等教育事业发展新局面［N］. 人民日报，2016-12-09（1）.

（一）立足“体”的维度，优化制度供给，做好顶层设计

“制度问题更带有根本性、全局性、稳定性、长期性”①。做好学校青年教师队伍建设的顶层设计需要从组织架构、制度建设等方面发力，建立健全助推青年教师成长发展的体制机制系列。

为此，学校围绕建设以开放型经济学科群为引领的特色鲜明世界一流大学奋斗目标，擘画包含青年教师在内的教师队伍建设发展路线图。强化组织机构保障，成立党委教师工作部，统筹教师思想政治与师德师风建设；成立党委人才工作办公室，落实党管人才重要原则；成立教师发展与教学质量评估中心，完善教学评价与发展培训；成立国家对外开放研究院，统筹学校智库资源。加强制度机制供给，于2019年出台了《贯彻落实全国教育大会精神“四大工程”措施40条》，将“教师队伍建设工程”作为“四大工程”之一贯穿于办学治校各环节，出台具体举措提升教师思想政治素质、促进教师职业能力发展、深化教师管理综合改革。于2021年研制了青年教师“青蓝工程”实施方案，通过“立德树人引领计划”“科研能力助推计划”“教学水平提升计划”“人才服务暖心计划”的实施，构建多层次立体化青年教师培养体系；于2023年出台了《“青蓝工程”之减轻青年教师负担专项行动实施方案》，从挑大梁、增机会、减考核、保时间、强身心五个方面，为广大青年教师提供25条助力举措。

（二）立足“面”的维度，强化资源支撑，赋能职业发展

根据组织行为学理论，提升个人工作绩效需要强大的组织支持和激励保障，不仅需要制度供给等“软环境”支撑，也需要资源供给等“硬环境”支撑。高校青年教师培养同样如此。

为此，学校围绕青年教师政治素质提升，以“立德树人引领计划”为牵引，健全“12345”青年教师入职培训体系，即以造就党和人民满意的高素质专业化创新型教师队伍为一个总目标，利用系统培训和自我教育“两个课堂”，涵育教师政治、道德、专业“三类素养”，突出理想信念、师德师风、职业发展、社会实践“四个主题”，强化岗前培训、发展培训、国情教育、网络培训、市级培训“五个模块”。围绕青年教师学术生涯起步，以“科研能力助推计划”为牵引，为每一名新入职青年教师提供一个科研启动项目支持，并为优秀青年学者及研究团队提供项目经费支持，为在职攻读学位、参加培训进修的教师承担部分学费并保留其正常待遇、福利等。围绕青年教师教学能力促进，以“教学水平提

① 习近平谈治国理政（第1卷）[M]. 北京：外文出版社，2018：391.

升计划”为牵引，通过“青年教师教学基本功比赛”“课程思政教学能力大赛”等赛事，“教学发展模块专题培训”“教学工作坊”“惠园课程思政讲习”等活动，助力教师教学技能的提升。围绕青年教师安居乐业，以“人才服务暖心计划”为牵引，为青年教师购房提供“人才安居基金”和“拎包入住”的周转房，加强学校附属幼儿园、小学、中学的帮扶共建，协助青年教师办理子女入学入托。

（三）立足“线”的维度，突出价值引领，坚持师德贯穿

师德师风是“评价教师队伍素质的第一标准”①。过硬的政治素质、高尚的师德涵养不仅是青年教师学为人师、行为世范的根本保障，更是其提升职业能力、做好铸魂育人工作的精神动力。

为此，学校出台《教职员工准入查询工作实施办法》，严格落实从业禁止制度，把好拟聘教师师德关。在岗前培训阶段，强化《新时代高校教师职业行为十项准则》学习和师德警示教育，引导青年教师扣好入职“第一粒扣子”。在日常教育阶段，坚持以习近平新时代中国特色社会主义思想武装头脑，不断完善校院两级教师思想政治教育体系。学校层面，落实《教师党支部书记“双带头人”培育工程的实施方案》等制度，不断提升党建引领思政的工作实效；扎实开展师德师风主题教育、贸大育人故事分享会、师德师风知识竞答等品牌活动。学院层面，通过主题党日、集中学习、警示教育等，引导教师树立理想信念和职业规范；举办“全国优秀教师”于瑾先进事迹报告会、“师说”系列教师沙龙，充分发挥优秀典型示范引领作用。在评奖评优、项目申报、职务晋升、职称评审、导师聘任、年度考核等环节，坚持师德师风“第一标准”，尤其是在职称评审中明确要求青年教师来校后首次晋升高一级职称须具有至少一年担任班主任、辅导员等学生工作经历，以此压实青年教师立德树人主体责任。

（四）立足“点”的维度，抓好知行合一，做实国情教育

国情教育是隐性教育的重要载体，旨在通过浸入式的具身体验，引导青年教师“在了解民之情民之需民之盼民之呼、在对接国家重大战略需求咨政建言中‘立大志’”②，扎实为党育人、为国育才的初心使命。

为此，学校整合优化社会实践资源，着力打造以新入职教师国情教育、青年“海归”教师国情考察、教师社会学习实践等三个重点项目为支撑的“知行中国”教师教育实践计划，引导青年教师充分了解党情国情社情民情，强化立

---

① 习近平. 在北京大学师生座谈会上的讲话［N］. 人民日报，2018－05－03（2）.

② 秦东方，黄戈林. 大思政格局下加强高校师德师风建设探析［J］. 思想理论教育导刊，2023（05）：129－135.

足岗位、服务社会的时代责任。新入职教师国情教育主要面向入职未满半年的教师，以支教支边、对口支援为主要实践方式，以 3 个月为实践周期，自 2019 年实施以来，至今已有 160 余名教师在新疆克拉玛依和石河子、山东青岛、云南勐腊、广东深圳、海南海口、四川成都、贵州贵阳开展实践。“海归”教师国情考察主要面向具有境外博士学位的青年教师，以学习考察为实践方式，以 1 周为实践周期，自 2021 年实施以来，至今已有 30 名“海归”教师赴江西井冈山开展实践。教师社会学习实践主要面向优秀中青年教师，以实地调研为实践方式，原则上一年两次，至今已有 1 000 余人次在北京挂甲峪、山西武乡、河南固始、黑龙江大庆、河北塞罕坝、内蒙古多伦等地开展实践。

三、成效与反思

（一）培养成效

一是青年教师理想信念不断增强。目前，学校“双带头人”中青年教师占比已达 65%，有力促进青年教师职业发展与党性锤炼的有机融合。2020 年，学校青年教师聚焦疫情防控相关问题，立项应急课题 22 项，提交决策咨询和政策研究报告 170 篇，其中 84 篇研究成果被教育部、北京市等采纳。2021 年，学校关于青年教师培养的工作成效也获得教育部简报两次专题刊发。参与国情教育的青年教师撰写的 40 余万字的《把初心写在祖国大地——对外经济贸易大学教师国情教育实践文集》获得出版。

二是青年教师育人情怀愈发深厚。2019 年，教育部追授学校教师于瑾“全国优秀教师”荣誉称号，广大青年教师在于瑾精神带动下进一步强化铸魂育人担当，涌现出多名青年“师德先进个人”“优秀教育工作者”。2020 年毕业季，学校青年教师主动参与到为全校毕业生打包寄送行李的行动中，半个月为 3 817 名毕业生整理打包行李 19 083 件，为学生上了一节生动又特别的“育人课”。2022 年和 2023 年，学校“会计与财务管理教师团队”“国际经济贸易教师团队”分别入选第二批和第三批“全国高校黄大年式教师团队”，其中青年教师在团队中占比 68%，年平均授课课时超过 120 课时。

三是青年教师职业能力显著提高。近三年来，在科研方面，学校青年教师获国家社会科学基金青年项目、国家自然科学基金青年项目、教育部人文社会科学青年基金项目、北京市社科基金青年项目、北京市自然科学基金青年项目、北京市首都高端智库决策咨询项目总数达 200 余项。在教学方面，学校青年教师获本科教学项目 300 余项，其中，获中央教改和北京市共建项目 100 余项，课程思政项目100余项，国家级、省部级等教学成果奖项60余项。

（二）问题反思

一要更加注重将短期培训与长期培养结合起来。《中国教育现代化2035》指出，“强化职前教师培养和职后教师发展的有机衔接”①。当前，相较于短平快的高校青年教师岗前培训，覆盖教师职业生涯全周期的发展培养不论从系统性、持续性和多样性上仍然具有提升空间。

二要更加注重将外部激励与内部驱动结合起来。“谁要享有发展与培养，必须用自己内部的活动和努力获得”②，波特—劳勒的综合激励模式也强调个人工作投入度与个人需求满足度有关。因此，青年教师培养机制设计更要关注高校“培养目标”与青年教师“发展目标”的契合度。

三要更加注重将赋能增权与减负保障结合起来。当前，高校青年教师普遍面临崭露头角机会少、成长发展通道不足、评价考核频次较多、事务性负担较重等发展性“阵痛”，高校应当在优化青年教师培养方面做好“加减法”，进一步激发青年教师创新潜能与活力。

参考文献

[1] 习近平谈治国理政（第1卷）[M]. 北京：外文出版社，2018.

[2] 第斯多惠. 德国教师培养指南 [M]. 袁一安，译. 北京：人民教育出版社，1990.

[3] 习近平在北京师范大学考察 号召全国广大教师做党和人民满意的好老师 [N]. 人民日报，2014-09-10（1）.

[4] 把思想政治工作贯穿教育教学全过程 开创我国高等教育事业发展新局面 [N]. 人民日报，2016-12-09（1）.

[5] 抓住培养社会主义建设者和接班人根本任务 努力建设中国特色世界一流大学 [N]. 人民日报，2018-05-03（1）.

[6] 习近平. 在北京大学师生座谈会上的讲话[N]. 人民日报，2018-05-03（2）.

[7] 习近平在中国人民大学考察时强调 坚持党的领导传承红色基因扎根中国大地 走出一条建设中国特色世界一流大学新路 [N]. 人民日报，2022-04-26（1）.

① 中国政府网. 中共中央、国务院印发《中国教育现代化2035》[EB/OL]. [2019-02-23] https://www.gov.cn/zhengce/2019-02/23/content_5367987.htm.

② 第斯多惠. 德国教师培养指南 [M]. 袁一安，译. 北京：人民教育出版社，1990：78.

[8] 习近平在中共中央政治局第五次集体学习时强调 加快建设教育强国 为中华民族伟大复兴提供有力支撑［N］. 人民日报，2023－05－30（1）.

[9] 秦东方，黄戈林. 大思政格局下加强高校师德师风建设探析［J］. 思想理论教育导刊，2023（05）：129－135.

[10] 中国政府网. 中共中央、国务院印发《中国教育现代化 2035》［EB/OL］.［2019－02－23］https://www.gov.cn/zhengce/2019－02/23/content_5367987.htm.

[11] 中华人民共和国教育部政府门户网站. 2023 年全国教育事业发展基本情况［EB/OL］.［2024－03－01］http://www.moe.gov.cn/fbh/live/2024/55831/sfcl/202403/t20240301_1117517.html.

［本文受 2022 年度教育部人文社会科学研究青年基金项目“习近平总书记关于英雄的重要论述融入思想政治理论课教育教学研究”资金资助，项目批准号为 22YJC710026；受 2022 度国家社科基金高校思政课研究专项一般项目“高校同频共振的思政育人格局建设研究”资金资助，项目批准号为 22VSZ121。］

作者简介

黄戈林，对外经济贸易大学党委教师工作部综合办公室主任，副研究员；研究方向：高校思想政治教育；电子邮箱：huanggelin@139.com。

孟昊，对外经济贸易大学人力资源处调配办公室主任，助理研究员；研究方向：高等教育管理；电子邮箱：menghao@uibe.edu.cn。

基于动态改进胜任力模型的高校留管干部队伍建设研究

张海波

摘　要：习近平总书记强调，要增强我国教育的国际影响力和话语权。2020年以来，习近平总书记五次给来华留学生群体回信，更凸显了党和国家对教育对外开放的高度关注。来华留学教育是教育对外开放的重要组成部分，有助于提升高校的国际化水平，推动世界一流大学的建设，为共建“一带一路”提供有力支撑。高校留学生管理干部作为一线工作者，肩负着培养学生知华友华情感、提供专业化管理服务的重任，对于提升中国教育国际声誉至关重要。本文以我国高等教育国际化的战略需求为遵循，结合笔者多年的一线工作经验，针对当前留学生管理干部队伍建设在体系标准、教育培训、考核评价等方面不够系统、不够精准等问题，探索动态改进的高校留学生管理干部胜任力模型，可应用于其体系与机制的构建、管理与服务的优化等方面。这一工作的开展将使得留学生管理干部的引育更加规范高效，推动高等教育国际化背景下的留学生管理工作取得新突破。

关键词：来华留学教育；留管干部；队伍建设；动态改进胜任力模型

一、基于动态改进胜任力模型建设高水平留管干部队伍的意义

留学生管理干部（以下简称“留管干部”）是来华留学事业发展的生力军。打造一支高素质、专业化、专家化的留管干部队伍，是新时期推动来华留学事业发展的重要保障。鉴于目前留管干部队伍建设在评价标准体系及教育培训方法等方面仍存在明显不足，而胜任力模型近年被广泛证实适用于群体能力评价，但目前在高校的应用大多聚焦于师资队伍建设，在留管队伍建设中的应用相对欠缺，且普遍未考虑构建动态性的胜任力模型以适应留管干部的动态需求。本文基于动态改进胜任力模型进行高校留管干部队伍建设研究，这对于贯彻落实

教育部提出的来华留学质量保障主题——“规范管理、提质增效”具有重要的理论意义和实践价值。

第一，从国家战略需求来看，一方面，加强留管干部队伍建设是贯彻落实习近平总书记关于教育的重要论述，推动来华留学事业健康有序发展的重要保障。在新的发展阶段，随着来华留学教育由“外延式”发展向“内涵式”发展演进，统筹“规模、质量、效益、公平”成为发展模式的关键词。留管干部作为从事留学生招生、管理和服务工作的主体，迫切需要在能力塑造上与工作要求相匹配，动态性持续提升队伍素质。另一方面，今年是“一带一路”倡议提出十周年，总体来看，这期间我国高水平教育对外开放取得硕果，国际认可度持续提升，高校留管干部队伍作为来华留学教育的重要支撑和保障，发挥了重要作用。面对新阶段、新形势和新要求，迫切需要调整优化胜任能力评价体系，对留管干部队伍进行更有针对性的培训和更加规范的选拔，从内隐特质和外显能力角度进行全方位塑造和提升，服务于我国高等教育国际化大背景。

第二，从研究主体特殊性来看，鉴于留管干部在工作对象和工作环境等方面的特殊性带来工作依托的政策法规、综合技能、专项技能、交际能力以及舆情应对等方面的特殊要求，一般的干部队伍建设法无法完全匹配和适用。而国家层面尚未发布专门针对留管干部的队伍建设意见，来华留学重点院校普遍也未针对该群体编制差异化干部队伍建设方案，难以满足我国来华留学事业内涵式发展的要求。高校如要深入落实好国家的来华留学愿景，就亟需梳理留管干部所需要具备的能力和素质，建立面向该群体的胜任能力评估方案，进而完善留管干部选拔、培养和考核等相关机制，服务于打造一支高素质、专业化、专家化的留管干部队伍。

第三，从研究方法适切性来看，首先，留管干部是高校职能部门的构成要素，是人力资源管理的重要部分。而胜任力模型是用于把人力资源管理和机构整体策略密切联合的关键性手段，因此，从应用对象来看具有适切性。其次，胜任力用于将绩效优异的人与绩效一般的人区分开，而在留管干部队伍中需要进行能力评价，用以检验工作能力，进行奖罚和差异化培养，从应用目标来看具有适切性。最后，胜任力能够引导一个团体加速提升核心竞争力，这也是留管队伍建设目前所迫切需要的，从应用导向来看具有适切性。

二、动态改进的高校留管干部队伍胜任力模型

胜任力模型是指人们作为某一特定角色或完成某个特定岗位事项必须具备的各项素养的组合。动态性是指胜任力是需要借助针对性的开发和训练来不断

提升的。为了避免主观先验带来胜任力标准设置的偏颇，同时使得本文提出的模型在留管工作要求随时代变化的背景下仍然具有可操作性，我们选择构建动态改进的高校留管干部队伍胜任力模型。考虑将留管干部必备素质归结为胜任力要素。通过文献检索选择一组初始的胜任力要素，据此构建胜任力模型，并用于对留管干部进行胜任力评价，得到胜任力优秀和一般的员工。随后对优秀员工进行访谈和行为分析，从而迭代完善胜任力要素。再基于完善后的要素构建胜任力模型，对留管干部进行评价。此过程循环往复，直至胜任力要素与优秀员工所表现出的特质相一致。此流程如图1所示。

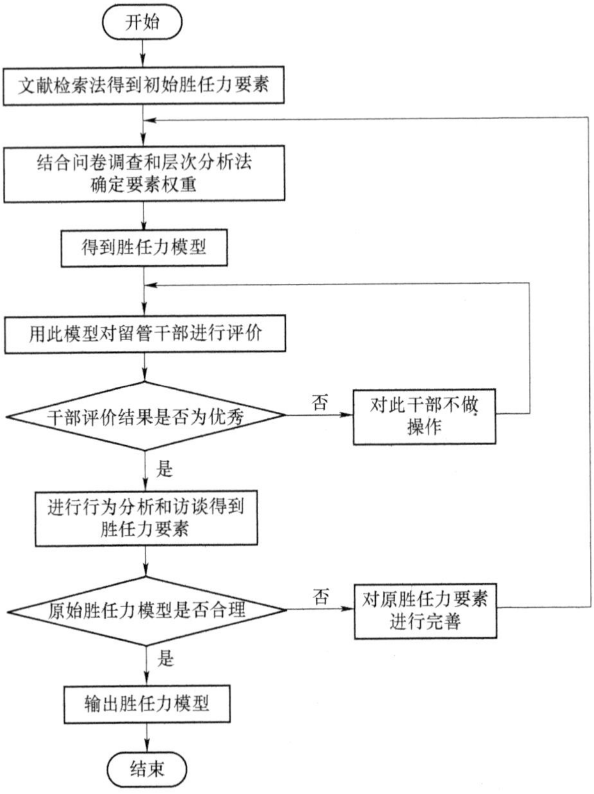

图1　动态改进的留管干部胜任力模型实现流程图

（一）文献检索法

我们对涉及留管干部人员能力和素质研究的文献进行检索分析发现，可以将各学者提出的要点归结为个人素养和专业能力两方面。其中，个人素养包括政治素养、思想道德素养、身心素养；专业能力包括外语能力、管理能力、学习能力、跨文化交际能力和应对突发事件能力。就这几种胜任力要素，我们设计并发放调查问卷，采用 Likert 的五点量表法，即被调查者需从数字 1—5 中选择恰当的数字，数字 1—5 依次代表“不重要”“不太重要”“一般重要”“比较重要”和“非常重要”。经统计调查问卷中各胜任力要素的得分情况，结合层次分析法可以得到各要素的权重，至此，我们构建了初始胜任力模型。

（二）行为分析法

本文依托构建的初始胜任力模型对从事一线留管工作的 20 名干部进行评价，在对象选择时我们兼顾了不同性别、不同职务、不同入职时间。按照评价结果将留管干部分为优秀和一般两个等级。对评价结果为优秀的群体进行行为分析，发现从政治素质来看，留管干部普遍能够及时跟进学习贯彻习近平总书记关于来华留学的重要论述，能够熟知近期召开的相关会议，发布的相关文件，传达的核心思想，能够以党中央最新指示为工作遵循。在处理留学生事务中能够立场坚定，严守国际交往“一线”，践行对党忠诚。从工作统筹能力来看，留管干部工作涉及对接校内外各部门各环节，能够对相关业务规章和工作流程了然于胸，与工作人员进行顺畅沟通，保持友好联络。从语言能力来看，与留学人员沟通时普遍能够以英语进行直接对话，同时还能掌握 1—2 门其他语言，能够较为妥善地处理文化等方面存在的差异性。从应对突发事件能力来看，普遍能够做到冷静应对，快速响应，尽量降低负面影响。至此，我们通过行为分析法可以对各胜任力要素的内涵进行丰富完善。

（三）专题访谈法

接下来，我们继续对评价结果为优秀的人进行访谈。访谈中我们主要设置 3 方面问题。（1）对日常的留管工作情境进行描述，包括但不限于日常作息，主要事务，个人心态，工作认同感和获得感；（2）印象深刻的几次工作事件，采用 STAR 方法，从情景（Situation）、任务（Task）、行为（Action）和结果（Result）四个方面来进行访谈；（3）工作以来感受到留管工作对能力要求的变化，包括但不限于随国家战略需求带来的变化，随个人工作岗位、职责或认知改变带来的变化；（4）个人认为留管干部应该具备的关键特质，按重要性进行阐述，并说明每个特质的内涵。随后，我们对访谈内容进行梳理形成文字，采用内容分析法筛选胜任力要素，并与行为分析法中得到的要素进行归并去重。再次采用 Likert 的五点量表法设计并发放调查问卷，结合层次分析法得到各胜任力要素权重，得到一次改进的胜任力模型。

接下来，我们可以通过重复行为分析和访谈过程进行多次迭代，直到筛选出的优秀者特质与依托的胜任力模型中所包含的要素相匹配。至此，便得到了对于当前时期而言较为完善的留管干部胜任力模型。

三、留管干部队伍建设重要路径

在考虑新时期留管干部胜任力提升时，要坚持问题导向和系统导向相结合。当前，制约留管干部能力提升的主要方面包括：（1）高校对留管干部群体重视程度尚待加强，加之国际化建设观念普遍相对单一和滞后，未能充分认识到在百年未有之大变局加速演进下留管干部扮演的重要角色。（2）对留管干部群体的能力建设谋划缺乏前瞻性和系统性。普遍仍采用“德、能、勤、绩、廉”的一般性标准进行评价，未能针对留管群体的特殊性设置针对性考核评价指标，且缺乏全链条式的管理培养方法，未能采用“能上能下”的选人用人策略。（3）留管干部素质亟需提升。留管工作对象和环境的复杂性带来对干部素质和能力的复合性要求，留管干部普遍在一些方面存在短板。且由于高校对于留管干部选人用人导向不够鲜明，导致留管干部难以发现个人问题，也缺乏有效的改善路径。

为有效应对这些问题，鉴于前文分析将胜任力模型应用于留管干部队伍建设具有适切性和必要性，我们考虑以胜任力为核心方法，谋划新时期留管干部队伍建设工作。总体路径如图2，主要可以从以下几个方面着手。

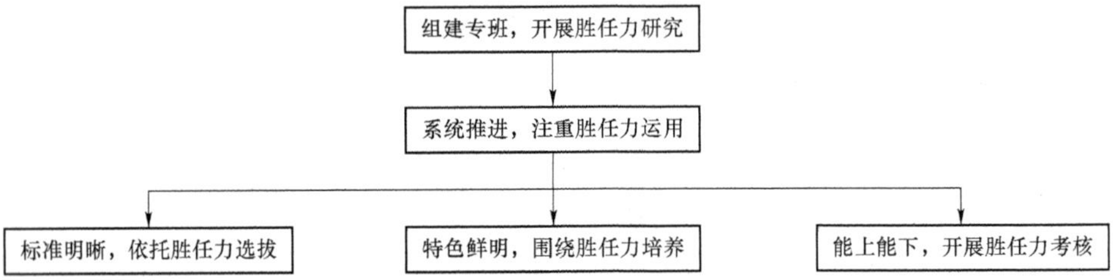

图2　系统化提升留管干部队伍建设的路线图

（一）组建专班，开展胜任力研究

可考虑从高校人事部门、国际处以及国际学院等留管干部队伍建设责任部门抽调人员组建专班，研究构建高校留管干部胜任力模型。参考本文图1中的构建方法，依托文献分析、行为分析、专题访谈和问卷调查等方式，筛选胜任力要素，赋权重后得到胜任力模型。同时，要注意模型构建并非一劳永逸，要根据国家战略、时代要求以及环境变化等因素定期优化调整胜任力模型，保证模型的科学性、时代性。

（二）系统推进，注重胜任力运用

构建胜任力模型后要善于充分利用这个工具指导留管干部队伍建设，要系统性设计，建立具有可操作性的长效机制。可考虑将胜任力模型融入留管干部选拔、培养、考核等关键环节，建立清晰明确的选人用人导向和标准，全方位提升留管干部内隐素质和外显能力，打造一支服务国家、可堪大用、能担重任的留管干部队伍。

（三）标准明晰，依托胜任力选拔

留管干部要抓好后继有人这个根本大计，要源源不断选拔使用适应新时代要求、具备领导现代化建设能力的优秀年轻干部。依托胜任力选拔可以避免主观因素干扰，使选拔过程更加公正、规范、标准。

依托胜任力的留管干部选拔需要考虑几个关键方面：（1）确定选拔时间和选拔频次。具体事项确定时需要与所在高校人事部门进行充分沟通，考虑每年固定时间随学校进行统一选拔以及根据人员变动和业务需求机动开展不定时选拔的方式相结合。（2）明确各岗位的选拔标准。依托胜任力模型确定各岗位的选拔任用标准，可考虑将理论考试和实践检验相结合，对参选人员进行岗位胜任力评价，择优确定拟聘用人选。（3）制定科学、规范的选拔程序。在确定岗位录用人选前要进行充分背调，主要考察人员的思想政治情况，要求立场信念坚定，不存在违法违纪情况。对通过背调的人员进行任前公示，并设置预聘用期。

（四）特色鲜明，围绕胜任力培养

开展有针对性的培训是系统提升干部素质的重要途径。各来华留学业务重点高校应参考教育部举办基层留管干部专题培训班的模式，结合构建的胜任力模型，开办特色鲜明、梯度培育的培训班。

围绕胜任力的留管干部培养模式建立需要考虑几个关键方面：（1）对留管干部进行分层分类。基于留管干部的职责以及职级划分成不同类型和不同层次，可根据留管干部队伍体量确定是否有必要构建细分的胜任力模型，即处于不同类型和层次的留管干部可能在胜任力要素的要求上有所区别，例如担任领导职位的干部对领导力的要求更高。（2）建立体系化的培训机制。从培训频次、培训形式、培训对象、培训内容等方面进行系统性设计。其中，培训频次上可以考虑包含中长期系统培训和短期专题培训，专题培训可以设定为自选参加。培训形式上可以考虑讲座、论坛、沙龙、能力大赛等形式开展。培训对象应根据不同的培训主题和培训目的确定，分为确定人选和自愿报名两种形式。培训内容主要围绕胜任力开设，针对重点、难点、薄弱点等方面设定，旨在分类施策，针对性地补齐短板弱项。（3）跟踪问效与动态优化。对培训效果进行阶段性评估，结合学员反馈及时优化调整培训课程和培训模式。

（五）能上能下，开展胜任力考核

对留管干部也要加强考核评价，要推动干部能上能下、能进能出，推动形成能者上、优者奖、庸者下、劣者汰的正确导向。将过程性考核与结果性考核相结合，形成高标准自我要求的良好风气。

对留管干部考核评价机制设计也要秉持系统性原则：（1）设定考核周期。可以采用过程性考核和结果性考核相结合的方式，过程性考核为常态化开展，结果性考核周期一般设定为学期和学年。（2）制定科学的考核评价机制。包括组建考核小组，制定细化的考核方案，依托胜任力模型设定考核指标，确定考核评价等次。（3）明确考核结果对应的奖惩举措。可考虑与个人绩效工资、评优评奖、休假、晋升等关联，起到激励和惩戒作用，以此作为留管干部“上、下”“进、出”的重要参考和依据。对多次考核评价均不通过的人员考虑进行编制内调岗或编制外不予续签。

参考文献

[1] 王志强，熊顺顺，龙泽海. 高校创业教育教师胜任力的多维结构模型及其改进策略——基于全国 1231 所高校的实证研究［J］. 教育发展研究，2021，41（03）：77－84.
[2] 阚萍. 胜任力视阈下高校基层管理干部职业能力建设研究[J]. 北京教育（高教），2020（11）：28－30.
[3] 黄冬纯. 基于胜任力模型的中职学校中层管理干部队伍建设研究［D］. 广州大学，2022.
[4] 肖萃. 铁路企业绩效考核体系设计研究探讨——基于动态改进的胜任力模型［J］. 科技创新导报，2013（09）：248－249.
[5] 苏绚. 陕西省来华留学生管理队伍能力提升问题研究［D］. 长安大学，2021.
[6] 赵少钦. 浅议高校留学生管理干部素质的提高［J］. 中国校外教育，2014（33）：16.

[7] 杜慧娟，任少平，魏雪梅. 后疫情时代高校学生干部胜任力模型的构建［J］. 昆明学院学报，2023，45（05）：97－109.
[8] 张爽，王书艳. 趋同化管理背景下地方高校留管干部队伍建设对策研究［J］. 科学咨询（教育科研），2021（08）：75－76.

作者简介

张海波，对外经济贸易大学国际学院学生事务部科长；研究方向：来华留学教育；电子邮箱：2320867923@qq.com。

来华留学生管理干部队伍角色现状和发展趋势研究

邵佳妮

摘　要：来华留学生管理干部队伍在推进中国特色大国外交战略和教育对外开放中发挥着重要作用，扮演着重要角色。新时代中国经济和技术的飞速发展带来生活和学习方式的变化，纷繁复杂的国际形势给人员的交流带来新的挑战，新时代来华留学生的来源和结构等呈现出新特征，如何应对新时代的来华留学生管理给来华留学生管理干部提出了新的要求。本文从来华留学生管理干部队伍角色现状出发，分析新时代来华留学生管理面临的挑战，探索新时代来华留学管理队伍发展和建设方向，为来华留学生管理工作提供参考。

关键词：来华留学；留学生管理；留管队伍建设

来华留学事业是我国教育工作的重要组成部分，是教育对外开放的重要内容，也是国家软实力输出的重要切入点。来华留学工作在我国教育开放事业中扮演着重要角色。据统计，2023 年，我国共有来自 214 个国家和地区的 51.6 万名国际学生在中国高校就读，其中 28.9%是学历生，71.1%是非学历生[①]。来华留学生来我国学习生活，在提高教育培养质量的前提下，保障来华留学生的合法权益，尊重其文化差异，培养其中华情怀，也是管理工作的重要方面。来华留学生管理干部队伍在对来华留学生进行有效教育管理中发挥着一线作用。

根据深入推进中国特色大国外交战略需要，高校来华留学生管理干部队伍的职业化专业化发展逐渐成为一个重要制度性安排和日益明显的大趋势。在当前党和国家对高校来华留学生管理工作提出更多更高要求，而高校来华留学生管理干部队伍在职业发展、角色认同等方面面临诸多问题的背景下，在推进培养知华友华人士、推动中外学生趋同化管理方面所发挥的作用不仅关系着高校国际合作交流工作的实际成效，也影响着来华留学生管理干部队伍发展的取向与水平。

---

① https://baijiahao.baidu.com/s?id＝1779254322346070292

一、当前来华留学生管理干部队伍角色现状

当前，来华留学生管理因其相对特殊的属性，在高校中有专门的二级机构负责管理。从管理形式上大致可以按照来华留学生规模大小分类。接受来华留学生数量相对较小的高校，一般由高校的国际合作交流部门负责；接受来华留学生数量较多的高校一般成立独立的国际交流学院负责。在涉及招生、录取、签证、管理、培养、学历以及毕业等各环节中，来华留学生管理部门所承担的职能边界相对模糊，有的高校定性为人才培养部门，有的高校定性为行政管理机构，有的学校定性为创收单位，不一而足。不同定性的缘由多以历史原因、来华留学生规模和管理惯例形成。不同的定性导致管理部门来华留学生管理干部队伍角色的不同。来华留学生培养工作大部分由高校原有人才培养学院承担，但来华留学生因来自不同的文化背景，培养与评价过程中多需要人才培养学院配备专门力量进行管理，这就产生了学院层面的来华留学生管理干部，与之而来的就是因边界不清晰产生的学院层面来华留学生管理干部的角色职能不清晰。本文所探讨的来华留学生管理干部既包括学校层面也包含学院层面，以大类的方式探讨。

（一）精细化管理模式

1. 因学生素质导致的精细化管理。来华留学生从结构上来说，大多来自发展中国家，汉语水平相对较低，部分学生不具备基本生活所需要的汉语水平，为了能保证其顺利在中国生活，精细化管理在很多来华留学生身上有很强烈的体现。接受精细化管理的来华留学生也对管理干部产生了较强的依赖心理，来华留学生管理干部队伍中不乏“刘妈妈”“李妈妈”之类的称呼。精细化管理以亲情打动学生，对很多工作的开展铺平了道路，但也给来华留学生管理干部增加了很多非业务压力。

2. 因技术差异产生的精细化管理。中国的电子科技飞速发展，给人民生活带来极大便利。特别体现在移动支付上，移动支付的便利性已经改变了国人的生活习惯。而在移动支付不发达的国家，使用信用卡、现金以及支票成为习惯，移动支付成为来自这些国家留学生的“支付壁垒”。为了保证这些学生能够顺利在中国生活和学习，必要的精细化管理成为弥补因各国技术差异导致的不便的手段。

3. 因文化差异形成的精细化管理。当前，中国境内有来自 214 个国家和地区来华留学生，文化的差异导致不同国家和民族的留学生对生活和学习有不同

的需求，有些因信仰等产生的需求甚至是刚性的。为了避免因文化差异导致的冲突，不得不提供必要的精细化管理。

（二）制度化的管理模式

1. 依托国家规定的制度化。我国自1985年国家教育委员会、外交部、文化部、公安部、财政部就经国务院批准制定了《外国留学生管理办法》，2000年，教育部、外交部、公安部联合发布第9号令，颁布了《高等学校接受外国留学生管理规定》，2009年，教育部颁布了《关于规范我高等学校接受外国留学生有关工作的通知》，2017年，中华人民共和国教育部、中华人民共和国外交部、中华人民共和国公安部联合发布第42号令，颁布了《学校招收和培养国际学生管理办法》，此外还有涉及奖学金生管理、签证管理、社会管理等一系列的文件，这些都是国家根据发展形势的变化颁布实施的制度化管理文件，这些文件为来华留学生管理提供了制度依据。

2. 各高校推进的制度化。根据国家依法治校的总体安排和要求，各高校相继推进依法治校工作，最重要的一个举措就是健全制度。从当前对国内各高校来华留学生管理制度梳理的情况看，呈现出几个特征：一是制度有缺失，存在依靠惯例管理的情况。二是制度不规范，以部门发布的形式制定管理文件，用以管理全校的来华留学生。三是制度不健全，因为职责边界不清晰导致部分管理制度缺失的现象在来华留学生管理方面比较突出。

二、新时代来华留学生管理面临的挑战

（一）趋同化管理带来的管理挑战

随着我国经济高速发展、教育质量持续提高、综合影响力全面提升，来华留学生的规模持续扩张，来源类型等生源结构也不断优化，目前中国已成为世界第三、亚洲最大的留学目的国。随着质量的提升，趋同化管理成为必要要求。如何在“异”中求“同”，如何区别“趋同”和“相同”，这都成为来华留学生管理工作不可回避的命题。趋同化管理体现在实际工作的各个方面，比如入学要求的趋同、培养形式的趋同、考核要求的趋同，等等，特别是2018年10月教育部发布了《来华留学生高等教育质量规范（试行）》，要求“高等学校需要向来华留学生予以基本医疗及心理咨询服务，使来华留学生的社会医疗及心理咨询需求得到有效满足”。可以说趋同化管理体现在了来华留学生生活和学习的各个方面。

（二）跨文化适应带来的管理挑战

来华留学生的跨文化适应首先体现在社会生活方面，用汉语也就是来华留学生的非母语进行交流的差异，要求其尽快掌握语言技能。不同的生活习惯带来饮食等方面的差异。其次，来华留学生本国文化与中国传统文化和当代文化的差异，要求其应该快速学习并融入中国文化，但文化的差异导致来华留学生难以快速与中国学生产生良好互动，甚至会因文化背景和理解的差异导致冲突。还有在华留学期间的学习以及心理适应，体现在语言学习和专业教育的脱节，都给来华留学生管理工作增加了额外的负担。语言支持和跨文化教育以及用合适的方式开展心理辅导都是来华留学管理工作中无可回避的挑战。

（三）经济形势带来的管理挑战

联合国发布的《2024 年世界经济形势与展望》显示，“虽然世界经济在 2023 年避免了最糟糕的衰退情况，但长期低增长的阴影依然存在。许多发展中国家，特别是脆弱国家和低收入国家的增长前景依然疲弱，使全面恢复疫情造成的损失变得更加渺茫”。东南亚和非洲等地区经济都呈现疲软和增长放缓的状态。对来华留学的冲击就是，来华留学的能力降低，2019 年以前保持持续增长态势的来华留学生的数量将根据经济形势减少，规模效应降低，给来华留学管理工作的提质增效带来巨大挑战。

三、新时代来华留学管理队伍应当承担的责任

（一）更加专业化

提供专业化的管理是所有管理工作应该实现的目标之一。如何让管理专业化，跟工作对象高度相关。来华留学生管理工作体现在招生培养等各个工作环节，如前所述每个环节都体现出其特殊性。如何在特殊性中体现专业化，需要加强以下几个方面的支撑：一是提供更加专业化的语言支持。来华留学生能够快速融入中国的生活和学习的必备工具就是语言，授人以鱼不如授人以渔，帮助其迅速掌握语言技能是趋同化管理的第一步。二是加强跨文化教育。跨文化教育的目的是增进各方的相互认同，同时消除因文化差异导致的不必要冲突。一些对来华留学生的不认同和不认可，一部分是由来华留学生的个人素质造成的，更多的可能是因为文化差异造成的。三是形成专业化的管理系统。来华留学生管理的专业化绝不是某一个环节某一个部分的专业化，而是整个管理系统

的专业化，系统推进来华留学生管理工作的专业化才能切实整体提升来华留学生管理水平。

（二）更加职业化

随着来华留学生数量的增多、国家对国际交流合作的重视、各高校对来华留学生管理工作的投入以及民众对来华留学生关注度的增强，应该将来华留学生管理工作职业化的问题放到一个更广阔的视域内来加以考量。本文认为，来华留学生管理工作者的职业化，从微观层面考虑，应从其入职考察、职业培训、发展路径和评价体系来推进。入职考察除了高校管理工作者应当具备的素质外，应充分考虑其语言水平、沟通能力以及对不同文化的包容度。应加强职业培训，以应对当前面临的纷繁复杂的世界环境，以及错综复杂的政策变化，特别是对国家新的大政方针的理解。来华留学生管理工作内容相对综合，但工作对象相对单一，与之而来的就是发展路径相对封闭，应考虑对来华留学生管理干部队伍设置并拓展切实可行的发展路径，以利于保持队伍的专业化职业化和稳定性。考虑来华留学生管理工作的职业敏感性，对其工作的评价应当更科学化地去设置，形成更加合理体系化的评价标准。

（三）服务中国特色大国外交战略

2014 年，习近平总书记在全国留学工作会议上强调，新形势下，留学工作要适应国家发展大势和党和国家工作大局，统筹谋划出国留学和来华留学，综合运用国际国内两种资源，培养造就更多优秀人才，努力开创留学工作新局面。统筹推进来华留学工作是进一步服务国家大国外交的要求、同时也是落实教育对外开放的使命要求，更是国内高校推进内涵式发展，建设一流高校的必然要求。所以，来华留学生管理工作必须服务于中国特色大国外交战略。2020 年以来，习近平总书记分别给北京大学、北京科技大学以及南京审计大学的来华留学生回信，对他们主动了解中国国情和中国共产党历史予以认可，对他们通过实地走访和课堂学习的方式了解认识中国予以认可，对他们结识中国朋友、了解中国政策予以认可，并鼓励他们“同世界各国青年一道，携手为促进民心相通、推动构建人类命运共同体贡献力量”。这些都是中国大国外交政策的需要，来华留学生管理工作服务中国特色大国外交战略，责无旁贷。

参考文献

[1] 朱国辉. 高校来华留学生跨文化适应问题研究［D］. 华东师范大学，2011.
[2] 杨洪泽. 当代大学生思想政治教育实效性研究［D］. 东北师范大学，2013.

[3] 周谷平，阚阅. “一带一路”战略的人才支撑与教育路径 [J]. 教育研究，2015，36（10）：4－9＋22.
[4] 魏浩，袁然，赖德胜. 中国吸引留学生来华的影响因素研究——基于中国与全球 172 个国家双边数据的实证分析[J]. 教育研究，2018，39（11）：76－90.
[5] 习近平总书记给北京科技大学全体巴基斯坦留学生回信，2020 年 5 月 17 日。
[6] 钟秉林，南晓鹏. 后疫情时代我国高等教育发展的宏观思考[J]. 教育研究，2021，42（05）：108－116.
[7] 习近平给北京大学的留学生们回信，2021 年 6 月 21 日。
[8] 方丽华. 地方高校中来华留学研究生跨文化适应问题研究——以 H 大学为例 [J]. 文化创新比较研究，2023，7（19）：159－163.
[9] 习近平给南京审计大学审计专业硕士国际班的留学生回信，2023 年 7 月 4 日。
[10] 联合国经济和社会事务部发布《2024 年世界经济形势与展望》，2024 年 5 月 16 日。

作者简介

邵佳妮，对外经济贸易大学国际学院学历教育事务部主任，助理研究员；研究方向：留学生教育管理；电子邮箱：01766@uibe.edu.cn。

疏解非首都功能背景下高等学校事业编制外用人管理规范研究

朱宝善　王基镔

摘　要：在疏解非首都功能的战略背景下，高等学校作为人才培养和科研创新的重要基地，面临着人员编制紧缺的严峻挑战。为应对这一挑战，高等学校开始探索事业编制外用人管理的新模式。本文首先分析了高等学校人员编制紧缺的现状及原因，接着深入探讨了事业编制外用人管理的必要性与可行性，并在此基础上提出了规范事业编制外用人管理的对策建议，以期为高等学校的人力资源管理提供参考。

关键词：疏解非首都功能；高等学校；人员编制紧缺；事业编制外用人；管理规范

一、引言

随着北京非首都功能的疏解，高等学校在优化资源配置、提升教育质量和服务社会能力方面承担着更加重要的任务。然而，当前高等学校普遍面临人员编制紧缺的问题，这严重制约了高等学校的发展。为解决这一问题，高等学校开始尝试事业编制外用人管理，以补充人力资源，提高工作效率和服务质量。为加强和规范用人管理，比如，教育部也制定了《高等学校科研助理管理办法（暂行）》，规定高等学校科研助理是学校专职科研队伍的重要组成部分，高校要继续深化内部科研体制和用人机制改革，结合高校教学科研的实际情况，在实践中逐步建立起一支优秀的专职科研队伍[1]。本文旨在深入探讨如何规范事业编制外用人管理，以适应疏解非首都功能的新要求，推动高等学校事业的持续健康发展。

二、高等学校人员编制紧缺的现状及原因

（一）现状

当前，高等学校人员编制紧缺的问题日益凸显，主要表现在以下三个方面：

1. 教职工数量不足。随着高等学校的扩招和学科建设的不断深入，教职工数量严重不足，导致教学、科研和管理工作压力大，影响了教育教学质量。

2. 专业人才短缺。特别是在新兴学科和交叉学科领域，由于缺乏专业人才，难以满足教学和科研需求，影响了高等学校的学术声誉和竞争力。

3. 人员结构老化。由于历史原因和体制限制，高等学校的人员结构普遍老化，年轻教师比例偏低，缺乏活力和创新精神，难以适应新时代高等教育的发展需求。

（二）原因

高等学校人员编制紧缺的原因主要包括以下三个方面：

1. 编制管理政策滞后。现有的编制管理政策未能及时适应非首都功能疏解和高等教育发展的新形势，导致编制调整不够灵活，无法满足高等学校的实际需求[2]。同时，编制管理权限过于集中，审批程序繁琐，也制约了高等学校人员编制的及时调整。

2. 内部管理机制不灵活。高等学校在人才引进、培养和使用方面存在机制不灵活的问题。一方面，人才引进渠道单一，难以吸引和留住优秀人才；另一方面，人才培养和使用机制不完善，导致现有教职工的潜力无法充分发挥。

3. 财政投入不足。高等学校的财政投入有限，难以承担大量编制内人员的薪酬和福利支出。同时，由于财政拨款与人员编制挂钩，高等学校在扩大编制规模方面面临较大的经济压力。

三、事业编制外用人管理的必要性与可行性

（一）必要性

事业编制外用人管理对于缓解高等学校人员编制紧缺的矛盾具有重要意义。具体表现在以下四个方面：

1. 补充人力资源。通过招聘事业编制外人员，高等学校可以吸引更多的优秀人才，补充专业力量和年轻血液，缓解教职工数量不足和专业人才短缺的问题。这有助于提升高等学校的教学和科研水平，推动学科发展和创新。

2. 提高教学和科研水平。事业编制外人员往往也具有丰富的实践经验和专业知识，他们的加入可以提升高等学校的教学和科研水平。通过与编制内

人员的合作与交流，可以推动学术思想的碰撞与创新，促进高等学校的学术发展。

3. 增强自主性和灵活性。事业编制外用人管理有助于高等学校适应市场经济规律，增强自主性和灵活性。高等学校可以根据实际需求和市场变化及时调整用工规模和用工方式，更好地应对各种挑战和机遇。这有助于高等学校在激烈的市场竞争中保持领先地位[3]。

4. 推动人事制度改革。事业编制外用人管理是高等学校人事制度改革的重要方向之一。通过探索和实践事业编制外用人管理的新模式，可以推动高等学校人事制度的创新与完善，为高等学校的长期发展奠定坚实基础。

（二）可行性

事业编制外用人管理的可行性主要体现在以下五个方面：

1. 政策支持与法律保障。近年来，国家层面及地方政府均出台了一系列政策文件，鼓励事业单位探索灵活多样的用人方式，以适应经济社会发展的新需求。这些政策为事业编制外用人管理提供了明确的导向和支持。同时，《劳动合同法》等相关法律法规的完善，为事业编制外人员提供了法律保障，保障了他们的合法权益。

2. 实践探索与成功经验。目前，许多事业单位已经在事业编制外用人管理方面进行了广泛的实践，并取得了显著的成功经验。这些实践为高等学校提供了可借鉴的范例，证明了事业编制外用人管理的可行性和有效性。

3. 市场需求与人才供给。随着非首都功能的疏解和高等学校职能的转变，许多岗位对专业人才的需求日益增加。而事业编制名额有限，难以满足所有岗位的需求。因此，事业编制外用人管理成为满足市场需求的重要途径。同时，社会上有大量具备专业技能和工作经验的人才愿意在高等学校中发挥自己的才能，为高等学校提供了丰富的人才资源。

4. 灵活性与适应性。事业编制外用人管理具有较高的灵活性，可以根据高等学校的实际需求和市场变化及时调整用工规模和用工方式。这种灵活性有助于高等学校更好地应对各种挑战和机遇，保持组织的活力和竞争力[3]。

5. 经济性与效率性。与事业编制内人员相比，事业编制外人员在薪酬、福利等方面的支出通常不高，这有助于高等学校节约人力成本，提高经济效益。同时，通过优化事业编制外人员的管理和激励机制，可以激发他们的工作积极性和创造力，提高工作效率和服务质量。这有助于高等学校在有限的财政投入下实现更大的社会效益和经济效益[4]。

四、规范事业编制外用人管理的对策建议

（一）完善政策法规

建议相关部门制定或修订关于事业编制外用人管理的政策法规，明确其法律地位、权益保障、薪酬待遇等问题。确保事业编制外人员与编制内人员享有同等的劳动权益和职业发展机会。具体而言，可以制定专门的事业编制外人员管理条例，明确其招聘、使用、考核、晋升、离职等方面的具体规定。同时，加强对事业编制外人员的法律保护，确保其合法权益不受侵害。

（二）建立健全管理制度

高等学校应建立健全事业编制外用人管理制度，包括招聘、培训、考核、晋升、离职等各个环节。制定针对性的培训计划，提高事业编制外人员的专业技能和综合素质。同时，建立公平、公正、透明的考核机制，激励事业编制外人员积极工作。具体而言，可以设立专门的事业编制外人员管理部门（如人事部门下设机构或专门岗位），负责其日常管理、考核和晋升等工作。同时，建立完善的培训体系，为事业编制外人员提供必要的职业技能培训和职业发展指导。

（三）协同多部门分工管理

高等学校应明确各相关部门职责，合作分工协同管理事业编制外人员。高等学校人事部门主要负责事业编制外人员的宏观管理，用人单位是事业编外人员管理的具体责任单位，负责日常的管理、考核、培训等，工会是事业编外人员管理的监督部门，依法维护相关人员的合法权益、处理劳动争议等。

（四）加强监管与评估

教育部门应加强对高等学校事业编制外用人管理的监管与评估，确保其合法合规、公平公正。定期对高等学校的事业编制外用人管理情况进行检查和评估，发现问题及时整改。同时，建立投诉举报机制，保障事业编制外人员的合法权益。具体而言，可以设立专门的监管机构或委托第三方机构对高等学校的事业编制外用人管理情况进行定期检查和评估。同时，建立投诉举报渠道，鼓励事业编制外人员积极维护自己的合法权益。

（五）优化薪酬与激励机制

高等学校应建立合理的薪酬与激励机制，吸引和留住优秀的事业编制外人员。根据事业编制外人员的岗位性质、工作表现等因素制定合理的薪酬标准。同时，设立优秀事业编制外人员奖励制度，激发其工作积极性和创造力。具体而言，可以参照市场薪酬水平，为事业编制外人员制定具有竞争力的薪酬标准。同时，设立各种奖励制度，如优秀员工奖、创新成果奖等，激励事业编制外人员积极工作、创新创造。

（六）推动信息化建设

利用现代信息技术手段，建立事业编制外用人管理信息系统，实现人员信息的动态管理、数据分析与决策支持。开发事业编制外人员管理软件，实现人员信息的实时更新和查询。利用大数据分析技术，对事业编制外人员的管理情况进行深入分析和挖掘，为决策提供科学依据。具体而言，可以建立事业编制外人员数据库，实现人员信息的集中管理和共享。同时，开发专门的管理软件，方便高等学校对事业编制外人员进行日常管理、考核和晋升等操作。利用大数据分析技术，对事业编制外人员的管理数据进行深入挖掘和分析，为高等学校提供科学决策支持。

（七）加强文化建设与融合

高等学校应注重事业编制外人员的文化建设与融合，增强其归属感和认同感。通过组织各种文化活动、团队建设等方式，促进事业编制外人员与编制内人员的交流与合作，形成良好的工作氛围和团队精神。具体而言，可以定期组织文化讲座、团队建设等活动，增强事业编制外人员对高等学校文化的了解和认同。同时，鼓励事业编制外人员参与高等学校的各种社团组织和志愿服务活动，增强其归属感和团队协作精神。

（八）探索多元化用人模式

高等学校可以积极探索多元化用人模式，如科研助理、劳务派遣、项目合作、兼职聘用等，以满足不同岗位和项目的需求。通过多元化用人模式，可以更加灵活地调配人力资源，提高工作效率和服务质量。具体而言，可以根据不同岗位和项目的需求，选择合适的事业编制外用人模式。例如，对于辅助科研项目申报、结题、财务审计等岗位可以通过聘用科研助理的方式；对于临时性、辅助性岗位可以采用劳务派遣方式；对于专业性强的项目可以采用项目合作方式；对于需要特定技能或经验的人员可以采用兼职聘用方式等[5]。

五、结论

疏解非首都功能背景下，高等学校人员编制紧缺问题亟待解决。事业编制外用人管理作为一种有效的补充方式，具有必要性和可行性。通过完善政策法规、建立健全管理制度、加强监管与评估、优化薪酬与激励机制以及推动信息化建设等措施，可以规范事业编制外用人管理，为高等学校的发展提供有力的人力资源保障。同时，政府和社会各界也应给予更多的关注和支持，共同推动高等学校事业编制外用人管理的健康发展。在实施过程中，高等学校应注重事业编制外人员的文化建设与融合，探索多元化用人模式，以满足不同岗位和项目的需求，提高工作效率和服务质量。

参考文献

[1] 教育部. 高等学校科研助理管理办法（暂行）[Z]. 2010.
[2] 赵成伟，姚尧. 疏解非首都功能背景下高校外迁问题研究 [J]. 北京城市学院学报，2021（03）：1－6.
[3] 赵瑛，李天富，马涛. 论高校编制外用工管理规范化的实施路径 [J]. 教育观察，2020，9（37）：76－79.
[4] 贾静，彭军. 高校编外人员管理问题及对策 [J]. 人才资源开发，2021（02）：35－36.
[5] 卢冰. 高校编制外人员用工管理模式初探 [J]. 现代商业，2018（18）：61－62.

作者简介

朱宝善，北京科技大学人事处副处长，副研究员；研究方向：高校人力资源管理；电子邮箱：zhubaoshan@ustb.edu.cn。

王基镔，北京科技大学人事处科长，助理研究员；研究方向：高校人力资源管理；电子邮箱：wangjibin@ustb.edu.cn。

新时代背景下高校高层次人才党建创新策略研究

刘金兰　金健宇

摘　要：本文探讨了高校高层次人才党建工作的创新策略，强调在新时代背景下，高校应以提升人才凝聚力和引领力为核心，推动党建工作与人才发展深度融合。首先，提出了构建以人为本的党建服务体系，通过个性化关怀和精准服务满足高层次人才的需求。其次，倡导将学术研究与党建工作相结合，打造学术型党组织，增强人才队伍的创新活力。再者，建议利用信息化手段创新党建模式，提升党建工作的效率和影响力。最后，强调培养高层次人才的党性修养，通过教育培训和实践锻炼提高其政治素质。整体策略旨在强化高校高层次人才的党建引领作用，促进高等教育事业的健康发展。

关键词：高校；高层次人才；党建工作；创新策略；信息化

一、高校高层次人才党建工作的现状与挑战

党的二十届三中全会通过的《中共中央关于进一步全面深化改革、推进中国式现代化的决定》（以下简称《决定》）指出，“统筹推进教育科技人才体制机制一体改革”。这是继党的二十大确定“教育、科技、人才是全面建设社会主义现代化国家的基础性、战略性支撑”后，又一项重大战略部署，为自主培养创新型人才、构建支持全面创新体制机制、实现高水平科技自立自强指明了改革方向。

习近平总书记指出，“办好中国的事情，关键在党，关键在人，关键在人才”，多次强调了人才这个“第一资源”必须牢牢掌握在党的手中。高校是高层次人才的聚集地，高层次人才是高校教师的先锋队伍，是人才培养、学科建设、科技创新的骨干力量，肩负着“传道、授业、解惑”的重任。随着“双一流”建设的推进，国内高校自主培养了许多学科领军人物，同时也以具有竞争力的科研条件和薪资待遇吸引了一大批高层次海归人才。中青年高层次人才已成为我

国高校学科前沿的主力军，肩负着落实高校立德树人任务的重大责任。如何做好高层次人才政治引领工作，团结和服务好高层次人才，将人才优势转换为党和国家发展的竞争优势，是新形势下高校党建人才工作需要研究和解决的重要课题之一。

（一）高层次人才的界定与分布特征

高层次人才通常指的是在学术研究、技术创新、教育教学等领域具有显著成就和影响力的专家与学者。他们拥有深厚的学科背景，丰富的实践经验，以及对行业发展的重要影响力。在高校中，高层次人才主要包括院士、长江学者、国家杰出青年科学基金获得者、千人计划和万人计划入选者等。

分布特征上，高层次人才往往集中在顶级高校和重点学科。这些人才的地域分布呈现出不均衡性，一线城市和东部发达地区的高校由于资源丰富、学术环境优越，吸引了更多的高层次人才。同时，不同学科领域间的高层次人才数量也存在差异，自然科学、工程技术、医学等领域的人才相对较多，而人文社科领域的高层次人才则相对较少。此外，随着全球化进程的加速，部分高层次人才在国际间流动频繁，他们在国内外高校间承担着教学、科研合作的重要角色。

（二）当前高校高层次人才党建工作的基本情况及必要性

当前，高校高层次人才党建工作已取得显著成效，形成了以学术领军人物为核心的党员队伍，他们在教学、科研和社会服务中发挥着先锋模范作用。高校普遍设立了专门的党组织，负责高层次人才的思想政治工作，通过组织各类学习活动，如党课、研讨会等，强化党的理论教育。同时，注重将党建工作与人才培养、学科建设相结合，力求实现党建与业务工作的深度融合。然而，高层次人才群体的流动性大、工作繁忙、思想多元，给党建工作带来了新的挑战。目前的党建工作模式在一定程度上仍存在针对性不强、方式方法较为传统的问题，难以满足高层次人才的个性化需求。部分高层次人才对党建活动的参与度不高，党建工作如何更好地吸引和服务这一特殊群体，成为亟待解决的问题。

1. 坚持党管人才原则的需要

党的十九大报告指出，人才是实现民族振兴、赢得国际竞争主动的战略资源。要坚持党管人才原则，聚天下英才而用之。“党管人才”是我党人才工作的重要原则，加强对人才的政治引领是党管人才原则的深化和具体化。要发挥政治引领吸纳作用，发挥党组织凝聚人才、服务人才作用，努力形成凝聚人才干事创业的磅礴力量。要积极创新教育引导方式，深入开展“爱国、奋斗”精神教育，引导各类人才增强“四个自信”，巩固共同思想政治基础。这不仅有利于巩固和扩大党的执政基础，提高党的执政能力，而且有利于大力实施人才强国战略，为全面建成小康社会提供坚强的人才保障。

2. 坚持立德树人根本任务的需要

立德树人作为教育工作的主线和高校的立身之本，首先就要坚持不懈地立师德、树人师。坚持社会主义办学方向是新时代坚持和发展中国特色社会主义教育的根本原则。坚持为党育人、为国育才是高等教育不变的初心和使命。坚持社会主义办学方向，就要把“教师队伍建设”作为根本依靠。作为高校教师队伍中的核心力量，高层次人才是普通师生的学习榜样，是各项高校建设事业的中流砥柱。积极做好高校高层次人才政治引领工作，不仅能激励他们在政治和业务方面全面进步，同时能借助他们的力量，扩大和加深党在广大青年学生中的直接影响，带动更多青年学生向党组织靠拢并投身社会主义现代化建设中。

（三）高校高层次人才党建工作面临的主要挑战

高校高层次人才党建工作面临多重挑战。首先，由于高层次人才的工作特性，他们往往时间紧张，参与党建活动的时间有限，导致党建工作的有效覆盖难度增大。其次，高层次人才的思想观念多元，对党建工作的需求和期待呈现出个性化趋势，如何满足其精神文化需求并激发其参与热情是一大难题。再者，传统的党建工作模式可能难以适应高层次人才的交流习惯和信息获取方式，需要创新党建工作的形式和手段。此外，如何在尊重学术自由和科研创新的同时，有效发挥党组织的引领作用，确保高层次人才的党建工作与学术工作相辅相成，是又一重要挑战。最后，对于海外归来的高层次人才，如何做好跨文化交流，增强其对中国特色党建的理解和认同，也需要深入探索。

综上，党的教育方针为高校高层次人才党建工作提供了明确的方向和坚实的理论基础，两者互为支撑，共同促进高层次人才全面发展，为我国高等教育事业和社会主义现代化建设输送更多优秀人才。

二、高校高层次人才党建工作的创新路径

（一）构建新型党组织架构

高校高层次人才党建工作的创新策略中，构建新型党组织架构是关键一步。这一架构应以强化党组织的服务功能为核心，注重党组织与学术组织的协同作用，促进党建与业务工作的深度融合。具体来说，可以考虑以下四点：

一是设立专门的高层次人才党支部，将党组织建在人才密集的地方，使党建

工作更贴近高层次人才的工作生活实际，增强党组织的吸引力和凝聚力。这种支部应由具有较高威望和影响力的党员学者担任负责人，以便更好地引导和影响高层次人才队伍。二是推行“双带头人”制度，即学术团队负责人与党组织负责人由同一人担任，确保党的路线方针政策在学术研究中得到贯彻执行，同时也能提升党组织在学术决策中的影响力。三是建立灵活的党组织活动形式，如定期举办高层次人才研讨会，结合学术交流讨论党的理论和实践问题，使党建工作与学术研究相互促进。四是强化党组织与行政管理层的沟通协调，确保党建工作的决策能够有效转化为学校的人才培养和科研管理政策，为高层次人才提供良好的发展环境。

通过上述方式构建的新型党组织架构旨在打破传统党建工作的边界，使党组织成为高校高层次人才成长的坚强后盾，推动高校党建工作的现代化和专业化。

（二）强化线上党建平台建设

随着信息技术的快速发展，线上平台已成为高校高层次人才交流、学习和参与党建活动的重要载体。强化线上党建平台建设，旨在打破时间和空间限制，提高党建工作的便捷性和实效性。具体策略包括以下四点。

一是建立功能完善的在线党建信息系统。该系统应包含党建资讯发布、学习资料共享、在线研讨、党务工作管理等功能，以满足高层次人才多元化、个性化的需求。例如，可以设立专门的党建论坛，鼓励高层次人才就热点问题展开讨论，增强思想交流。二是开发移动党建 App。利用智能手机的普及，开发易于操作、内容丰富的党建 App，使得党员能在任何时间、任何地点进行学习和互动。App 可包含党课学习模块、党员风采展示、在线党日活动等功能，提升党建工作的吸引力和参与度。三是运用社交媒体和直播技术。通过微信公众号、微博等社交平台，实时推送党建动态，扩大覆盖面；同时，利用直播技术开展线上党课、报告会等活动，使高层次人才即使身处异地也能同步参与，增强党组织的凝聚力。四是实施数据驱动的精细化管理。通过收集和分析线上平台的用户行为数据，了解高层次人才的学习习惯和需求，为优化党建内容和服务提供数据支持。例如，定期进行用户满意度调查，根据反馈调整平台功能和内容，确保其贴合高层次人才的实际需求。

通过上述措施，线上党建平台将成为高校高层次人才党建工作的重要辅助工具，促进党建工作与高层次人才队伍的深度融合，提升党建工作的现代化水平。

（三）实施个性化与精准化的党建服务

在高校高层次人才党建工作中，实施个性化与精准化的党建服务是提升工作效果的关键。这一策略旨在满足高层次人才多元化、个性化的需求，强化党组织的吸引力和凝聚力。

首先，通过深入了解高层次人才的思想动态、学术追求以及生活需求，党组织可以定制符合其特点的党建活动。例如，组织专题讲座，邀请业界专家就高层次人才关注的前沿问题进行交流，既满足了他们的学术需求，又强化了党性教育。其次，精准对接高层次人才的职业发展，将党建工作融入到他们的科研和教学活动中。比如，设立党员先锋岗，鼓励党员在科研项目中发挥模范作用，通过实际行动展示党的先进性和战斗力。同时，为高层次人才提供职业规划和咨询服务，帮助他们在职业道路上更好地发挥党员的引领作用。再次，加强情感关怀，建立一对一的联系机制，定期进行谈心谈话，解决高层次人才在工作和生活中遇到的实际困难。这种个性化服务能增进党组织与高层次人才的亲近感，增强他们对党组织的归属感。最后，利用大数据和信息化手段，构建智能化的党建服务平台，实现服务信息的精准推送和反馈收集。这不仅能提高服务效率，也能及时了解并回应高层次人才的需求变化，确保党建服务的针对性和有效性。

综上所述，实施个性化与精准化的党建服务，是高校高层次人才党建工作创新的重要途径，它有助于激发高层次人才的创新活力，推动高校党建工作的持续发展。

三、高校高层次人才党建工作的实践案例分析

成功案例一：党建引领下的高层次人才队伍建设

在某知名高校中，党建工作的创新实践显著推动了高层次人才队伍建设。该校以“党建+人才”模式为核心，将党建工作与人才发展紧密结合，充分发挥了党组织在人才培养中的引领作用。一方面，学校设立由高层次人才组成的党员专家团队，他们在学术研究、教学改革及社会服务等方面发挥先锋模范作用，通过定期的党课学习和研讨，强化了人才队伍的理论素养和党性修养。另一方面，该校实施“党建+项目”机制，鼓励高层次人才参与或主导党建课题研究，将科研优势转化为党建创新动力。例如，一些高层次人才带领团队开展“科技成果转化中的党建探索”项目，将党的组织力和号召力融入科研工作中，提高

了科研团队的整体效能。此外，该校还注重培养高层次人才的领导力，通过设置党员导师制度，让资深党员教授指导年轻学者，不仅在学术上提供支持，更在思想上进行引导。这种模式不仅提升了高层次人才的综合素质，也为高校的人才梯队建设奠定了坚实基础。

总的来说，该成功案例展示了党建引领在高校高层次人才队伍建设中的积极作用，为其他高校提供了可借鉴的经验，即通过深度融合党建工作与人才培养，可以有效激发高层次人才的创新活力，促进其全面发展。

成功案例二：融合科研与党建的创新模式

某知名高校成功地探索出了一种融合科研与党建的创新模式，有效提升了高层次人才的凝聚力和科研生产力。该模式以“科研党建一体化”为核心理念，将党的组织建设和科研工作紧密结合，实现了党建工作的深度渗透和科研活动的高效推进。在实践中，该校设立了由高层次人才党员领衔的科研团队，将党建工作融入科研项目的各个环节。例如，在项目启动阶段，通过党小组讨论确定科研目标，强调社会责任和国家需求；在实施过程中，党员科研人员发挥先锋模范作用，推动团队协作与创新；在成果产出后，将科研成就与党性教育相结合，提升团队的荣誉感和使命感。此外，该校还定期举办“科研与党建论坛”，邀请党员专家学者分享科研心得与党建经验，促进学术交流与思想碰撞。同时，将科研项目中的困难与挑战作为党性锻炼的机会，鼓励党员在解决实际问题中锤炼党性，提高解决问题的能力。这一创新模式不仅增强了高层次人才对党建工作的认同感，也激发了他们的科研热情。例如，某国家重点实验室在实施该模式后，科研成果数量和质量均有显著提升，部分项目成果在国际上产生了重要影响，同时也培养了一批既懂科研又具党性的高层次领军人才。

总结起来，融合科研与党建的创新模式为高校高层次人才党建工作提供了新的思路，通过将党的优势转化为科研动力，实现了党建工作与科研工作的互促共赢，为高校高层次人才的全面发展提供了有力支撑。

案例对比与经验总结

在对多个高校高层次人才党建工作的实践案例进行深入研究后，我们可以发现一些共性和差异。案例一中，某大学通过建立以高层次人才为核心的党建小组，成功地将学术研究与党务工作紧密结合，推动了人才队伍的凝聚力和创新能力。他们定期组织学术研讨与党课结合的活动，使党员在提升专业素养的同时，强化了党性修养。这种模式下，高层次人才的党建不仅没有影响科研工作，反而促进了科研团队的和谐稳定。相比之下，案例二的高校采取了另一种创新策略，他们在科研项目组中设立临时党支部，使得党建活动更具针对性和时效性。例如，在重大科研项目的推进过程中，党支部发挥了协调、激励和监督作用，确保了项目团队在攻坚克难时始终保持正确的政治方向。这种方式突显了党建在解决实际问题中的积极作用，提升了高层次人才对党建工作的认同感。

通过对这两个案例的对比，我们发现成功的关键在于灵活适应高层次人才的工作特点，将党建工作融入其日常科研和教学活动中。经验总结如下：

1. 党建工作应与高层次人才的学术发展紧密结合，形成互促互进的机制。

2. 创新党组织形式，如设置特色党建小组或临时党支部，以适应不同项目和团队的需求。

3. 注重党建活动的实用性和吸引力，使其既满足思想教育需求，又能解决实际问题。

4. 加强对高层次人才的思想引导，使他们认识到党建对个人发展和团队协作的重要性。

这些经验和教训为其他高校提供了可借鉴的模式，有助于进一步提升高校高层次人才党建工作的成效。

四、高校高层次人才党建工作的未来展望与政策建议

（一）未来发展趋势预测

随着新时代中国特色社会主义的发展，高校高层次人才党建工作未来预计将呈现以下五种趋势：

一是党组织功能将进一步强化。在高层次人才中，党组织的角色将超越传统的组织管理，更注重思想引领和服务支持，成为激发人才创新活力、促进科研成果转化的重要力量。二是党建与学术深度融合。未来的党建工作将更加紧密地与教学、科研工作结合，通过设立科研团队党小组、举办学术研讨与党建活动相结合的方式，实现党建与业务的互促共赢。三是数字化党建将成为常态。利用大数据、云计算等信息技术，构建智能化的党建平台，提供个性化学习资源和服务，提升党建工作的效率和覆盖面。四是国际化视野下的党建探索。面对全球化背景，高校高层次人才党建将探索跨文化沟通方式，增强国际间高层次人才的交流与合作，推动构建人类命运共同体。五是评价体系的完善。未来可能会建立科学的党建绩效评价机制，将高层次人才的党建工作成效纳入个人综合评价体系，激励其积极参与并发挥党员先锋模范作用。

综上所述，高校高层次人才党建工作将在创新实践中不断适应新形势，以更

加开放、包容、高效的方式推动人才队伍建设，为我国高等教育事业和国家发展贡献力量。

（二）完善制度建设的政策建议

在完善高校高层次人才党建工作的制度建设方面，政策建议应着重于以下五个关键点：

一是建立健全高层次人才党员发展机制。制定科学的入党积极分子培养计划，确保高层次人才中有志向的优秀分子能够得到及时的引导和培养。同时，优化党员发展流程，既要保证程序的严谨性，也要提高效率，避免因繁琐程序影响高层次人才的参与积极性。二是强化党建工作的考核评价体系。建立以质量为导向的考核标准，将党建工作成效纳入高校绩效评估和领导干部述职的重要内容，确保党建工作的实质性开展。同时，对高层次人才的党务工作贡献给予适当的认可和激励，激发他们的工作热情。三是完善党组织与学术组织的协同机制。探索建立党组织与学术团队、研究中心等的联动模式，使党建活动与学术研究、人才培养紧密结合，实现党建与业务工作的深度融合。四是加强党内民主和监督机制。保障高层次人才在党内事务中的知情权、参与权和监督权，鼓励他们对党组织工作提出意见和建议，增强党组织的公信力和凝聚力。五是推动党建工作的法治化和规范化。适时修订和完善高校党建工作的相关法规，明确党组织的职责权限，规范工作流程，为高层次人才党建工作提供坚实的法制保障。

通过上述政策建议的实施，高校高层次人才党建工作有望在制度层面得到进一步完善，为提升党建工作的质量和效果奠定坚实基础。

（三）提升党建工作实效性的策略探讨

提升高校高层次人才党建工作的实效性，需从以下五个方面着手：

一是强化党组织与学术组织的协同机制。通过建立党组织与学术团队的定期沟通机制，确保党建工作的目标与学术发展目标相一致，使高层次人才在学术研究中感受到党的引领和支持。二是实施精细化的党员教育管理。针对高层次人才的工作特点，开展定制化的党性教育和理论学习活动，如线上线下结合的研讨会、专题讲座，以及以科研项目为载体的实践活动，提高学习的针对性和吸引力。三是健全激励与考核体系。设立党建绩效考核指标，将党建工作成效纳入高层次人才的年度评估，激发其参与党建的积极性。同时，表彰在党建工作中表现突出的个人和团队，营造良好的党建氛围。四是加强党内民主建设。鼓励高层次人才参与党组织决策，增强其归属感和责任感。通过党务公开、党内民主评议等方式，提高党组织的透明度和公信力。五是推动党建与业务深度融合。支持高层次人才在承担重大科研项目、解决关键科技问题的过程中发挥党员先锋模范作用，使党建工作成为推动科技创新的重要力量。

综上所述，提升高校高层次人才党建工作的实效性，需要不断创新工作方式，强化党组织的功能定位，将党建工作与高层次人才的学术发展紧密结合，以实现党建工作与人才培养的共赢。

本论文为党建研究课题（党建引领下高校治理能力现代化研究——以对外经济贸易大学为例，DJ20230205）成果。

参考文献

[1] 中共中央关于进一步全面深化改革　推进中国式现代化的决定［EB/OL］.［2024－07－18］.

[2] 习近平. 决胜全面建成小康社会夺取新时代中国特色社会主义伟大胜利［M］. 北京：人民出版社，2017：17.

[3] 中共中央办公厅. 关于加强基层服务型党组织建设的意见［EB/OL］.（2014－05－28）［2019－09－05］.

[4] 中共中央印发中国共产党普通高等学校基层组织工作条例［J］. 党员干部之友，2021（05）：5.

[5] 中国共产党章程［M］. 北京：人民出版社，2017：24.（责任编辑郑艳凤）045

[6] 魏彬，冯建明. 高校高层次海归人才的政治引领和政治吸纳工作研究［J］. 青年与社会，2020（27）.

[7] 毛军权，柳恒超. 加强对人才的政治引领和政治吸纳：时代价值、内涵解构及推进路径［J］. 上海行政学院学报，2020，21（04）：65－73.

[8] 刘红梅. 高校高层次人才政治引领困境及对策［J］. 人才资源开发，2020（23）.

[9] 刘洋，于忠党，项久才. 发挥党管人才优势提升高校基层党组织战斗力［J］. 渤海大学学报（哲学社会科学版），2019，41（06）：42-45.

作者简介

刘金兰，对外经济贸易大学国际学院院长，研究员；研究方向：人力资源管理、党建研究；电子邮箱：02400@uibe.edu.cn。

金健宇，对外经济贸易大学人力资源处社保办公室主任科员，高级工程师；研究方向：人力资源管理、大数据；电子邮箱：02400@uibe.edu.cn。